落叶满空山,何处寻行迹

空山无人,水流花开

万古长空,一朝风月

明　仇英　独乐园图卷（局部）

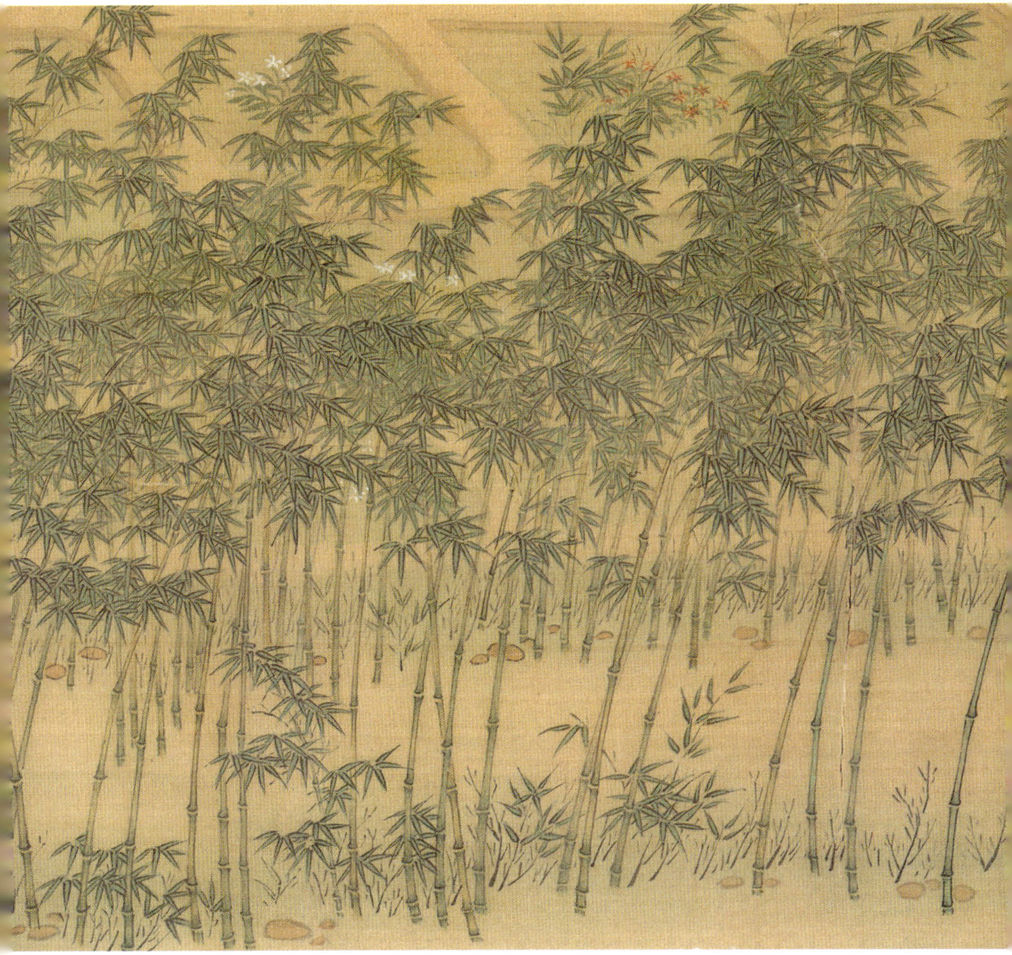

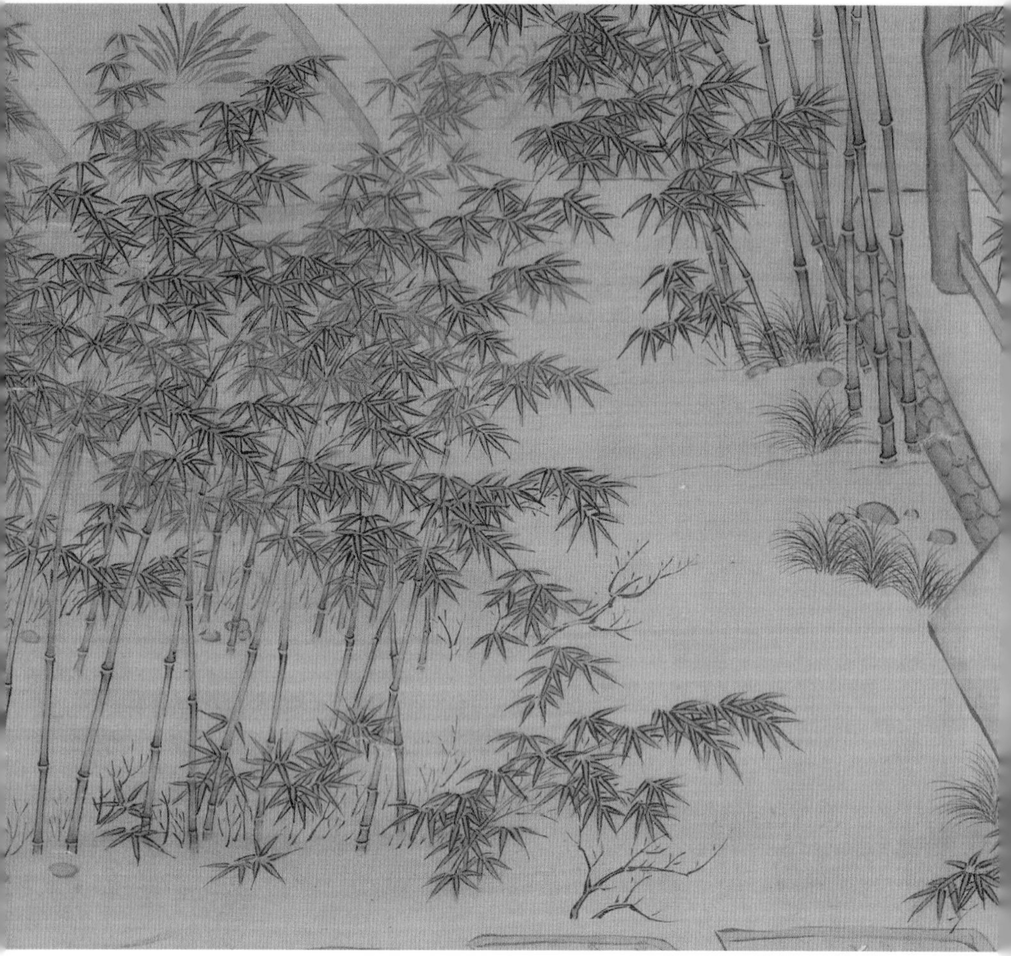

禅宗美学

CHAN
AESTHETICS

张节末 著

文化藝術出版社
Culture and Art Publishing House

- 第四章 从「气」到「色」——自然观的变迁
  - 一、前禅宗自然观述略 156
  - 二、一切色是佛色，一切声是佛声 177
  - 三、从陶潜的「化」到王维的「空」 201

- 第五章 说不可说之境
  - 一、从王国维说起 231
  - 二、心·意·根·境 241
  - 三、名相之外 251
  - 四、法眼和「隔」与「不隔」 276

- 第六章 禅化与诗化
  - 一、禅境与诗境 308
  - 二、说「月」 318
  - 三、释「意」 332

参考书目 355
1999年版后记 361
2006年版后记 368

目录

致读者 001

引论 从庄、玄到禅——古代美学的两次突破 001

第一章 禅宗美学前史

一、玄学与魏晋审美心理 037
二、玄学接引下的般若学 051
三、前禅宗美学问题 073
四、等待第二波突破 078

第二章 孤明独发

一、除烦恼 088
二、自性自度 094
三、定与慧 104
四、无相，无住，无念 108
五、对法 117

第三章 谛观与顿悟

一、藉境观心 125
二、灯与镜：光明崇拜 135
三、偶然之悟 144

白云岩上月,太平松下影。
深夜秋风生,都成一片境。

法演《送仁禅者》

致读者

几十年来，我习惯以长时段和断代史观结合的眼光梳理中国美学史，觉得其发展并非一条红线贯穿到底的顺滑过程，而是存在着突变、曲折甚至有凌厉的断层。禅宗美学即是中国美学史上重大突破的典范，它酿成古人审美经验之深刻嬗变，并进而引发艺术理念和创作基础性的转型。

禅宗美学的发生，乃中西文化合力的结果，其历史语境宽广而复杂。西域佛教的注入，本土化为禅，以其空观为审美经验的更新提供了助力与契机，禅宗承续先秦庄子和魏晋玄学的传统，以纯粹审美经验超越儒家美善缠夹的局面，更强调审美直观。所以，建议读者以更开阔的视野来阅读本书。

很多人，包括一些专门研究禅宗美学的学者，总希望在禅籍中读到禅者表达关于"美"的文字，白白浪费了精力，却说不清楚禅宗美学的奥秘所在。其实，禅的思维方式本身，正是一种十足的感性经验，并且因为将自然空化和心化，较之庄子与玄学，是一种更为纯粹的审美直观。禅宗美学的"孤明独发""谛观与顿悟""色""境"等，呈现了纯粹审美观照之要义。因此，我们去理解禅宗美学，不是寻找只言片语，需要把握的正是禅的观法及其内蕴之智慧。

禅宗美学亦不能被偏狭地理解为艺术理论，它是哲学美学。我们不必隔靴搔痒，从唐宋时期的各个典型艺术作品中去总结其特色。不过反过来，禅宗美学确实极大地影响了中古以后的艺术潮流。最典型的莫过于诗学中的"意境"理论，理解此种渗透，需要回归佛教语境。王维的山水小诗，被公认为"意境"的典范，无非是将禅宗的观法落实于诗歌创作的结果，纯粹看、纯粹听是其美学品格。

承蒙读书界厚爱，《禅宗美学》已有三个版本问世，分别为浙江人民出版社1999年版，台湾宗博出版社2003年繁体字版，北京大学出版社2006年插图版。每一版都能引起学界的关注与讨论，不需要做推广，不知不觉中就脱销。近几年，有不少读者朋友向我抱怨买不到书，我就请出版社再版，回复是须对内容进行30%以上的修订，这是有道理的。不过我还是决定不做修订本，因为这些年学界的评价一直没有变化，现在的本子就是最好的。如果真要修改，我宁可写一本《禅宗与艺术》，不过那是另一本书了。文化艺术出版社此次决定出版精装本，并重新精选彩色插图，是为本书第四版。

25年来，《禅宗美学》居然没有受到挑战，是我没有想到的。它几乎成为我的学术招牌。尤其是中国美学的"两次突破论"、禅的空观、关于"意境"的解读，几成学界公论。值得一提的是，本书的方法论，大家都喜欢，也一直有人明里暗里模仿。结合既有反馈来看，本书受众并不局限于学者，而是更为普遍的，期待对文、史、哲、艺诸领域感兴趣的普通读者都能从中受益。

2024年2月

● 引论

从庄、玄到禅
——古代美学的两次突破

一

我在本引论中援引西方社会学家、史学家和哲学家在研究古代文明发展时所使用的"突破"概念。这个概念已为余英时先生在研究中国文化时所使用。它的意思是，古代大的文明在其发展过程中大多都经历过各各不同的"哲学的突破"或"超越的突破"。那是说：

> 某一民族在文化发展到一定的阶段时对自身在宇宙中的位置与历史上的处境发生了一种系统性、超越性和批判性的反省；通过反省，思想的形态确立了，旧的传统也改变了，整个文化终于进入了一个崭新的、更高的境地。[①]

余先生用突破的概念来描述儒、道、墨三家的崛起，而又把倾

---

① 余英时：《道统与政统之间——中国知识分子的原始型态》，载《士与中国文化》，上海人民出版社1987年版，第91页。

心的重点放在儒家的礼乐文化上。按照西方学者的观点,中国古代的突破最不激烈,是"在传统中变迁",而按照余文的观点,儒家的突破在诸家的突破中"自然是最温和平正的一支",这主要是因为儒家继承了古代的经典和礼乐传统并能"将一种新的精神贯注于旧传统之中"而具有"开来于继往"的性质。①

值得注意的是,儒家的突破无论如何强调,也不能改变古代史官文化或礼乐文化的基本性质,而恰恰因为儒家的创始人孔子和孟子、荀子没有真正进入统治阶层,才将先秦各国统治阶层也极为尊重和普遍奉行的同一文化,经过转换落脚到了知识阶层,而以继承光大者自居,形成了与政统不同的道统。另一方面,在道家(主要是庄子)看来,"礼坏乐崩"的局面标志着礼乐文化的没落,是无药可救的了,而儒家挽救这一文化的努力本身,也是必须予以怀疑和批判的。儒家连同生养它的文化土壤,都是道家所要突破的对象。当然,中国古代文化的突破是一个大问题,不是本书的主题。

本书的意图是将突破概念应用于研究古代文化的一支即美学上面。我的基本看法是:庄、玄和禅这些非主流文化对儒这一主流文化及其所代表的礼乐文化传统的突破,所运用的主要武器或重要武器就是美学。

---

① 参见余英时《道统与政统之间——中国知识分子的原始型态》,载《士与中国文化》,上海人民出版社1987年版,第96页。

二

本书使用突破的观念来描述中国古代美学史上几个大的发展阶段。此意义域中的突破，是指某一时期美学的理论和实践创生了古代美学的新质，美学在整个文化中的地位得到了突然的提升，由质和位的变迁，美学史循了全新的走向。这其中，最本质的是审美心理的变化，心理是最为广泛传播和根深蒂固的东西。例如，庄子美学的出现引导中国人纯粹审美经验的生成，超越了礼乐文化，摆脱了美善纠缠不清的局面，造成了影响极为深远的美学突破，相应地，我们所观察到的美学理论的视野也更为清晰。

中国美学史上，至少有过两次意义巨大的突破：第一次发生在先秦，由庄子完成；第二次延续的时间要长一些，历经魏晋至唐宋。宏观地看，两次突破有着历史的延续性：庄子的意义被魏晋人发掘出来了，于是波澜大起，汇成一股审美的文化潮流。玄学美学的突破可以说是庄子的"普及版"。从美学上看，儒家美学的教化主题黯然失色，被迫从主流文化退居非主流文化。两次突破之间是本土文化内部各种力量的消长变化。我又把第二次突破分为两波：第一波玄学美学，魏晋开始；第二波禅宗美学，唐开始。这两波之间呈现如下的特点：首先，两波构成一条连续的曲线，这曲线有先后两个波峰，即由玄到禅；其次，这一连续曲线的两个波峰当中输入了一股外来的文化动力，即西域佛教，它的中国化轨迹形成第二个波峰。非本土文化进入中国并形成对本土文化的突破，这是一个新的历史现象。这正是本书所关注的课题。

审美的本质，简而言之，是为人们提供感性的足以提升人格的高级精神享受。中国古代的美学,有两个大的特点。其一,它是人格主义的,儒道两家概莫能外。人格可以分为道德人格和审美人格。儒家偏重道德人格,孔、孟、荀都是如此,他们的审美经验只是助成道德目标的附庸。道家偏重审美人格,庄子干脆把道德的语汇从他的审美语境中清除了出去。[①] 魏晋时期左右两翼的玄学家则勉力于综合道德和审美两种人格,只是这种综合有以善为主(王弼)或以美为主(嵇康)的不同。禅宗也讲人格,它所说的"悟""清净""定""慧""解脱"和"自由分""佛性我"等等,都是关乎人格的。不过这种人格的眼界却是看空的。其二,中国美学是自然主义的。庄子的"齐物论"和"逍遥游"固不待言,儒家也颇倾心于"智者乐水,仁者乐山"(孔子)式的与自然比德。魏晋玄学家们则复兴庄子传统,标举清风朗月以为人的胸襟。至于禅宗,它固然把世俗界与自然界看空,然而禅者之悟却十之六七(至少是极大量地)与自然有关。从是否承认自然界为实有的角度看,如果说儒道是持主实(有)的自然观(自然主义),那么禅宗就是持主空(幻)的自然观(唯心主义)。主空的自然观与看空的人格观两相结合,就产生了一门全新的美学:心造的境界——意境。禅宗看自然,一方面巧妙地保留了它的所有细节,似乎依然是庄子、孔子和玄学家们眼中的那一个自然;另一方面,它却把同一个自然空化和心化了。由此,审美直观发生了质变,或者说,自然被赋予了新的意味。这种变化是潜移默化的,又是巨大的。它所贡献于中国人的,是一种极其细巧精致、空灵活泛和微妙无穷的精神享受。它

[①] 庄子在批判社会和儒家救世主张时不免运用伦理道德的语言,但那只是为了"破",他在"立"(构建)自己的哲学时则断然拒绝进入伦理道德的语境。

重新塑造了中国人的审美经验，使之变得极度的心灵化，相对于庄子的逍遥传统，它也许可以称为"新感性"[①]。正是在这个意义上可以说，虽然禅者不再是自然人，不过禅宗的审美经验却仍然可以是自然主义的。众所周知，佛教艺术在中国艺术史上造成了非常大的影响，但若要论到以新的美学境界推进中国人尤其是士阶层的高级精神生活，佛教中具此大能力的大概只有禅宗。这就是禅宗的美学突破。

三

中国早期的美学，以教化为其基本品格。远在孔、孟以前，古代的政治家和宫廷的教师们已经将礼教和乐教作为贵族弟子的基本教育系统地予以实施并且颇获成就。礼乐文化或史官文化是一个连续的、在积累中前进的文化。原始儒家也不能例外，自称"吾从周"的孔子只是接着商周两代将其礼乐文化提炼、升进为儒家哲学和教育学，美学是渗透在两者之中的。孟子的美学以其浩然之气式的人格之狂而显得极有个性，但其总的方向还是与礼乐文化的善的目标和儒家的救世主义全然一致，也是在传统中的革新。荀子讲到礼乐，这样说："乐行而志清，礼修而行成，耳目聪明，血气和平，移风易俗，天下皆宁，美善相乐。"（《荀子·乐论》）荀子在先秦儒家当中可以称得上是专业美学家，然而他的理论中教化传统不仅被接了下来，而且

[①] 本书所用"新感性"一词，只是在中国古代美学的论域中有效，即它是相对于庄子或玄学的感性而言，具有看空的特点，与马尔库塞的"新感性"概念涵义不同。马氏《新感性》一文见于刘小枫主编《人类困境中的审美精神——哲人、诗人论美文选》，东方出版中心1994年11月第1版。

更为系统和清晰，达到了很高的理论水平。就原始儒家所取得的学术成就来看，孔、孟、荀强有力地推进了礼乐传统的文明化和意识形态化进程，不过，也许是过于入世和尊重历史的缘故，先秦儒家虽已学会了区分美与善，但却往往不免徘徊于两者之间，并且总是自觉不自觉地偏向他们所高揭的仁义之善。审美经验未能独立和强大，也就从根本上消去了造成美学突破的可能性。

第一次美学突破发生于先秦诸子百家争鸣时期的中晚期，此突破几乎完全系于道家的第二位领袖庄子一人之大力。庄子的美学意义，已经有许多学者予以指出，这里主要从突破的视角做一描述。作为原始儒家思想的反拨形态，庄子的思想极其重要，其中有许多针对社会败落、人心虚伪和儒家救世主张的批判，这是庄子破除的一面。而美学作为庄子树立的一面，要来得更为重要，它具有决然不同于礼乐传统的文化品格，构造上几乎没有文化参照和价值参照，完全是一种新的精神形态——关于人的审美关注、潜在能力和自由创造的哲学。庄子的人与自然的亲和关系，相对主义时空观，对技艺的扬弃和超越，疏离了权力关注、技术关注和道德关注的审美关注，忘我的自由创造，等等，构成了中国人审美经验的各个基本要素。这些，都出现于庄子所编造的寓言之中，史官文化的传统典籍是没有记载的。作为文本，它是独创的，前无古人的（而儒家的文本是继承的，接着史官文化说的）。[1]

---

[1] 叶维廉这样评价庄子的寓言："寓言的奇特性和戏谑性，则是一种攻人之未防的'异常'策略，使人飞越常理而有所顿悟。"见《言无言：道家知识论》一文，收于叶维廉《中国诗学》一书，生活・读书・新知三联书店1992年版，第61页。

庄子美学充分注意到时空的相对性、运动的绝对性和人生的短暂：

> 物之生也，若骤若驰，无动而不变，无时而不移。(《庄子·秋水》)
>
> 人生天地之间，若白驹之过隙，忽然而已。(《庄子·知北游》)

庄子美学是讲究亲证的：

> 斫轮徐则甘而不固，疾则苦而不入，不徐不疾，得之于手，而应于心，口不能言，有数存焉于其间。(《庄子·天道》)

这是一种纯粹个人经验，它与文化传承的一般方式不同，不是灌输式而是体验式的，不是见诸语言文字而是心理的，不是群体性而是个体性的，是一种亲证。

庄子美学把人也视为自然有机的一分子，主张在纯粹的个人经验之中亲证人与物的统一：

> 与造物者为人（偶），而游乎天地之一气。(《庄子·大宗师》)
>
> 天地与我并生，而万物与我为一。(《庄子·齐物论》)

"齐物"，是一项极高明的美学策略，它以天地宇宙的真实存在和无限广袤赋予人一种回归精神家园的喜悦和超越感。由此，庄子美

学进而在天地的浑沦一气中追求无我的逍遥:

> 若夫乘天地之正,而御六气之辩,以游无穷者,彼且恶乎待哉?故曰:至人无己,神人无功,圣人无名。(《庄子·逍遥游》)

何况,这种无我,其实是真正的有我,因为在逍遥式的自由创造中出现了一个自由的人格:

> 宋元君将画图,众史皆至,受揖而立,舐笔和墨,在外者半。有一史后至者,儃儃然不趋,受揖不立,因之舍。公使人视之,则解衣般礴臝。君曰:"可矣,是真画者也!"(《庄子·田子方》)

这一则寓言虽颇短小,却意义重大,其中最值得考较者有二:首先,后至的一画史与先到的众画史相异在何处;其次,宋元君对画史的态度。我以为,就前者,可以看出众画史之所以失败,根本上是因为他们为权力关注和技术关注所困扰。权力关注是指众画史应召画图,因而切望为宋元君所器重的心理,技术关注是指他们过于重视自己画技的心理压力为自身所难以承受,唯恐人际竞争失败导致发挥失常,而结果恰恰如此。两种关注都表明他们是有"我"的,而且把这种自我看得太重。而后至者之成功,则在于他全然没有困扰着众画史的两种关注,对权力之威,他是"后至"又"儃儃然不趋,受揖不立",不拘礼法,倨傲得很;对技术发挥,他并不在心,而是"解衣般礴蠃"，去除衣服，赤身裸体，看似与绘画颇不相干，其实他视裹在身上的衣服为自己艺术创造的障碍。同是为绘画做准备，那一群画史是进行技术准备，而这一个画史则进行心理准备。这是一种"无我"的审美关注。基于此，宋元君首肯之，于后至者对自己的倨傲态度也毫不介意，甚至以为理所当然。显然，宋元君首肯的是画史的审美人格，这是一个真正自由的我，大写的我。此时，画史甚至并未进入实际的绘画操作过程，然而他的画技的高超发挥却无疑已经有了保证，因为他已经成功地创造并自然而然地进入了绘画的自由境界。

从情感论上看，庄子是无情而真正有情的。所无者世俗之情，如对权力、名利、技术等的崇拜心理和攫取欲望，它们是喜、怒、哀、惧、爱、恶、欲、悲诸情感，具有人为、刻意、虚伪和扭曲的性质，违异于人性之本真。所有者自然情感，具有前者所不具备的真诚，不知悦生，不知恶死，忘却了自己有肉体（我），也不要外在的功名（物），快乐通于天地万物："以虚静推于天地，通于万物，此之谓天乐。"（《庄子·天道》）虚静成为庄子们的平常心态，他们崇尚与天地合一的快乐。自由自在的逍遥之乐，就是纯粹的审美之情。

从此，中国人的纯粹的审美态度被培养了起来，这是突破成功的根本标志。作为精神和价值的世界，它是崭新的，超凡脱俗的，为中国人受用不尽的。道家美学的发展以及它与儒家美学长期的互相冲突、容受和发明，汇成了中国美学史的大河。这条大河中流淌着纯粹的美和非纯粹的美，其中纯粹美一支之源头为哲人庄子所引出。正是基于此，我们称之为美学的突破。

四

玄学美学的基本特点,是以道家为主兼顾儒家的道儒综合美学。它的突破点在由对人伦鉴赏的重视进而极度崇尚人格美,由对自然的观照、体贴进而走向逍遥式的自由,由对情感的推重进而导引了缘情的诗学。

宗白华先生在他的《美学散步》中断定:晋人持"人格的唯美主义"。

> 司马太傅斋中夜坐。于时天月明净,都无纤翳。太傅叹以为佳。谢景重在坐,答曰:"意谓乃不如微云点缀。"太傅因戏谢曰:"卿居心不净,乃复强欲滓秽太清邪?"(《世说新语·言语》)

这是极为典型的一例,由观赏自然风光的不同视角引向针对人格的批评,虽出乎戏语,其分量不可谓不重。这一条,无论是论人还是论天,都看向纯净,那自然是审美的标准。魏晋时期当得起这一标准的人物有许多,其中较早且具有典范意义的是阮籍和嵇康。正是阮、嵇们,继承了庄子美学的飘逸本性,并将其循着自然原则的轨迹极度地推进到令人高山仰止的人格境界。二位是魏晋风度的代表,他们的人格具有强烈的审美品质。审美人格的挺立是魏晋美学的一个非常引人注目的现象,我在一本小书《狂与逸》中写有这样一句话:

> 如果没有"《世说新语》时代"人们(包括阮、嵇、陶)对人

格之逸的义无反顾的追求，中国美学史就会失去她一段最灿烂的光辉。

在那本小书里，我把魏晋审美人格定性为逸。逸是一种自由情结。而魏晋六朝美学史大致可以简要地概述为从逸的人格向逸的艺术之展开的过程。这一时期艺术批评中著名的"风骨""气韵生动""逸格"诸概念，都是将人格与艺术融汇在一起的结晶。

值得着重提出的是陶渊明，他的"浑身静穆"，他所营造的乌托邦式的"桃花源"境界，以及他的田园诗，一起凝聚成逸的极致，对后来的美学具有典范的意义。

自然，是中国美学的一个支点。自然在庄子，是时间上空间上都无限广袤的一个连续体，它浑沦一气，是无比丰富、变化无穷的"天籁"（自然的音乐）。它"惽然若亡而存，油然不形而神，万物畜而不知"（《庄子·知北游》）。有时人与物可以换位，如庄子梦蝶，不知是庄子为蝴蝶，还是蝴蝶是庄子。庄子眼中的自然是活的，有品格的，这里有泛神论的倾向。到了魏晋，自然的美学成为思想解放运动的重要一翼。大玄学家王弼提出"天地任自然，无为无造，万物自相治理"（《老子注》五章），他的自然观讲道不违自然，万物就是本体（道）自己运动的表现。王弼的这一见解，从哲学高度表述了魏晋玄学的自然观，与他的"圣人有情论"是互为呼应的。玄学的左派领袖嵇康就音乐美学提出了"自然之和"的哲学本体，他的音乐美学达到了魏晋美学的高峰。他的"越名教而任自然"（《释私论》）的口号，标志着人格美的理想已经由名教而转到自然上去了。他的人格理想是"以无措为主，以通物为美"（同上），又并非没有人道的原则立场。

强调自然原则又不废人道原则,是他与庄子不同的地方。

向秀、郭象的《庄子注》以为自然界是许多个别的物"块然而自生"没有什么别的力量使它产生,另一方面又以为这些个别的物之间"彼此相因"而互相为"缘",它们是"对生""互有"的,这种彼此相因就是"玄合","玄合"是看不到的,因而它是"无",却是不作为本体之"无",如在王弼那儿。向、郭的自然观可概括为"独化而相因"。他们的这一观点,首肯物在时空当中存在之个体性,因此众多自然现象就可以被当作审美观照的对象而孤立起来,而同时它们又是无形地"玄合"着的,这种自然观,可以在某种程度上视为禅宗美学自然观的前导。当然,禅宗是要讲自然的空化,万事万物没有自性,与向、郭主独化之"有",每一个体的事物都有其存在的理由,是基本不同的。

自然作为美学的支点,它有一个很重要的特点是自然美与人格美的统一。《世说新语》中人们赏会山水是如此:

简文入华林园,顾谓左右曰:"会心处不必在远。翳然林水,便自有濠濮间想也,觉鸟兽禽鱼,自来亲人。"(《言语》)
王子猷尝暂寄人空宅住,便令种竹。或问:"暂住何烦尔?"王啸咏良久,直指竹曰:"何可一日无此君?"(《任诞》)

庄子的自然中有丑的一面(禅宗也是不避丑陋的),到了魏晋玄学,丑就几乎不提了。自然总是那么生机勃勃,可以令"人情开涤",把人超升为"风尘外物"。这确实如宗白华先生所论,是人格的唯美主义,用哲学的术语概括,那是自然原则下的人格化。

陶渊明是一位当时并不有名的隐士，后人把他称为田园诗人，大致不错。陶渊明大概可以说是古代诗人当中与自然亲和最为成功的一位：

> 野外罕人事，穷巷寡轮鞅。白日掩荆扉，虚室绝尘想。时复墟曲中，披草共来往。相见无杂言，但道桑麻长。桑麻日已长，我土日已广。常恐霜霰至，零落同草莽。（《归园田居》之二）

他的人格与自然，还有诗，全部地融为一体，成为一种最纯粹的逸。

陶渊明的自然还表现为一个乌托邦，那就是著名的《桃花源记》所描绘的那个小小的社会，我称之为"桃花源"境界。[①] 其中"四海之内皆兄弟"式的纯粹自然的人际关系，是对儒家伦理秩序的突破，不妨说也是对庄子式独来独往的突破。这一境界有几个要素，如自然作为肉体和精神双重意义上的生存环境，劳动为生存之必需，人们互相结成团体，我们似乎可以把它们与禅宗的特点做某些联想。

魏晋之际，玄学情感哲学以自然情感论（包含气论）的情感本体来超越道德情感哲学，偏重于个体情感的弘扬，强调普遍的实现依赖于个体的实现，情（特殊）的净化先于德（普遍）的超升。王弼的"圣人有情论"和嵇康的"声无哀乐论"是两个有代表性的理论。在王弼看来，"万物以自然为性"（《老子注》二十九章），圣人与常人一样，也是有喜怒哀乐之情的，只是圣人能做到不为外物所累以至转移了他

---

① 参看拙著《狂与逸》，东方出版社1995年版，第54—60页。

的本性，因而他固然"不能无哀乐以应物"（何劭《王弼传》），却能运用自己高于常人的智慧（神明）来不使情感随着物欲、名利欲转而失落自我。圣人在精神上是极超脱的，有很高的境界。这一神明超诣的境界融合且净化了情感。王弼以性（体）情（用）不二方法，扭转了何晏圣人无情论的偏颇，孕育了玄学情感哲学，而玄学情感哲学又为魏晋崇情思潮输进了哲学的营养。

嵇康是玄学情感理论的另一位代表人物。按照他的"声无哀乐论"，音乐之美是没有情感的内涵的，它只是"和平"，然而却可以使各具不同德性的音乐的听者得以增进各自的德性，例如廉洁的伯夷变得更廉洁了，仁爱的颜回变得更仁爱了，等等。这一针对着德性的综合作用他称之为"触类而长，所致非一，同归殊途"（《琴赋》），它的性质是审美的。嵇康与庄子不同的是他讲善，不过这个善不是普遍的伦理概念，而是每一个体的个性德性，即寓于特殊的普遍或是具有个性的普遍。嵇康的理论与王弼也有不同，嵇康并非以善为主导来统一美，而是以美为主导来统一善。这种统一下的情感也并非单纯的审美情感，而是所谓的"同归殊途"，殊途者即不同个体各自的德性，同归者即审美经验将那些不同的德性统摄起来，使之增强了，它们表现为各各不同的融合了个体德性的审美情感。

这种情感哲学落实到文学上面，就有曹丕所倡"文以气为主"（《典论·论文》），气是人的个性气质，分为清、浊，陆机所倡"诗缘情而绮靡"（《文赋》），萧绎所倡"流连哀思""情灵摇荡"（《金楼子·立言》）为文学的首要特征，等等。至于《世说新语》时代人们的崇情，更可以从上面的引文中见出。

以上对古代美学从庄子到魏晋玄学的两次突破做了初步的描述，

现在可以进而对它们在中国美学史以及更广义地在中国文化史上的意义做一简要分疏。据上述，我们看到第一次突破为中国人创造了一种纯粹的审美经验，然而它在当时只是百家争鸣中的一家，并未占据文化的主导地位，在以后的一个相当长的时期内，儒家的教化美学仍然是美学的主流，庄子精神几乎被埋没，中国文化的成长整个都十分拘谨。到了魏晋时期，教化美学走到了穷途末路，经历着第二度的"礼坏乐崩"之局面，虚伪人格比比皆是，儒家说教所倡的自觉式的自由太过勉强刻意，让人望而生厌，已不再有吸引力。这一切造成了巨大的反推力，把人们推向自然式的自由，推向逍遥之祖——庄子。美学终于积聚了足够的能量，于是酿成了波澜壮阔的第二次美学突破运动，庄子传统被重新发现并弘扬光大。那一波突破，纯粹之审美经验普及到了几乎所有的知识分子，造就了当时通脱的时代精神、逍遥的文化氛围和审美的自由人格（虽然当时政治上极为紧张）。

此时，一种本不属于中土的高级文化正在向中古时代的中国悄悄逼近，这就是佛教。佛的进居，将使中国美学的历史进程再起波澜。

五

研讨佛教者大都知晓老庄为佛教之阶梯，禅宗美学则为魏晋美学所接引而堂皇进入中国的文化系统。玄学美学造成了古代美学的重大突破，这是一个事实，然而无论怎样突破，现实生活的审美的一面，自然及其美的客观存在，人格的主体性等等，还是为玄学美学所充分肯定和高扬，只是它的品格为逍遥罢了。换言之，玄学美学的基调是乐观的，它的品格还是人间性的。而作为外来文化的佛教，它的基调却不同了，它是把世界看空的，所谓看破红尘。作为中国化的佛教，禅宗并没有改变这一基调。它在美学上的特点在于：借助神秘的直观以证成自身的佛性。一方面将以往人们视为实有的大千世界如自然山水、人的美色、社会存在、文化累积和道德权威等仅仅当作不断变幻的现象即假象，另一方面又比任何学派都更重视人对自身主体性（佛性）的亲证。正如净觉所说："内观四大五蕴空无所有而得自在，外观十方佛土空不可得而得自在。"（净觉《注般若心经》）内观外观所见都是空，只有"自在"才是真如佛性。这种面向空观的视角转换，刷新了中国人偏于求实的审美心理，导致了审美经验中主客体关系的再度调整，也导致了审美价值的重新定位。于是就掀起了第二次美学突破的第二波浪潮。这第二波并非对前一波的简单否定，而是因着第一波的惯性，接引入佛教的推力，进一步深化和扩展的一波，两波之间有着历史和逻辑的内在一贯性。

中国的美学突破，从庄子的第一次开始就有审美经验走在艺术经验之前的特点。那就是，首先在总的哲学世界观及其思维体系中形成其关于感性世界的分支美学思维，即审美心理、审美经验等，同时或尔后它们渐次渗透到生活的方方面面，其中自然也包含艺术创造，而不是相反，从艺术创造及其产品抽象概括出审美心理和审美经验。因此，人们并不是从艺术潮流和艺术资源去反观审美突破，而是首先把握住审美突破，进而才更深刻、更透彻地理解了艺术现象。[①] 因此，

[①] 中国的文艺理论批评史不能代替美学史，文艺学不能代替美学，这是其中的一个重要原因。

研究美学突破在方法上必然是全局性的和逆向的（对艺术而言）。禅宗美学也不例外。因此，我们将从禅宗论心、物及其关系入手来研究它的美学。

禅宗是佛教的一支，严格地说，它其实是一种中国式的精神现象哲学，从一定意义看，它又是人间性的。在中国的哲学当中，禅宗最关心也最重视人的灵魂解脱。它在天人关系中破除天命，破除偶像，抛开经典，突出自性；在自力他力关系中主张自心是佛，认为拯救还得靠自己，老师只是学生入道的接引人，是成佛的外缘、摆渡而已。《坛经》依传统佛经，发四弘大愿："众生无边誓愿度，烦恼无边誓愿断，法门无边誓愿学，无上佛道誓愿成。"但是又提醒众生"自有本觉性"，须"各于自身自性自度"，又说："见自性自净，自修自作自性法身，自行佛行，自作自成佛道。"（《坛经校释》，第38页）于23字一句话中连用8个"自"字，真正可以说是把人的主体性推到了极点。强调顿渐之悟，主张一切亲证，崇仰智慧的光明，追求自由的人格，还有自然的境界——意境化，等等。这些，都与人的审美经验紧密相关。

在情感方面，禅宗是要用空观去除一切世俗的情感，即烦恼、惑。《楞伽经》倡八风吹不动，八风是利、衰、毁、誉、称、讥、苦、乐，它们能在众生性海中吹起种种烦恼的波浪，都是人在俗世中非要经历的种种情感。这些情感与庄子无情论所要去除的种种情感大同小异。而禅宗在悟后所得的快乐，却不再是庄子式的逍遥感，而是所谓法喜禅悦，是涅槃，那是一种解脱烦恼后的澄明感、清净心，被佛教称为"第一义乐"。借用人本主义心理学家马斯洛的概念，那么悟就是一种高峰体验。觉悟中情感的澄明，并非如儒家是德性的自证，也非如原始佛教、如基督教是对外在的如来或上帝的皈依和感念，它是自皈依，是孤明独发，因而其间必然具有某种审美的性质。禅宗的优长更在于它指示人们学着去达到"即烦恼而菩提"的情感境界。一方面说自心清净，另一方面又不避烦恼，也就是慧能偈中所说的"本来无一物，何处惹尘埃"。在烦恼中证悟本来无一物的情感之本然状态，做到净染一体，显出那一颗"平常心"。这是极高明的意见。然而平常心在俗世中极难稳定，除了继续修为，往往总须有一种境界来支持它，把它系托于独一无二、不可重复的个体经验，正像悟是独一无二、不可重复的一样。这就与禅的自然观有关系了。

禅宗对自然的看法，继承了佛教大乘空宗的心物观，认为心是真正的存在（真如），而把自然看空，自然成为假象或心相（心境）。这是中国以往的任何哲学派别都没有的见解，如道和儒都把自然视为真实的存在，是有。王弼以体用论无有，是把"无"视为本体内在于万物，因此万物是自己运动的，也不把自然看成"空"或"无"。

禅宗自然观的美学品格，首先在于自然的心相化。惠昕本《坛经》中著名的"风吹幡动"的公案[①]，说慧能在广州法性寺看到两个小和尚正在争论，一个说是风动，一个说是幡动。慧能却说，不是风动，也不是幡动，而是"仁者心动"。这本来是一个客观世界的物理问题，但慧能却把它转变为禅宗的精神现象（意识）问题。风吹幡动，是一个视觉上的直观，然而境随心转，习禅者却可以从这个直观了知自己精神上的变动，最终产生某种了悟。这里有一个重要的变化，那就是自然的风和人造的幡已经脱开它们的具体的时空存在而被孤离，

[①] 此公案在早期禅籍《历代法宝记》《曹溪大师别传》和《祖堂集》中均有记载。

失去了广延和绵延的性质，成为超时空的自然，显示着某种心境。于是，这一类的直观就被赋予了宗教领悟的意义。我们所重视的是，宗教的意义其实是借助美学的即感性的方法而得来。它牵涉"心"与"境"即美学上的心物关系。"心"是什么？是纯粹直观。"境"是什么？是纯粹现象。质言之，这是一类特殊的审美经验，其特殊之处在于，它一改庄子和孔、孟们人与自然本然的亲和与融溶关系，自然被心境化了。禅宗开创者慧能的这一则早期公案为禅宗审美经验定下了基调，在禅宗美学史上具有极为重要的意义。

我们再来看另一则著名公案：

> 老僧三十年前未参禅时，见山是山，见水是水。及至后来，亲见知识，有个入处，见山不是山，见水不是水。而今得个休歇处，依前见山只是山，见水只是水。(《五灯会元》卷十七《青原惟信禅师》)

这是青原禅师自述对自然山水看法的三个转变。第一步，见山是山，见水是水。未参禅时见的山水为客观实体，那是与观者分离的认知对象。第二步，见山不是山，见水不是水。参禅以后，主体开始破除对象（将之视为色相），不再以认知而是以悟道的角度去看山水，于是山水的意象就渐渐从客观时空孤离出来而趋向观者的心境，不再是原先看到的山水了，而是在参禅者亲证的主观心境和分析的客观视角之间游动，还是有法执。第三步，见山只是山，见水只是水，仿佛

引论　从庄、玄到禅　021

是向第一步回归。此时，主体的觉悟已告完成("得个休歇处"[①])，山水被彻底地孤离于时空背景，认知的分析性视角已不复存在，然而山水的视觉表象依然如故，只是已经转化为悟者"休歇处"的证物。正如百丈怀海所云"一切色是佛色，一切声是佛声"(《古尊宿语录》卷二《大鉴下三世(百丈怀海大智禅师)语录之余》)，这个完全孤离于具体时空背景的个体化的山水其实只是观者参悟的心相。这一直观的心相，保留了所有感性的细节，却又不是对自然的简单模写，它是心对物象的"观"，是两者的统一，具有美学上的重要意义。马祖道一云：

> 三界唯心，森罗万象，一法之所印。凡所见色，皆是见心。心不自心，因色故有心。……于心所生，即名为色。知色空故，生即不生。(《祖堂集》卷十四《江西马祖》)

"心不自心，因色故有心"，见色即见心，这是禅宗心物关系理论的一个很重要的观点，影响很大。禅宗中另有泛神论的一派，这一派主张"青青翠竹，尽是真如；郁郁黄花，无非般若"(《祖堂集》卷三《慧忠国师》)。由此，我们不难理解禅宗文献中何以描绘了那么多的自然现象(法相)，前述青原禅师的三种山水是，禅家常说的三种境界也是，尽管不必都是泛神论。三种境界，第一境"落叶满空山，

[①] "休歇"一词，可能来自临济义玄，他云："你一念心歇得处，唤作菩提树。你一念心不能歇得处，唤作无明树。无明无住处，无明无始终。你若念念心歇不得，便上他无明树，便入六道四生，披毛戴角。你若歇得，便是清净身界。你一念不生，便是上菩提树。"(《古尊宿语录》卷四《镇州临济(义玄)慧照禅师语录》)

何处寻行迹",喻示①自然茫茫寻禅不得,举目所见无非客观对象;第二境"空山无人,水流花开",虽然佛尚未寻到(也寻不到),但"水流花开"则喻示了对我执法执已经有所破除的消息:"水流花开",是一无欲非人的声色之境,水正流、花正开,非静心谛视无以观,观者正可以藉此境以悟心;第三境"万古长空,一朝风月",喻示时空被勘破,禅者于刹那间顿悟。禅宗最激烈地破除偶像崇拜,以走向自然取代那个高悬俯视的"他者"似乎是它寻求解脱的必由之路,自然作为色相、境界,被赋予了不可或缺的"唯心"的意义,是个体解脱的最直观的亲证。禅宗这样看待自然,明显地不同于庄子,却又与庄子精神有着内在的关联。庄子是亲和自然,禅宗是于自然中亲证,目的都是获得自由,所不同的,前者为逍遥,后者为解脱。

禅宗自然观的第二个美学品格,体现在将自然现象做任意的组合。自然现象被空观孤离以后,它在时空中的具体规定性已经被打破,因此主观的心可以依其需要将它们自由组合,形成境界。这种做法,其实在慧能已经打下基础。慧能临终向众弟子传授三十六对法的"秘诀":

> 举三科法门,动用三十六对,出没即离两边,说一切法,莫离于性相。若有人问法,出语尽双,皆取法对,来去相因,究竟二法尽除,更无去处。(《坛经校释》,第92页)

---

① 《广雅·释言》云:"喻,晓也。"本书以后经常用"喻示"一词,其中"喻"即取其"晓"义。因此"喻示"并非通过譬喻使晓喻的意思。同样,本书使用"喻象"一词也并非指譬喻,喻象是象在直观中的兴现。

引 论 从庄、玄到禅 023

这基本是一个相对主义的方法。以相对的、有无穷组合的两极来破除"我执""法执"等边见，是禅宗诱人觉悟（接引）的重要方法。怀让也说"佛非定相"（《祖堂集》卷三《怀让和尚》）。禅宗主张"本来无一物"（慧能偈），不过它的"无相"并非消灭一切色相，只是说色即是空，因而无穷的色相却是自有其用的。色相或心相从美学上看就是喻象。

我们从禅宗将自然物象依对法的原则重新组合的方式了解到，在禅宗自然现象即喻象。如"三冬花木秀，九夏雪霜飞""石上栽花，空中挂剑""无柴猛烧火""红炉焰上碧波流""黄河无滴水，华岳总平沉""雪埋夜月深三尺，陆地行舟万里程"，等等。这些成对的喻象总是违异于人们的日常生活经验和科学原理，只有那种强调主观的思想学派才会打破自然秩序做这种组合。这种思维方式，可以说是有意消解人们习以为常的心理意象，肢解常规的时空观念，在中国以往的思想学派中是没有传统的，然而这在看空的般若学却是轻而易举的事情。

唐代大诗人、大画家王维深谙佛学，他的《袁安卧雪图》，竟将一丛芭蕉画在雪中①，时空发生了严重的错位。这种构象方式与魏晋著名人物画家顾恺之画人物颊上加三毛以增生动传神的构象方式相比，有本质的不同。顾氏基本是写实，夸张只是应画中人物构象生动的需要，而王维的雪中芭蕉画境迥出天机则完全是为了揭示某种精神境界。

---

① 雪中芭蕉有佛教出典，进一步的论述请参看本书第四章。

> 心舍于有无，眼界于色空，皆幻也，离亦幻也。至人者，不舍幻而过于色空有无之际。故目可尘也，而心未始同；心不世也，而身未尝物。物方酌我于无垠之域，亦已殆矣。……道无不在，物何足忘。（王维《荐福寺光师房花药诗序》）

王维所主色空不舍不离的观照方式，契合于禅宗的对法，似无可怀疑。《袁安卧雪图》在美学史上意义重大，标志着禅宗对传统美学和传统艺术的突破。它以解构和重构[①]的方式，成功地导入了禅宗精神及其思维方式。从此，意象可以是写实的，在自然中有其范本，是固有传统，也可以是喻象，在自然中没有其范本，为新创。

后来，禅宗在自身的发展中吸收了华严宗"法界缘起""理事无碍"的思想，它的自然观表现出更为宏观和深化的特点。华严宗主张"无有不多之一，无有不一之多"（法藏《华严经探玄记》卷一），多依赖于一而存在，一也依赖于多而存在，理（一）事（多）无碍。这是一与多（一般与个别）的辩证关系。永嘉玄觉说：

> 一性圆通一切性，一法遍含一切法；一月普现一切水，一切水月一月摄。（《永嘉证道歌》）

这是说，"空"和"色"，"性"和"相"是统一的，一即一切，一切即一。"一"是什么呢？是空、般若、智慧，同时又是无穷的色、相、境。反过来，"多"是什么呢？是无穷的色、相、境，也是空、

[①] 此处借用解构主义的词汇，但并不引入其观念，只是为了描述的方便。

般若、智慧。禅宗要"藉境观心",学禅者与自然沟通,是为了找回和证成灵明鉴觉。马祖道一认为学禅者可以做到"触境皆如",宗密把他的主张概括为一句名言:"触类是道而任心"(《圆觉经大疏钞》卷三下),是说人在任何时间、任何处所都可以得道(觉悟),因此大可以任运自在,随处做主,一切皆出于自愿和自然。这种"随缘消旧业,任运著衣裳"的生活态度,十分接近庄子,是很吸引士大夫的。

禅宗追求的是个体的某种觉悟境界,在这种境界中自己也成为佛。如果执著于空无,那么主体的解脱是得不到证明的,因此只有采取色即是空的相对主义方法,将色和空、性和相统一起来。这种统一必然体现为境界。境界一方面是心境,另一方面又是喻象,不仅是自己悟,也可以诱导别人悟。境界有如下特点。其一,它是出世间的,主空的。其二,它是悟的、心灵的、独特的(禅的经验始终是独一无二的)。其三,它是内化了的意象(也可以是动作、姿势或表情)。其四,该意象是真如或般若的喻象,是超越时空的。其五,该意象有时是以时空错位方式组合而成的。我们可以把禅宗的境界与禅宗常言的"灯"作一联想,此时,觉悟的个人就像禅宗的灯,是一个光明却孤独的点,灯与灯之间可以传,但是却不可也不必燃成一片,因为每一盏灯的实质与背景都是一个,即形而上之空。

境界的意义非同小可,后来王国维就是以境界概括中国艺术的美学特征。个别体现一般,用(末)印证体(本),是一种辩证法。不过庄子更喜欢大气磅礴的美学,他还没有体用范畴,就是到了魏晋,体用范畴出现了,也主要用于玄学思考,还没有具体地延伸到美学上来。这里的关键似乎在于庄学的传统是不把自然物象从时空中孤离的。可以这样说,庄子的逍遥是"游"(亲和)出来的,而禅宗的解脱是"证"（觉悟）出来的。晋时谢灵运所创始之山水诗，即通过游览过程以最后引出玄理，其实是将亲和与悟结合起来，但这个悟还不是禅宗式的。山水诗固然是美学意境产生的前提，不过早期的山水诗还是以模山范水者居多。无论就精神品格还是就意象组合方式而论，都还比较单纯，大体可以归入古诗传统。从美学上看，庄子的传统较为朴素，玄学就显得复杂一些了，而禅宗的方式则更为精致。再看绘画，顾恺之人物画的美学品格是"传神写照"（《世说新语·巧艺》）和"以形写神"（《历代名画记》卷五）。画家宗炳是个佛教徒，他论山水画主"以形写形，以色貌色"，以为"山水以形媚道"，求"万趣融其神思"的"畅神"（《画山水序》）之功，并不把山水看空，似乎还是玄学的传统。

我以为，境界和意境作为美学史的概念，应该在禅宗起来以后，唐代才告成立。禅宗境界对精神生活的意义在于，通过感性去"证"和"悟"精神本体。这种方法是心性学的，同时也是美学的。因为它比以往的审美经验更为心灵化（心相），我把它称为新感性。我们从唐代以后美学和艺术的发展中看到，禅宗的直观方式向中国的山水画、写意画导入了精神的深度，使之心灵化和境界化；向中国诗歌的缘情传统导入了更为虚灵空幻的意（已经大体不是"诗言志"的"志"），形成了诗的意境。[①]

[①] 关于意境的产生时期及其性质，有不同的看法，我以为意境完全是禅宗的产物，另有专文论述。

六

禅宗是一种追求自我拯救或解脱的教宗,"自心是佛"是它树立的一面,超脱世俗烦恼而成佛是它破除的一面,因而它需要从庄子亲和自然的逍遥传统汲取并改造一些东西,于是导致禅与庄的自由观和自然观的很多相近和很多不同。这些不同尤其有助于我们理解两次美学突破的特点。前面已经有所涉及,这里再予以细绎。

庄子追求自然中的逍遥,虽然人可以与蝴蝶互为梦,不过那是物化,即物(作为物的人)与物的换位,是拟物或拟人,禅宗寻觅境界中的顿悟,更关注主体的心境,一切物都为心所造。庄子以相对主义的齐物论来泯灭物我之间的一切差别,使人同于物,与万物平等。人的本根在自然,人投入自然的怀抱与自然亲和,归穴是"托体同山阿"(陶渊明语)。那是由齐物而逍遥,获得自由。而禅宗以相对主义的对法来破除我执法执,似乎是齐物了,其实是将自然从时空孤离,从而使之化为喻象,归于心境化。庄子的相对主义是完全倒向自然,放弃分析的思维,从而获得自由感。禅宗的相对主义是在空、有之间动态依违,最后凭借顿悟找到一个空有两不执或两破的色即是空的点——境界,从而获得自由感。因此,自然在庄子更多的是一个蕴涵着道的变动不居的实体,是一曲无限绵延的和谐的交响乐,嵇康也认为音乐具有自然之和,在禅宗则是一个既无还有、既有还无的喻体,更多的是一种心相,自然被无数顿悟的心灵所直观,并切割成许多小的片断,为之分享,正如一月映于千江。庄子是愈亲近、愈深入自然愈自由,时空流动变迁即是道;禅宗是愈孤离自然,愈逼近那个顿悟的点愈自由,时空凝定即是佛。庄子讲虚静和逍遥,禅宗讲清净和空，庄子是由无到有，由静到动，由心到物，无为而无不为，禅宗是以无制有，以静制（证）动，使物归于心。庄子的泛神论是客观唯心主义的，禅宗的泛神论是主观唯心主义的，因此，两者就有主物化和主境化的区别。

如上，可以论定庄子美学的基调是追求逍遥的，而禅宗美学的基调则是追求解脱的。从无到空，从物化到境化，从逍遥到解脱，中国古代美学经历了两次大的突破。观察美学的历史，与伦理学的历史正好相反，唱主角的始终是非主流文化，引导审美心理的变迁，引导艺术思潮的兴盛的，是庄、玄和禅，而不是儒。这种现象说明，作为主流文化的儒家思想体系是有着严重缺陷的。然而造成突破的两种非主流文化同样也是有缺陷的，这就给我们提出了一个历史的课题——有没有发生中国美学的第三次突破？如果有，那么它又是怎样一种形态？

如所周知，佛教进来以后，经过几百年的历程，中国文化中儒、道、释终于融合，禅宗倒反而衰微了。从哲学上看，宋明新儒学完成了释与儒的会通，相继产生了理学和心学，至于美学上是否也存在这样一个会通性的突破，这是颇可怀疑的。我们且举出明清之际的大哲学家王夫之，他以"性日生而日成"（《诗广传·大雅》）的乐观主义的人性论和"循情而可以定性"（《诗广传·齐风》）的主情美学对儒家的无情和治情美学作了出色的总结，也在相当的程度上超越了佛教和道家的美学，如他借助法相宗的现量概念以说明人的直接经验的审美性质是相当成功的，不过，他的哲学尤其是美学在很长的时期内湮没无闻，不像庄子借魏晋玄学而大为流行，也没有禅宗对失意士大夫那种巨大吸引力。美学史界对船山美学的重视更只是晚近的事情。欲观察古代美学的最后形态,也许可以曹雪芹的小说《红楼梦》为例,此书名为"梦",这个梦并非庄子梦为蝴蝶之梦,它是佛教幻化之梦——人世变迁,皆同梦幻。那"空空道人因空见色,由色生情,传情入色,由色悟空",而男主角贾宝玉最终不免出走。书中的男男女女,"看破的,遁入空门;痴迷的,枉送了性命。好一似食尽鸟投林,落了片白茫茫大地真干净",后面那一句,是佛教的话头,既是一句偈语,也是一个境界——意境。从《红楼梦》看,中国封建社会晚期的美学仍以释和庄的思想为主流,似无可怀疑。

以上我以美学上的突破为视角,描述了中国古代美学两次突破的宏观历程,当然,还有另一种综合的视角,即美学与伦理学、认识论三者相汇通的研究角度,对美学史的宏观描述也极为有用。前者为分析的方法,优长在突出阶段性的特点,比较宜于纯美学的描述,但往往给人以孤军突进之感;后者为综合的方法,好处则在史观的全面性,比较宜于非纯美学的描述,因为讲究综合,有时会显得过于四平八稳。研究宏观中国美学史,两者都不可偏废,而其长处则可以互补,可以对中国古代美学史有一个相当全面和细致的了解。我以为,中国古代美学史有三次大的综合:第一次是荀子的美学,他从美学角度综合了礼乐文化;第二次是魏晋美学,以玄学综合了儒与道的美学,代表人物是王弼和嵇康;第三次是船山美学,他综合了儒、道、佛的美学。前两次都产生了巨大的影响,第三次几乎没有什么影响。[1]

本书所论禅宗美学,是关于禅宗哲学、伦理学和心理学之哲学

---

[1] 关于古代美学的三次综合,我有另文专述。

形态的美学。为此，我的撰述定位于三个方向。其一，禅思想的美学方面，即着力于探究禅的感性层面及其与禅的哲学思辨、价值体系和心理特征之关系。其二，禅宗美学与儒家美学、道家美学的比较，比较的目的在于揭示禅宗美学的特点，为其做中国美学史的准确定位。其三，禅思想影响及于魏晋以后中国士人的审美心理与艺术创作、鉴赏，导致中国美学发生的若干质的变化。三个目的达到，本书即告完成。基于如此定位，凡不与三个目标之揭示有关的艺术现象均不拟涉及，即使其与禅宗有涉，凡与三个目标之揭示有关的非艺术现象，论述中将时有援引，即使其与美学无涉。如关于禅与石窟造像之关系，似将之置于艺术史更妥，否则将有芜杂之弊。

第一章 禅宗美学前史

我们在引论中对古代美学的两次突破所做的宏观叙述，可以视为禅宗美学在美学史上的初步定位。佛教（尤其是大乘般若空宗）作为一种外来宗教文化，如何为中国固有思想所接引并形成中国独有的禅宗，又如何在这一过程中形成禅宗的美学，过去治哲学史、思想史和佛教史者多重视前一方面，对后一方面较少下功夫。与玄学美学受到非同寻常的推重并在美学史上得到相应的定位形成对比，禅宗美学兴起的历史过程却并未得到应有的关注，因而禅宗美学固然在近若干年中蔚为古代美学研究的重镇，却从未能获得美学史上的相应定位。定位不明确，定性也将大受影响，这不免在某种程度上削弱了它的理论力量。反过来看，如果禅宗美学的定位不明确，那么玄学美学的定位，尤其是它的后期发展和下限，也是不能真正明确的。

我以为，较为清晰的禅宗美学前史是研究禅宗美学的前提，也是整个中国美学史研究无可忽视的重要一段。禅宗美学与玄学美学相接并形成两波的过程，很值得细细考究。两波有相同之处，更有相异之处，同与异都在相承相接中展开，这是复杂难明之所在，相同之处固然要搞清楚，相异之处则更需弄明白，不然美学的历史还是模糊的。为了解决这个问题,我们将不一般地描述玄学美学,而是循着从玄到禅的历史发展,重点研讨玄学美学与禅宗美学的内在关联和过渡,为读者描画出古代美学第二次突破的两波之间所发生的审美经验的基本变化、美学观念发展理路的延展和转折。

从美学史的发展看,玄学美学在自然观、情感观、审美人格、审美经验中的主客关系诸问题,以及艺术理论方面都有极为突出的理论推进,这是毋庸置疑的,然而佛教却以它更为精致灵敏的理论思维和感性触角使之发生质的变化,它集中并渗透以空观为基础的看世界和看自己的意象方式。如果说玄学美学的基调是"无",那么禅宗美学的基调就是"空"。从"无"到"空",酝酿于魏晋时期的广泛而深刻的美学突破,形成了重要的前禅宗美学问题,导引了古代美学历史性的转型,这一转型以禅宗美学的兴起而告完成。唐朝以后,古代中国就进入了新的美学时代。①

---

① 如王维《鸟鸣涧》诗中的名句"人闲桂花落,夜静春山空",其中的"闲"字尚可以与庄子的逍遥精神挂上钩,而"空"字则既没有道家的气息,也没有玄学的意味。至于由人闲而花落,因夜静而山空,诗句所描写的意象境界,绝然是北宗禅的静默。王维还有"空山不见人,但闻人语响"(《鹿柴》)、"声喧乱石中,色静深松里"(《青溪》)等诗句,对空的观照是借助对声与色的观照而实现的,而声与色则是禅宗大德所无数次观照的现象,正所谓"一切色是佛色,一切声是佛声"(百丈怀海),禅家的空观培养了他对自然界的色彩、动静的敏感和细致。因而,同被冠之以田园诗人,陶潜诗与王维诗,两者的美学品格是基本不同的。进一步的论述请参看本书第四章。

一、玄学与魏晋审美心理

情感与人格

玄学论辩，情感是一大主题，并与人格问题紧紧相连。

何晏与王弼展开了著名的圣人无情或有情之争。何晏把人与情感的关系分为三类，最高的是圣人，他任性而无情，纯与自然为一；其次是贤人，如颜渊有情而能喜怒当理；最低是普通人，任情而喜怒违理。圣贤二者都能不为情所困，众庶之类普通人就做不到了。何晏所循其实是庄子的思路，把喜怒哀乐爱恶欲诸情感视作非自然。何晏的观点在当时的玄学界得到广泛推崇，后起之秀王弼起来驳斥之。

> 圣人茂于人者神明也，同于人者五情也。神明茂，故能体冲和以通无；五情同，故不能无哀乐以应物。然则圣人之情，应物而无累于物者也。今以其无累，便谓不复应物，失之多矣。（何劭《王弼传》）

王弼的见解是一个发明，意思是，人的智慧（神明）再高超，"寻极幽微"，也不能去自然之性[①]；人性出于自然，因而人是不能没有情的。在王弼看来，圣人与常人一样，也是有喜怒哀乐之情的，只是圣人能做到不为外物所累以至转移了他的本性，因而他固然"不能无哀乐以应物"，却能运用自己高于常人的智慧（神明），使情感不至随着

[①] 汤用彤《王弼圣人有情义释》言此性实为情，见《汤用彤学术论文集》，中华书局1983年版，第256页。

物欲、名利欲转而失落本我。圣人有情而无情，是"体冲和以通无"的天赋智慧在起作用。王弼的有情论背后有一个"以无为本"的本体在支持着它，人们若要不为情所拖累，则最好是返回去守住"无"，那是无为，因而他说"智慧自备，为则伪也"(《老子注》二章)。

王弼是运用体用不二哲学方法较为成功的玄学家。体用不二的原理，其实就是统一世界的一种思维方法。王弼把"理"视为必然性，"物无妄然，必由其理"(《周易略例·明象》)，这个"无妄然"即是出于自然的必然性，因此说"万物以自然为性，故可因而不可为也，可通而不可执也"(《老子注》二十九章)。从人性论上说也一样，人的自然之性是没有善恶的，不过表现为情，就有正邪之分，对此，王弼主张性其情。他这样说：

> 不性其情，焉能久行其正？此是情之正也。若心好流荡失真，此是情之邪也。若以情近性，故云性其情。情近性者，何妨有是欲。若逐欲迁，故云远也；若欲而不迁，故曰近。但近性者正，而即性非正；虽即性非正，而能使之正。……能使之正者何？仪也，静也。(《论语释疑》)

这里我要对"性其情"说做一辩证。王弼此处所云"性其情"，并非以性制情之谓，而是由体发用之谓。如果心流荡失真，那么情离开性，就是邪，如果情近性(情向性回归)，那么情就趋正。在后一种情况下，连欲也是正常、正当的。性与情实为体与用，不能分离：情离开性，就意味着用远离体，情靠近性，则表明用趋近体。这里宜留意"近性者正"与"即性非正"之别，性是本然之体，体无善恶，是一个真正的"无",因此"即性非正"。质言之,性不能制情,制情即人为,这是将性(体)与情(用)打为两截,从体用论的角度看不可取。不过尽管"即性非正",近性却是可以正情,这是因为人性之中本来具有仪则、规范,它们是自然之理,如果能做到清净无为,那么也就自然顺乎自然之理。王弼一方面把当然之则融入于自然之体,以本体统一了善与真;另一方面又以体用关系来理顺理性与感性(性与情),意在把情感收向本体,这样就又统一了善与美。因此,他没有回到儒家"治情""以道制欲"和"寡欲"(荀子和孟子)的老路上去。

王弼论情性,标出了一种很高的人格境界。他以为,圣人在觉悟水平上与常人有绝然的不同,他在精神上是极超脱的,境界很高。这一神明超诣的境界融合且净化了情感,所以圣人一方面"不能无哀乐以应物",另一方面又"能体冲和以通无",做到"应物而无累于物"。故而王弼的理论虽然并未从审美出发来综合真与善,却已经具有广义的审美性质。王弼的这种性(体)情(用)不二方法为玄学对真善美的综合提供了哲学武器,孕育了玄学情感哲学,而玄学情感哲学又为魏晋崇情思潮提供了哲学的营养。

有意思的是,王弼不仅把儒家的寡欲论和治情论打破了,而且似乎把庄子的无情论也给打破了。人的七情六欲得到承认,尽管是在形而上的理论层面上,不是直截了当的崇情,然而它却是一个时代开始的标志。我们知道,庄子以为追名逐利的行为是非自然的,而情感是与物欲和德性联系在一起的,于是他决然将道德领域从自己的生存界域划出去,悬置起来。庄子所唯一认可的情感是超功利的审美情感,而这类情感在他的"词典"中是不被冠之以"情"的。再细细想来,那种超功利的审美之情其实倒真正是"应物而无累于物"的,那是逍遥的精神境界。因此，我们不妨说何晏对庄子的理解是偏狭了，而王弼是以体用关系中的"无累"之情取代庄子审美式的逍遥之情，其实离庄子并不远，可谓殊途同归。不过，庄子所始终难以介入的人伦关系，王弼却以体用关系合理地将其悄悄地引入。也就是说，人们在人伦社会中，一方面可以活得很超脱，不拘谨；另一方面却又可以自然而然地做到不违反人伦准则，这种积极与消极之辨，是玄学家与原始道家的大别所在，是殊。王弼以天才（哲学）之手为魏晋崇情思潮开启了闸门，大变终于来临。

如果说何、王们是玄学阵营中的右翼，那么嵇、阮们就是左翼。王弼更偏向于老子式的思辨，不那么标举庄子，嵇康则宣言自己更师庄周。他把庄子大气磅礴的自然观念上升为哲学本体——"自然之和"，此一和谐以乐律的形式符合于自然界的规律，是哲学之真。嵇康如王弼也讲道德之善，不过那并非普遍的伦理概念，而是每一个体的个性德性（寓于特殊的普遍或是具有个性的普遍）。嵇康提出了著名的"声无哀乐论"，成为晋室渡江以后玄学的三大论题之一。按照他的理论，音乐之美是没有情感的内涵的，它只是"和平"，而处于社会生活中的人因其各自的生存境遇而怀着各种不同的情感，他们听音乐，音乐的和谐就将各人或哀或乐的情绪感发了出来。听者的哀乐之情受到感发，其情感就可能重归自然之和，此时，主体固然还未能忘怀哀乐之情（不能忘怀是因为它们是与自己的生存境遇紧紧结合在一起的），但它已不单单是给人以痛苦（或欢乐），而是在和谐的心境中感受这份痛苦（或欢乐）。嵇康的音乐理论也是遵循了玄学的有无之辩，符合于自然律的音乐没有情感，为"无"，而生存于社会中的人有情感，是"有"，音乐之"无"赋予人以自然之和，人于是在和谐的心境中回味咀嚼自己的喜怒哀乐（有），"无"就给"有"提供了自然基础（和谐心境），情感于是有可能被净化和升华。嵇康进而提出，音乐固然不能将情感传递给人人，却可以经由和谐而增进各人与其哀乐之情结合着的德性，例如廉洁的伯夷变得更廉洁了，仁爱的颜回变得更仁爱了，等等。这一针对着德性的综合作用他称之为"触类而长，所致非一，同归殊途"（《嵇康集·琴赋》），它的性质是审美的，而且向上提挈了作为个体德性的道德之善。嵇康的音乐美学达到了魏晋美学的高峰。[1]

从人格上看，嵇康高唱"越名教而任自然"（《嵇康集·释私论》）的口号，标志着人格美的理想已经由名教而转到自然上去了，这在理路上是与他的声无哀乐论相对应的。他的人格理想是"以无措为主，以通物为美"（同上），又并非没有人道的原则立场。强调自然原则又不废人道原则，是他与庄子不同的地方。嵇康的哲学美学以真为基础，强调美善并济，三者统一于自然之和。与王弼不同的是，嵇康并非以善为主导来包容美，而是以美为主导来提挈善（美的本质是和谐，因而比善更贴近自然之和的本体）。这种综合下的情感也并非单纯的审美情感，而是所谓的"同归殊途"，殊途者即不同个体各自的德性，同归者即审美经验将那些不同的德性统摄起来，使之增强了，它们表现为各各不同地融合了个体德性的审美情感。这样，审美情感对于各种不同德性就具有极大的兼容性。他的美善二元并济模式是情

---

[1] 嵇康的"声无哀乐论"极可以拿来与佛教的般若空观比较。音乐就好比是般若，音乐没有情感内涵，只是和谐，般若也只是空。因为音乐只是和谐，所以它就成为普遍的本体。皎然《白云歌寄陆中丞使君长源》说白云："白云遇物无偏颇，自是人心见同异"，戎昱《秋月》说月亮："思苦自看明月苦，人愁不是月华愁"，也是这个意思。

感哲学的一个极富特色的理论。①

竹林七贤之王戎是一著名的孝子,他有一句名言:"情之所钟,正在我辈。"《晋书·王戎传》说他性至孝,不拘礼制,居丧期间饮酒食肉,或观弈棋,而容貌毁悴,拄着杖才站得起来。《世说新语·德行》记:"王安丰遭艰,至性过人。裴令往吊之,曰:'若使一恸果能伤人,濬冲必不免灭性之讥。'"按之《孝经》"毁不灭性,圣人之教"之训,则王戎宜为不孝。七贤之阮籍也是如此,居母丧,饮酒二斗,举声一号,吐血数升,不光在家吃肉,还在司马昭的公堂上吃,礼法之士何曾以不孝罪控告他,事可参看《晋书·阮籍传》。孝与名教未必一致,晋人之崇情和脱略名教于此可得有力的一证。

玄学情感哲学以自然情感论(包含气论)的情感本体来反拨僵硬的儒教道德情感哲学,它偏于个体情感的弘扬,强调普遍的实现依赖于个体的实现。中国人性论史上第一次出现这样的局面:情(特殊,个别)的净化先于德(普遍,一般)的超升,审美经验的重要性强过道德经验。王弼的"圣人有情论"和嵇康的"声无哀乐论"都是如此,只是后者更美学化也更个体化。王弼的理想人格还是经他改造后的孔子等圣人,而嵇康的理想人格就纯是"普通(自然)人"(《释私论》云"以无措为主,以通物为美")了,两者的基本品格为"无为"或"自然之和",其玄学思路是本体论而非道德论的。从此,儒家大一统的塑造单一理想人格的教化观念被突破,庄子式的审美经验复活了,人性人格(包含德性)随之变得丰富无比和生动多彩了。

---

① 关于嵇康美学,请参看拙作《嵇康美学》,浙江人民出版社1994年版。

自然与逍遥——庄子精神的现象学转换

向秀和郭象的《庄子注》，通过对《庄子》的读解[①]，来阐发他们自己的思想。向、郭的思想，是何、王和嵇、阮以后玄学的又一重镇。他们的逍遥观和自然观，表现出不同于庄子也不同于王弼的特点，为玄学美学通向禅宗美学的重要枢纽。

> 夫无力之力，莫大于变化者也；故乃揭天地以趋新，负山岳以舍故。故不暂停，忽已涉新，则天地万物无时而不移也。世皆新矣，而自以为故；舟日易矣，而视之若旧；山日更矣，而视之若前。今交一臂而失之，皆在冥中去矣。故向者之我，非复今我也。我与今俱往，岂常守故哉？（《庄子·大宗师》注）

《庄子注》讲运动变化是绝对的，实际上是对运动变化做了静观的描绘，认为物体在这个瞬间处于这个位置，在下一个瞬间就处于另一个位置，于是运动就被看作无数瞬间生灭状态的连续。一切事物都没有稳定的质的规定性。在这"日新之流"中，什么都留不住，一切现象即生即灭，"皆在冥中去矣"。这样，"有"就成了"无"。"玄冥者，所以名无而非无。"（《庄子·大宗师》注）这个"玄冥"或"无"并非"有不能生无，无不能生有"的"无"（没有），而是无形无象的"无"（虚无）。

《庄子注》以为自然界是许多个别的物"块然而自生"，"块然"指

[①] 当代有人称之为"误读"。其实古人早已发现，《大慧普觉禅师语录》卷二二有云："曾见郭象注庄子，识者云：却是庄子注郭象。"

物的"独",即物是以个体的形式而存在的。这个"自生"的物,除了自身,没有什么别的力量可以使它产生,这叫作"自为"或"独化"。但另一方面,又不否认世界上存在着普遍的联系,只不过以为这种联系是"彼此相因",事物都是"对生""互有"的。

> 彼我相因,形景俱生,虽复玄合,而非待也。(《庄子·齐物论》注)
>
> 天下莫不相与为彼我,而彼我皆欲自为,斯东西之相反也。然彼我相与为唇齿,唇齿者未尝相为,而唇亡则齿寒。故彼之自为,济我之功弘矣,斯相反而不可以相无者也。(《庄子·秋水》注)

质言之,世上所有事物间的关系就如人形与影子、唇与齿一般,互相为"缘"而非为"故","故"是事物之间逻辑或时空上有因果或先后的关系,"缘"则是无形的无所待的联系,为辩证的相反而相因,为"玄合"。至于事物之间如何玄合,却是看不到的,因而它是"无",但不是如在王弼那儿是作为本体之"无"(道),作为"母"或"根",因为万物都是"自得耳,道不能使之得也"(《庄子·大宗师》注)。玄冥之境并不是一个本体。

《庄子注》中体现的自然观,可概括为"独化而相因"或"独化于玄冥之境",具有现象学的色彩:一方面可以引向对个体的存在之境的哲学反思,即从哲学上认识到个体的真实存在必然是自为而非相待的,相应地,这个真实存在只据有一段极短暂的时空;另一方面又可以将庄子式大气磅礴的自然转化为个体的、片断的自然现象,它也只据有一段极短暂的时空。[①]这种存在论或现象学上的短暂时空，作为个体性高扬的真实条件，首先在中国哲学史上导出了时空孤立化的观念，尽管同时承认所有个体的人和个体的自然物彼此都是相互为用的。

我们要非常重视自然观的这一变化，既因为它标志着中国哲学思辨的深入，同时也因为它为美学自然观的进展打开了通路。这一新的自然观，将庄子所感叹把握不住的时间之流做了静态的分割，首肯物在时空当中存在之个体性（短暂的时空规定），因此众多自然现象就可以被当作审美观照的对象而孤立起来（即所谓"独化"），而同时它们又是无为、无形地在时间之流中"玄合"着的（互相有关联）。这种既讲"独"又讲"缘"的自然观，可以在某种程度上视为禅宗美学自然观的前导。当然，禅宗是要讲自然的空化，以为万事万物没有自性，与向、郭主独化之"有"、每一个体的事物都有其存在的理由，是基本不同的。

从庄子经《庄子注》再到禅宗，其观照自然的视角总的走向是从宏观到微观，从动态到静态。庄子有着更多的泛神论倾向，而从《庄子注》到禅宗（佛教）则现象学意味逐步增强。以后，中国美学中纯美学一路，大体就是庄子传统与佛教现象学视角的结合（禅宗的看空是现象学方式的强化），禅宗美学或大而言之佛教美学都是如此。做一个粗略的譬喻，就自然观而论，庄子美学是"大写"的，禅宗美学是"小写"的，而玄学美学则是居于"大写"与"小写"之间的。

[①] 以将运动变化绝对化的方式静止地理解自然之物，可以同时不废时间之流，这一点可能有别于佛教超绝的时空观。

《庄子注》还重新阐释了人的逍遥：

> 夫小大虽殊，而放于自得之场，则物任其性，事称其能，各当其分，逍遥一也，岂容胜负于其间哉？（《庄子·逍遥游》篇目注）

与庄子独讲无待之人不同，向、郭的逍遥则兼谈无待与有待。无待者圣人，是玄学的老套。而论"有待"更重要，那是说独化的个体若要"任其性，称其能"，就需要满足一定的条件，即所待。

> 夫质小者所资不待大，则质大者所用不得小矣。故理有至分，物有定极，各足称事，其济一也。（《庄子·逍遥游》注）

《庄子注》提出"体其体，用其性"（《庄子·则阳》注），物各有性，为体（质即体），物性之自然，为用，"顺物而畅"，于是能达到体用统一。这种体用的统一落实到了个体的人之上，就是人的逍遥。《庄子注》其实是以自然为自由，以为最高的境界是无数个体的"自得之场"，其本质还是无为，所以向、郭以为"道无能也"，而不是如王弼的道是一个"无"的本体。

向、郭的《庄子注》，在情感理论上要弱于王弼，然而在自然观方面却要强大得多，与"独化"说相呼应，向、郭其实是把王弼的有情之圣人降落到平常人，并把他们理解为具有自然秉性的个体，对圣人的推崇似乎只是一个幌子。在魏晋时期，个体人格强化的另一面就是圣人理想的弱化，或者用另一个术语来表述，那是人格的名士化。

如向秀所属竹林七贤小群体的两位领袖嵇康与阮籍，前者倡"以无措为主，以通物为美"的人格理想，后者主"大人先生"的风采，以名士风度和自由宽容的社会理想突破了右翼玄学的圣人理想；陶渊明更只求做一个田园中的逍遥派，已不预名士之列了（事实上他与当时的名士也根本无接触）。向、郭的《庄子注》恰恰是为这一潮流做了哲学上的发挥，尽管在政治批判方面他们远逊于嵇、阮们。向、郭强调了个体在其所处的"无妄然"的境遇中获得自由，把偶然现象视作必然（在那个短暂的时空点上），"冥然以所遇为命"（《庄子·人间世》注）。显然，这一观点有着弱者道德的理论倾向，但是也有其美学上的优点。它所倾心的个体的逍遥，就相当于自然之物的独化，把个体及其境遇当作现象学上的观照对象来思考，更像是一种审美经验，于是，个体的自由就具有了美学的品格。这种自由，与禅宗所倡个体的觉悟境界有些接近。与庄子比，《庄子注》弱化了庄子的审美经验，不过它又为另一种更为精细的审美经验的出现做了重要的理论准备。如果从这个角度想去，那么这种弱化似乎又有逻辑上的必然性。

谢灵运的意义

谢灵运，此人在中国文学史上有着相当高的地位，同时，他也是中国佛教开始发展阶段一个重要的人物。谢氏著《辨宗论》，推崇佛教，参加过对大本《涅槃经》的修订[①]，又长于作游览体的山水玄味

[①] 《高僧传·慧严传》曰："《大涅槃经》初至宋土，文言致善，而品数疏简，初学难以措怀。严乃共慧观、谢灵运等依《泥洹》本加之品目。文有过质，颇亦治改，始有数本流行。"皎然《秋日遥和卢使君游何山寺宿扬上人房论涅槃经义》曰："翻译推南本，何人继谢公。"

诗，为中国山水诗之开山祖。作为一个对佛教有甚深偏爱、与佛教徒广为结交的名士，他在玄学美学与禅宗美学的转换之间具有极为特殊的意义。

与谢氏同时，佛教徒竺道生提出了著名的"一阐提"[①]人也能成佛论，其理论根据有两条："一切众生，莫不是佛，亦皆泥洹"（《法华经疏·见宝塔品》）和顿悟成佛。依他的见解，任何人都有佛性，因而任何人都可以成佛。而依玄学家的见解，凡人与圣人之间有着一条鸿沟，即便是颜渊也与孔子有一间之隔，不可能成为孔子那样的圣人。在个人主义风行的魏晋，出现这样的理论，一方面是玄学左翼淡化圣人理想，或不再渴望成为圣人，追求自由人格（名士派）的结果；另一方面则可视为玄学右翼调和儒道的努力在理想人格问题上所留下的缺憾。谢灵运作《与诸道人辨宗论》，在当时关于圣人如何可能、是否可学的激烈争论中，支持竺道生的顿悟说，认为释氏主张圣人"积学能至"，途径是渐悟，孔氏（其实是玄学）则以为圣人不可学不可至，而道生提出去掉前者的渐悟，又去掉后者的不可至（即凡圣鸿沟），那么圣人就是不可学而可至，此为孔、释二家的折中。谢氏以为，这样就跨越了凡圣鸿沟，解决了玄学所未能解决的问题。这种思路，也可以他对佛教总的看法证之。他说："六经典文，本在济俗为治耳，必求性灵真奥，岂得不以佛经为指南耶？"（见何尚之《答宋文帝赞扬佛教事》，《弘明集》卷十一）从魏晋以降人文主义思潮的发展趋势来看，崇扬个人主义和主张社会平等、宽容似乎是其必然逻

[①] "一阐提"为极恶的、断了善根的、无法得救的人。他们蔑视佛教的教义，沉溺于世俗的快乐，不可能得到真正的觉悟。

辑。然而上述结局却未能由玄学所引出，而是历史地落到了作为外来文化的佛教身上，佛教主动地与玄学调和，其结果乃是为中国学术和思想开辟了新的方向。

思想史家认为，谢灵运对竺道生顿悟成佛论的推崇，标志着佛教进一步探向中国文化深处，并开始融入中国传统思想成为其有机组成部分。在我看来，中国美学有着人格化的基本品格，谢氏对佛教顿悟成佛说的接纳，以外来文化的形式延续了这一品格，标志着传统美学中人文主义精神的进一步强化，标志着人格美理想的普及化，从而为玄学美学转向禅宗美学创造了条件。

谢灵运是中国山水诗的开创者，他的山水诗的意象组合依中国传统的方式，而在意味上有所转变，值得重视，虽然与禅宗形象思维的意象组合方式仍大不一样。

江南倦历览，江北旷周旋。怀新道转迥，寻异景不延。乱流趋正绝，孤屿媚中川。云日相辉映，空水共澄鲜。表灵物莫赏，蕴真谁为传。想像昆山姿，缅邈区中缘。始信安期术，得尽养生年。(《登江中孤屿》)

作为东晋功臣谢玄的孙子，入宋以后谢灵运仕途上已然失意，又被放于永嘉，他虽颇向往和推崇佛教，然不免徘徊于出与入、生与死之间，未能把此关参破、看空。此诗中尤其应该细细琢磨的是作者在大自然中的游历过程，他并未如庄子一般真正深入到自然的节奏中去，亲和自然，去作逍遥游，而是貌似逍遥，其实心思却重得很；同时，也未能如禅宗那样把自然全然看空，将自然心象化。自然景象作为"客",此时仍十分地与"主"(诗人)融洽,"主"看物("客")的方式仍与庄子传统不远,然而"主"却不那么全身心投入,不那么亲切体贴,心思与景物若即若离地别为两路,其间产生一定程度的张力。于是,诗歌的结构变得复杂起来,一方面是在游览中观物,另一方面是借观物以悟理,两者水乳交融的境界很难达到,读来自然就并非浑然一体,读者的感受也在作者的心思与景物之间倚轻倚重,为之复杂化。读谢灵运的诗,读者须准备一种同情的态度,方能与之共鸣。而此共鸣大多须待诗中的"秀句"加以引发。中国的诗歌发展到谢灵运,自然的山水景物开始具有某种现象学的意义,它决不排拒人,却也不再那么朴素,也绝非使人感觉十分的可亲,足以真正地寄托于斯,人如果对它采取观的态度,那么它可以使人有所悟("一悟得所遣"《从斤竹涧越岭溪行》),只是谢灵运并没有真正做得到"虑澹"而"轻物",故而尚未大彻大悟。亲和力消减的另一面,就是悟解力的增强。

这里,我们把谢与陶做一比较,是颇有意思的。长谢约20岁的东晋诗人陶渊明,虽然也与名僧慧远有来往,不过他的诗却似乎没有怎么受佛教的影响。

> 结庐在人境,而无车马喧。问君何能尔?心远地自偏。采菊东篱下,悠然见南山。山气日夕佳,飞鸟相与还。此中有真意,欲辨已忘言。(《饮酒二十首》之一)

陶氏纯粹是庄子一派,视自然为亲人,诗人眼里的田园与诗人的心胸全然融为一体,具有真正的逍遥。读者不必采取同情的态度,即可与作者达到情绪上的共鸣。再来读一下他的《归去来兮辞》片断:

> 舟遥遥以轻飏，风飘飘而吹衣。问征夫以前路，恨晨光之熹微。乃瞻衡宇，载欣载奔。

那种由仕途回归自然的喜悦，在谢诗中是读不到的。陶氏心目中的自然是实的，而谢氏心目中的自然却是虚的。在前者，亲和自然即是悟，在后者，悟在亲和自然之后，亲和是悟的条件，却不是悟本身。前者为纯粹的自然主义，后者则在自然主义之外更添了一层现象学式的意象主义的意味。这就是陶诗意象中之可亲的田园与谢诗意象中之可悟（观）的山水之区别所在。中国文学史上陶、谢并称，二人分别开创了田园诗和山水诗的传统，其重要性不言而喻。然而，从上述的比较中，我们也许更可以嗅出两者的不同之中恰恰传递了那么一丝佛教渗透入中国文学以及稍稍偏离庄子传统造成新的美学品格之消息，他们两人的诗文确实代表了中国美学的两种有联系而又不同的智慧与经验，而且，谢氏所开创的路子在以后将借助于律诗而有更为重要的发展。

二、玄学接引下的般若学

《世说新语》中的名僧与名士

> 汉末魏晋六朝是中国政治上最混乱、社会上最苦痛的时代，然而却是精神史上极自由、极解放，最富于智慧、最浓于热情的一个时代。因此也就是最富有艺术精神的一个时代。（宗白华《论〈世说新语〉和晋人的美》，见《美学散步》）

宗白华将这一个同时发现了自然美和人格美的时代,称为"世说新语时代",并着重强调此一时期人们所持的"人格的唯美主义",诚为不刊之论。

这样一个审美的时代,以往研究者多从玄学的角度来予以谈论,现在我们试着换一个角度,来观察一下活跃于"世说新语时代"的崇佛者们。

读《世说新语》,以人数计,涉及佛教徒者凡17人,其中尤以支道林为多;以篇目计,涉及僧人者凡17篇(世说共36篇);以条目计,涉及僧人、佛寺、佛经者凡68条,可见此时代佛教流传之盛况。[①]

东晋的一段时期,支道林成为清谈领袖,《世说新语》"言语""文学""赏誉"等11篇中有49条出现他的名字。其中《文学》篇第36条云:

> 王逸少作会稽,初至,支道林在焉。孙兴公谓王曰:"支道林拔新领异,胸怀所及乃自佳,卿欲见不?"王本自有一往隽气,殊自轻之。后孙与支共载往王许,王都领域,不与交言。须臾支退。后正值王当行,车已在门,支语王曰:"君未可去,贫道与君小语。"因论《庄子·逍遥游》。支作数千言,才藻新奇,花烂映发。王遂披襟解带,留连不能已。

这一条讲支道林如何以玄理折服心傲气盛的王羲之(逸少),谈

---

① 以上统计据徐震堮《世说新语校笺》附"世说新语人名索引"。

的题目是《庄子·逍遥游》，仍范围于玄学。参与其中的孙兴公（孙绰）曾作《道贤论》，以七名僧比魏晋之际的竹林七贤，他们是法祖匹嵇康，道潜匹刘伶，法护匹山涛，法乘匹王戎，支遁匹向秀，法兰匹阮籍，于道邃匹阮咸。

又《文学》篇第40条云：

> 支道林、许掾诸人共在会稽王斋头，支为法师，许为都讲。支通一义，四坐莫不厌心；许送一难，众人莫不抃舞。但共嗟咏二家之美，不辩其理之所在。

这一条是讲佛经，众听者对二人辩难的具体内容似乎不太关心，倒是对二人讲佛法的辩难方式和过程颇有兴趣，并视之为美。可见，名僧支道林确实是当时的玄学领袖、著名的清谈家。僧与士一身而二任的支遁是一个标志，意味着公元4世纪佛教向中国高级知识阶层渗透的成功，从此，名僧可以与名士比肩。

汤用彤《汉魏两晋南北朝佛教史》（第127—128页）对这一现象做过一个分析："自佛教入中国后，由汉至前魏，名士罕有推重佛教者。尊敬僧人，更未之闻。西晋阮庚与孝龙为友，而东晋名士崇奉林公，可谓空前。此其故不在当时佛法兴隆。实则当代名僧，既理趣符《老》《庄》，风神类谈客。而'支子特秀，领握玄标，大业冲粹，神风清萧。（《弘明集·曰烛》中语），故名士乐与往还也。"汤氏论名僧"理趣符《老》《庄》，风神类谈客"一断语，颇中肯綮。意思是说名僧们所谈佛理与老庄精神是相符的，风度亦还是魏晋风度。

支道林的风度之中更融有强烈的人文精神，《世说新语·言

第一章 禅宗美学前史 053

语》记：

> 支公好鹤，住剡东岇山。有人遗其双鹤，少时翅长欲飞，支意惜之，乃铩其翮。鹤轩翥不复能飞，乃反顾翅垂头，视之如有懊丧意。林曰："既有陵霄之姿，何肯为人作耳目近玩！"养令翮成，置使飞去。

支氏所云鹤的"陵霄之姿"，体现的其实就是他自己追求逍遥的自由精神。他淹留京师三年后上书告辞，有云"上愿陛下，时蒙放遣，归之林薄，以鸟养鸟"（《高僧传》），这些正可以与嵇康《与山巨源绝交书》中论鹿的名句对读："少见驯育，则服从教制；长而见羁，则狂顾顿缨，赴蹈汤火，虽饰以金镳，飨以嘉肴，逾思长林，而志在丰草也。"两者的精神是一致的，只不过支氏说得雅致，而嵇氏则更为峻烈。约一千五百年后，龚自珍著名的《病梅馆记》则是这种精神在他那个特定时期的重演。

> 支道林常养数匹马。或言："道人畜马不韵。"支曰："贫道重其神骏。"（《言语》63）

这也是一则著名的典故，看来支道林养马在旁人眼里是不太合乎僧人气格的，被讥为"不韵"，用语是玄学的，似乎是指摘他未能脱俗，而支氏则申言，看中的是马的"神骏"。以上两则典故，都体现了支道林的自由人格和审美境界，不像严守戒律的僧人之所为。

我们且引《世说新语》中另一些关于佛教的条目来做进一步

申论。

  庾公尝入佛图（佛寺），见卧佛，曰："此子疲于津梁。"于时以为名言。（《言语》41）

  此语道来非常洒脱，绝无佛教的庄重感，但论印度佛教佛救渡众生的生存方式则极为准确。当时的名士也很有喜欢读佛经的，如"三日不读《道德经》，便觉舌本间强"（《世说新语·文学》）的殷浩，《文学》43条说他曾读《小品》[①]，写下了200张记有疑难处的书签，欲问难于支道林。《高逸沙门传》中亦记殷浩曾欲造访支而不得。《语林》中说，殷浩于佛经所不了处，请支遁为之释疑，王右军阻支成行，对他说："渊源（殷浩）思致渊富，既未易为敌，且己所不解，上人未必能通。纵复服从，亦名不益高；若佻脱不合，便丧十年所保。可不须往。"这三条合起来一个意思，即殷浩读佛经十分深入，曾经颇有意与支遁展开一场名士与名僧的最高级清谈，惜为王羲之所阻。可以想见，此类清谈辩难，对当时士人了解佛教和名士名僧交流是大有裨益的。

  但也有随意而不准确的，如《言语》51条，顾和带着他的孙子和外孙顾敷（7岁）和张玄之（9岁）去佛寺，看见佛的涅槃像，弟子中有哭泣的，也有不哭泣的。顾就问二位孙何故。张玄之解答道，得

[①] 值得着重指出的是殷浩读佛经，是在他被黜期间。《世说新语·文学》50条记："殷中军被废东阳，始看佛经。初视《维摩诘》，疑《般若波罗密》太多；后见《小品》，恨此语少。"另《文学》59条亦记有殷浩被废读佛经事。

到佛祖恩惠的就哭，未能得到恩惠的就不哭。而顾敷则答道，不对，应该是忘情者不哭，未能忘情者哭。[1]张玄之所答肯定错，而顾敷所答则一味循着玄学的思路，以忘情与未能忘情来区分二者。这种以玄学思维解佛教的方法，固有其高妙之处，却是全然不顾佛教的本义的。[2]

以上大多是关于人格和情感的，再来看看此时僧人对于自然的看法。

> 殷（浩）、谢（安）诸人共集。谢因问殷："眼往属万形，万形来入眼不？"（《世说新语·文学》）

谢安思维很敏锐，此一问题似乎不在传统儒、道、玄的论域之内，它的提出，显然是受到佛教的影响。刘孝标注引《成实论》："眼识不待到而知，虚尘假空与明，故得见色。若眼到色到，色间则无空明。如眼触目，则不能见彼。当知眼识不到而知。"意思是说，眼识无须对象（"不待到"）就可以"知"（尘为虚）；尘为虚，只是借助空和明，人们才见到了色；如果眼与色直接相触（"到"，意即顿然、当下相触），则空与明就没有了。因此，谢安问题的前半问"眼往属万形"是合乎佛教教理的，眼识识空，色背后还是空；后半问"万形来

---

[1] 《世说新语·文学》亦记僧意与王修辩难圣人有情。

[2] 汤用彤《言意之辨》云："东晋佛徒释经遂与名士解儒经态度相同。均尚清通简要，融会内外，通其大义，殊不愿执著文句，以自害其意。故两晋之际有名僧人，北方首推释道安，则反对格义；南方倾倒支道林，则不留心文句。"（《汤用彤学术论文集》，第230页）

入眼"则是不合乎佛教的,因为万形只是借了空与明才被视为色,"万形"是没有自体的,它当然也就不能作为体(即使是客体)而"入眼"了。此条有问无答,刘孝标认为有阙文,可惜见不到殷浩的回答,我们无法知晓他对此一问题的看法。不过无论如何,当时的名士们已经对此类关于美学的基础性问题有了理论上的兴趣,把它作为清谈的一个题目,是确切无疑的了。①

僧人对自然的实际看法是这样的:

> 道壹道人(竺道壹)好整饰音辞,从都下还东山,经吴中。已而会雪下,未甚寒,诸道人问在道所经。壹公曰:"风霜固所不论,乃先集其惨澹;郊邑正自飘瞥,林岫便已皓然。"(《世说新语·言语》)

这种对自然的赏会,全然持玄学家亲和与同情的态度。联系前述支道林论鹤与马的人格化、唯美的思路,则可知"世说新语时代"(东晋)僧人们仍多将自然看作一有生命的实体,佛教大乘空宗看空的自然观似乎尚未有真正的大的影响。至少,名士派的名僧们是如此。

从独化到即色是空

中国人早期的自然观,无论是道还是儒,都把自然视为实有而

---

① 关于眼与色(视觉与对象)的关系,是禅宗感性经验理论的一个重要方面,本书第四章第二节将就此展开详尽的论述。

把人生价值的某些部分如道家眼中的名利（包括名教）、儒家眼中的物欲视为虚幻（一部分儒家是这样看的），因而有"无"的哲学（如无情）。到了玄学，"无"的哲学升进为本体论，但是并不否认自然为实有，相应地，在人格论上则追求任自然的逍遥。后来，佛教带进来"空"的哲学，原先不争的事实，即自然的实有、生命的大化流行，开始受到根本的怀疑和冲击，甚而至于将自然宇宙全然看空。这在中国哲学史上是一个翻天覆地的大变，在中国美学史上亦是如此。

汤用彤《汉魏两晋南北朝佛教史》云："释家性空之说，适有似于《老》《庄》之虚无。佛之涅槃寂灭，又可比于《老》《庄》之无为（安世高、支谦等俱以无为译涅槃）。而观乎本无之各家，如道安、法汰、法深者，则尤兼善内外。……因此而六朝之初，佛教性空本无之说，凭藉《老》《庄》清谈，吸引一代之文人名士。于是天下学术之大柄，盖渐为释子所篡夺也。"（《汉魏两晋南北朝佛教史》，第171页）

向、郭倡万物自生，万物无体而有自性（各当其分，各任其性），因之主逍遥，前已论之甚详。不过向、郭以及整个玄学的有些概念，如化、自然等，则成为援引佛学空观进入中国的中介概念，以下将多有涉及。

道安为东晋最有名的佛教徒，是本无派的代表人物。本无即性空，本性空寂所以言本无，又可言真如。刘宋人昙济论本无宗宗旨：

> 本无之论，由来尚矣。何者？夫冥造之前，廓然而已，至于元气陶化，则群象禀形，形虽资化，权化之本，则出于自然，自然自尔，岂有造之者哉？由此而言，无在元化之前，空为众形之始，故谓本无。非谓虚豁之中，能生万有也。（《名僧传》抄《昙济传》引）

这里，值得注意的有几个概念：元气、化、自然。这几个概念并非来自佛教，它们是中国传统哲学的观念。其中"自然自尔，岂有造之者"一语，几乎就是王弼、郭象们的语言，就是"虚豁之中，能生万有"，也是玄学家们所不能同意的。不过道安之用这些概念，并非主张元气自然观，而只是为了借以说明"非谓虚豁之中，能生万有"，即空无是本无的道理。借用这些概念来表述佛教的空观，似乎必然带来两种语境相左从而导致理解困难的缺憾。我们从下面的话可以证明这一点：

圣人以四禅防淫，淫无遗焉；以四空灭有，有无现焉。淫有之息，要在明乎万形之未始有，百化犹逆旅也。(《出三藏记集》卷六《大十二门经序》)

将自然的林林总总视为旅馆①，这在中国传统中是从来没有过的观念。王弼要求体无，是以体用关系把无与有统一起来，以为体无才能全有。向、郭主张万物独化于玄冥之境，这个虚无之境不是本体，而是在绝对运动之中的万物的自生自为和彼此相因。强调了运动的绝对性，是有可能引出视自然为旅馆的思想的，如"物无妄然，皆天地之会"(《庄子·德充符》注)，"冥然以所遇为命"(《庄子·人间世》注)，就有这种倾向。可以看出，向、郭虽然并没有提出这一思想，

---

① 后来唐初僧王梵志的诗中还把人的身体也视为旅馆，如《此身如馆舍》："此身如馆舍，命似寄宿客。客去馆舍空，知是谁家宅？"

却是不期然地与般若空观有所冥会。[①]一旦把自然看空,那么人就不可能产生与自然亲和的念头。虽然道安的《人本欲生经注》中还如庄子那样说"恬然与造化俱游",可是这种不与自然亲和的逍遥游,其实是对庄子传统的有意"误读"。中国传统哲学要么把自然视为实有,要么把自然视为本体(可以是无的本体,如在王弼那儿),却从不把自然视为真正的"无"或"空"。因此,道安的"自然自尔"之"有",表面上看似乎是向、郭式的观念,其实却是佛教因缘和合而成的意思。他的自然概念,也只是从自然为实有的观念向自然为虚空的观念转换过程中的一个跳板。换言之,撇去语言表述上的模棱两可之处,道安的观念已经基本是大乘佛教的空观了。"万形之未始有,百化犹逆旅",空观把自然的实有给否定了。于是,继续看空不可避免。最明显的变化是"自然"或"物"一变而为"色":

夫淫息存乎解色,不系防闲也;有绝存乎解形,不系念空也。色解则冶容不能转,形解则无色不能滞。(《出三藏记集》卷六《大十二门经序》)

相对于有与无,色与空为一对全新的概念,纯佛学的概念。[②]佛

[①] 向秀和郭象的思想尤其是他们的自然观,确实与佛教大乘空宗有某种程度的接近。至少,《庄子注》形成了从王弼以来的玄学向佛学过渡的一个中间站。至于这个中间站本身究竟是中国思想发展的必然产物,还是受到佛教般若学直接或间接影响的产物,似难以遽断。

[②] 后来慧能《坛经》讲对法,即把色与空作为三十六对之一。请参看本书第一章第三部分。

教把世俗世界分为欲、色、无色三界，中间那个色界大概相当于我们的物质界。在这一界中，地、水、火、风四大元素集合起来，造成了色，称为"四大造色"。因为四种元素所造的色还只是清净的物质性的东西，所以这一界为已经离却了色欲、贪欲和财欲等生命欲望的人们所居住。依佛教原理，人通过眼、耳、鼻、舌、身五种感官，对一切现象界有所感知，称为"色法"。感知分为五种，即色、受、想、行、识，称为"五蕴"。色，既可以指现象界，也代表了佛教所理解的人对外界现象的感受。在般若学看来，色即是空，把色看空，透过色去悟解空，色界（自然）为解脱和超越的对象。佛教有心法与色法之分，指精神现象与物质现象。禅宗美学研究的两个入手之处即是心法与色法。

支遁，前面我们对他的逍遥已经有所了解，是当时佛教六家七宗中即色宗的代表人物。

> 夫色之性也，不自有色。色不自有，虽色而空，故曰"色即为空，色复异空"。（《世说新语·文学》注引《妙观章》）

这一家的特点是就色而论空。倡即色是空，讲万物并无自性（色不自色），因此色是假有，是空，但也并非别有一虚空，而是色即是空。孙绰以支遁匹向秀，确实，向、郭的独化说与支遁的即色论有着某种相近之处。而僧肇批评即色论云："夫言色者，但当色即色，岂待色色而后为色哉。"（《不真空论》）那是说，当下之色即是色，并不是色外另有色来决定此色的自性。其实，佛家都是主张对对象（现象）进行直接的当下的观照，因此也都是当色即色的。细绎之，此

"当色即色"实是庄子一派的理论,未真正看空,而与向、郭的独化主张相似。向、郭讲每一物自生,均有自己存在的界限与理由,而支遁讲色为假有,是没有自性的,色都应理解为空的现象。两者运用体用方法是同,但其"体"则大异,一为有,一为空。色与空似乎是有与无的翻版,然而又确实超越了有与无的对偶。它在原理上仍然遵循了体与用的关系,却是体用关系的一种全新的类型。

另一方面,尽管支氏即色义看空的意图非常明确,然而他自己的人生哲学却未必是真正看空的。且看支氏之逍遥义:

夫逍遥者,明至人之心也。……至人乘天正而高兴,游无穷于放浪,物物而不物于物,则遥然不我得。玄感不为,不疾而速,则逍然靡不适。此所以为逍遥也。(《世说新语·文学》注引《逍遥论》)

此处"物物而不物于物"一说,仍范围于庄子一派。这种逍遥,也并非是看空的自由。支氏逍遥义,与向、郭之学相近,而即色义,与向、郭之学相近而大异。支氏虽然着重论述了色空之关系,然而在他身上,自然或色却仍然是看空的最大的障碍。

不过我们不能不看到,从支遁开始,色与空的对举为中国人的审美心理和审美经验开辟了新的领域。色的观念渐渐地起来,与物(外物,指人的生理和名利欲求的对象)和自然(化)的观念互相渗透而平分秋色,玄与佛渐趋合流,成为晋人审美经验的新对象和新境界。玄言诗的创始人、山水诗的引路人孙绰的《游天台山赋》就表现出这一特色。赋题"游"字,那是庄子的传统,其中云"太虚辽廓而

无阂,运自然之妙有,融而为川渎,结而为山阜",将自然称为"妙有",也是玄学一路。赋的结尾则云:

> 于是游览既周,体静心闲。害马已去,世事都捐。投刃皆虚,目牛无全。凝思幽岩,朗咏长川。……把以玄玉之膏,嗽以华池之泉,散以象外之说,畅以无生之篇。悟遣有之不尽,觉涉无之有间;泯色空以合迹,忽即有而得玄;释二名之同出,消一无于三幡。恣语乐以终日,等寂默于不言。浑万象以冥观,兀同体于自然。

山水造化之中的游览可以使人"体静心闲",当然是"妙有"了。但是同时又有一种觉悟起来:如果终究未能把"有"彻底排遣,那么对"无"的体认也就有所不足了。于是就要将色与空的界限泯灭,从"有"以得"玄"。这个"玄"是妙道,是玄学与佛学统一的境界。于是真正了解,有与无只是起于一源的两种名称罢了,色、空、观(三幡)也可以归于无。因此,孙绰既要求借助于佛学来将自然看空,"浑万象以冥观",也要求自己能最终如庄子般与自然为一,"投刃皆虚","兀同体于自然"。从中我们可以看到,庄子式的审美经验仍然占据主要地位,但般若学的空有观念却已经成功地渗入了"游"自然的审美经验之中了。换句话说,逍遥游的审美经验已经更多地注入了观和悟的佛学心理成分。这种审美品格,与前面讲到的谢灵运山水诗的品格是完全一致的。

对当时佛教六家七宗做出总结的,是杰出的中道哲学家僧肇。他著有《不真空论》《物不迁论》和《般若无知论》,他的非有非无的空观和静止的时间观,为美学的佛学化奠定了哲学的基础。前面我们已经讲到,向秀和郭象以为,正是因为万物自生而无所待,完全独化了(有自性),彼此之间才可能发生相因的关系。这种联系在无形中形成一个"玄冥之境"。另一方面,向、郭们也否定了事物的质的稳定性,认为一切现象都不免是即生即灭的。僧肇则宣称,世界上的事物本来都是不真实的,人们所看到听到的无非是幻象,"万物无非我造"(《般若无知论》)。如果说它有,它是幻象,"有不能自有,待缘而后有"(《不真空论》),如果说它无,它倒是既有的形象(仅仅是现象),并非"湛然不动"之无。有或无都是因条件而相对的,只有通过"缘起"才可以说明白,"有也无也,心之影响也;言也象也,影响之所攀缘也"(《答刘遗民书》),因此,只能说"非有非无",不真即空。《物不迁论》说:

> 旋岚偃岳而常静,江河竞注而不流,野马飘鼓而不动,日月历天而不周,复何怪哉?

表面上看来,这似乎是先秦辩者"飞鸟之影未尝动"的命题,其实,却是一种很典型的大乘佛教的观物法,认为过去不能延续到今天,今天也不是从过去而来,事物之间不相往来,也没有变迁,世界永恒寂静。"法"本无相常住,一切事象都是"缘起"而有,时空中的因果纽带中断了。僧肇能够从宏观上把运动看破,宣称让庄子惊叹不止的大化流行(变化中的自然)全然是假象。乾坤倒覆,不能说它不静;洪流滔天,不能说它是动。推论到极点,就会走到以完全静止的观点来看待世界,有相不过是对无相的证明,这样一来,实际上也就把时间和绵延给否定了。这一思想，表现了佛教自然观真正的本质。而且此种观照所形成的意象，因为将动静相对的两极统一到了一起，表现得极为鲜活生动，显出一种全然不同于庄子和"世说新语时代"的美。

向、郭和僧肇两种自然观有着根本的不同，前者肯定世界的第一原理是"有即化"，为一个瞬间生灭的日新之流，主张人们应该"与化为体"即任化，并否认有一个造物主或绝对本体（甚至像王弼所说的那种"无"）；而后者以为世界的第一原理是"至虚无生"，空静是绝对永恒的，只不过应该借万物的变化来揭示和体认这一寂灭实相，化不能作为体，却可以"即万物之自虚"，通过万化（用）来观空无的体。因此，向、郭们的任化就转变为僧肇的"观化"，观化是为了把握不变者（不化即不迁）。从"纵浪大化中，不喜亦不惧"（陶渊明《形神影》）的达观转变到把自然界比作"幻化人"，说"非无幻化人，幻化人非真人也"（《不真空论》），其间的实虚转换甚为明了。把自然视为假有这一观的姿态，将极为深远地影响中国美学的形象思维品格和意象的组合方式，而且，对实有的想象空间毕竟有限，而对假有的想象则可以超越时空而达于无穷。

与色的观念相联系，境的观念也被引入。如果说"色"是为了翻译一个中国文化原本没有的概念而借用的传统语词，几乎就是一个新词，即佛教的现象界，那么"境"则是中国语言中传统的用语被赋予佛学意蕴后的产物，其词义完成了从实向虚的延伸和转换。《说文》："境，疆也。"本义相当实，指疆界如国家的边界。《庄子·逍遥游》有云："定乎内外之分，辩乎荣辱之境"，此"境"字意义转虚。《列子·周穆王第三》："西极之南隅有国焉，不知境界之所接，名古莽之国。"此"境界"与《说文》意义相同，取的是实义。《庄子注》倡"独化于玄冥之境"，这个"境"，是指人们所看不到的（虚无的）事物相互关系之网，其中存在的事物即为独化之实存。向、郭们把玄冥之境视为宇宙的规律所在。而佛教的"境"则不仅虚化而且空化了，专指心的对境，限于心理现象。东晋后期著名的佛学领袖慧远的《沙门不敬王者论》称："冥神绝境，故谓之泥洹。""泥洹"即涅槃，指佛教的由觉悟而解脱的境界，它是绝顶的精神之境。正是这个境，刘勰称之为"般若之绝境"（《文心雕龙·论说》），为当时崇有贵无两派所无法攀援的。

从不顺化到顿悟成佛

上一部分主要从自然观的角度看美学观的变化，以下将集中讨论此一时期佛教的人格理想与美学的关系。

僧肇又著有《般若无知论》，重点论述佛的人格，提出了般若智慧的理论。他说：

> 夫知与所知，相与而有，相与而无。……夫智以知所知，取相故名知。真谛自无相，真智何由知？所以然者，夫所知非所知，所知生于知。所知既生知，知亦生所知。所知既相生，相生即缘法。缘法故非真，非真故非真谛也。

他以为认识的主体与对象是互相依存的，能知"取相"，所知"有相"，两者相生，这叫缘法。这种依赖于缘的知，它是有条件的，因而非真。他把通常人们所认可的知识及其认识关系给否定了。真智观真谛,它是不取所知的。诸法无相,智无分别,法空智空,统一于空。真正的智慧是非有非无的空的中观。

> 夫圣心者,微妙无相,不可为有;用之弥勤,不可为无。不可为无,故圣智存焉;不可为有,故名教绝焉。是以言知不为知,欲以通其鉴;不知非不知,欲以辨其相。辨相不为无,通鉴不为有。

这是说,般若圣心从体上看,是无相的,于是不能称为有,从用上看,它又鉴照万物,却又不能判其无。正是因为不可为无,所以圣智的存在才得以证实,正是因为不可为有,所以名言对它是无所表述的。从体上看它是通鉴,从用上看它是辨相。作为认知主体的般若(智慧)正是这两者的统一。如果以无相为无相,那是执著于无相,就是有相。至人则能处有而不有,居无而不无。这里的关键是须把有(现象)看作不真,不真就是空(本体),这是大乘佛教人格智慧的核心所在。

可以看出,佛教人格与儒、道人格是有着很大的不同的。就是在此一时期,著名的佛教徒慧远发出了惊世之论,他的《沙门不敬王者论》倡佛教徒可以对王室不行礼敬:抗礼万乘,高尚其事,不爵王侯而沾其惠。这一理论的一个基本根据,是佛教徒不必顺化。如前所述,大化(气)流行是儒道两家思想立论的根据所在,教化的必要性其实也是基于大化的实存和享受生命,而佛教则是要从根本上否定自然、生命和时空的真实性。慧远的不顺化,是对大化(自然)和教化(伦理)的双重否定。《沙门不敬王者论》中说:

> 有情于化，感物而动，动必以情，故其生不绝。其生不绝，则其化弥广而形弥积，情弥滞而累弥深。其为患也，焉可胜言哉？是故经称泥洹不变，以化尽为宅；三界流动，以罪苦为场。

佛教以为，人的形躯是生命之桎梏，情感为生命之累赘，对此二者越是执著，人的罪孽就越沉重。这样，儒道两家的人生而有情、感物而动的生命哲学就受到了根本的怀疑和冲击。看破的结果，是否定自然之造化，否定有情之生命，以达涅槃之境："不以情累其生，则生可灭；不以生累其神，则神可冥。冥神绝境，故谓之泥洹。"《沙门不敬王者论·求宗不顺化三》涅槃是对人生烦恼的超越，它不死也不生，没有情感和欲望，是一种高度智慧的生存境界，是人的真实和本质。

这种对自然生命的否定，在美学上意义极大。魏晋六朝美学史上一个最重要的变化，就是高倡崇情和物感的人文精神，梁钟嵘《诗品序》云："气之动物，物之感人，故摇荡性情，形诸舞咏。"刘勰《文心雕龙·物色》云："情以物迁，辞以情发。"如何物感而生情呢？如四季的迁移：春风春鸟，秋月秋蝉，夏云暑雨，冬月祁寒；如人事的际遇：嘉会、离群、战争、贬官等等，都足以"感荡心灵"，于是非要陈诗展义、长歌骋情不可。这种美学是缘情的，重自然生命的和入世的。然而，如果把自然万物和社会人事——看空，那么缘情美学也就被抽去了存在的基础。其时，大乘佛教空观就已经在悄悄地营造新的美学基础。它主张一种比儒道两家更彻底的无情论，在感性经验方面是看空的，因此自然须被心化，被空化。缘情美学主张物感，是没有境界可言的，然而"冥神绝境"的涅槃却是一个纯心灵的境界，它只以空（心）观物而不以情感物。审美经验建基于心物关系之上，如果一种哲学非常强调心智以至要把物象看空，主无相，那么它的美学品格就已经大体奠立。当然，不顺化（出世的、超越的）的主空的美学此时还仅运作于哲学的层面，向艺术展开的过程也未启动，不可能与正处于成熟期的缘情美学抗衡。更重要的是，真正看空的审美主体尚未脱颖而出。于是竺道生出场了。

僧肇的无相哲学，将自然看空，倡般若无知。慧远的不顺化伦理，与儒家的教化伦理对垒，并倡"得性以体极为宗"（《高僧传》卷六《释慧远传》）的法性论，渐渐地树立起空观人格，佛教开始走向精神上的无冕之王地位。竺道生的顿悟成佛论是这一运动在晋宋间的一次高潮。汤用彤《汉魏两晋南北朝佛教史》将竺道生在佛学上的地位，比作王弼在玄学上的地位。我们甚至可以进而把他与庄子做比，也是不过分的。他以实相法身代替庄子的自然之气，以无相代替庄子的无为，以般若涅槃自证无相之实相，从而推出一个佛的真我——佛的人格。他成功地从无把握并引出有，属于中国哲学最精华最积极的东西。他高倡个性，其自由观比之庄子也是有过之而无不及的。庄子从不明确倡我，道生则大谈佛性我，王弼更不在话下。

众所周知，中国美学的儒家传统是教化美学，即使在魏晋时期名教受到冲击，教化也是名士们讨论的一个重要题目。儒家的教化不仅是手段，而且是目的，它在主张个体成圣的同时，还有一个更大的目标，即形成大一统的群体人格。佛教则把教化成性转变为顿悟成性（或觉悟成性），把人格理想从儒家的圣人转变为佛陀。佛教当然也讲教化，不过这仅仅是接引人们解脱的方便即手段而已。竺道生以为，"佛性我"是一个本体，它并不是那个生死轮回中的灵魂（与慧远倡灵魂不灭不同），因此，只要人一旦觉悟佛性为自己本有，那么佛性就永恒常住。他说：

> 一切众生，莫不是佛，亦皆泥洹。（《法华经疏·见宝塔品》）
> 良由众生，本有佛之见分，但为垢障不现耳。佛为开除，则得成之。（《法华经疏·方便品》）

在竺道生看来，佛与涅槃同时存在于众生，前者是本来就有的，而后者不过是有了垢障，就像明镜蒙上灰尘，神明不见了。或者如《泥洹经》灰覆火偈所云，灰覆于火，并非没有火，而是火为灰所覆看不到了。佛法的教导能够除去镜上的尘垢，拨开火上的灰烬，重见光明，于是众生皆能成佛。即使是"一阐提"那种极恶的断了善根的人（《泥洹经》认为不能成佛）也有佛性，是可以成佛的。凡是有生命的（含生之类），都有佛性。佛性观念出来以后，人们期望成为圣人的念头受到沉重的冲击，甚至于可以就此打消。涅槃、般若品格成为人格的素质。竺道生如此解释《法华经》：

> 此经以大乘为宗。大乘者，谓平等大慧，始于一善，终于极慧是也。平等者，谓理无异趣，同归一极也。大慧者，就终为称耳。（《法华经疏》）

平等大慧是人的平等、自由、终极智慧的品格，是没有等级的。换言之，佛具有平民品格。

竺道生还提出了著名的"顿悟成佛"论：

> 竺道生法师大顿悟云：夫称顿者，明理不可分，悟语照极。以不二之悟，符不分之理。……见解名悟，闻解名信，信解非真，悟发信谢。理数自然，如果就自零。悟不自生，必籍信渐。（慧达《肇论疏》）

这是说，有两种认识的过程，一种是称为信渐的"闻解"，它是一个渐进的过程；另一种是顿悟，在刹那间完成认识过程。竺道生以为，由于真理是不可分割的整体，因此对本体的把握一定是一下子完成的，而信奉和渐修虽属必需，却并不能由此获得真知。信渐不过是为顿悟做准备，觉悟就像树上的果子，一旦成熟了，它自然就会掉下来。这才是大彻大悟。这种认识方法上的顿悟说呼应着"一切众生，莫不是佛"的"佛性我"的人格理论。既然佛性是常在的人格本体，不觉悟只是因为蒙上了"垢障"，渐修也就不能也不必将佛性由外而内地输入众生成为内在的，只有顿悟才可能在瞬间挑破蒙在自身佛性上的"垢障"。"真理自然"，它是一个"不易之体"，它的光明"湛然常照"（《大般涅槃经集解》卷一引）。觉悟，就是为这一终极本体所朗照，是对人生烦恼（生死）的超越，发现了永恒的光明（智慧）。如果人与人之间存在着智慧和人格上的差别，那全在于觉悟的水平。佛性为人所本有，不是灌输的，而须依恃顿悟去发明。《大般涅槃经》云："生灭灭已，寂灭为乐。"超越了，达到寂灭的境界，快乐就油然而生。

竺道生的顿悟成佛论，遥遥呼应着孟子主良知的性善论。孟子主张人性先天本有善端，这个良知良能后天需要在困难的环境中得到长期的磨炼，充满了浩然之气，大丈夫人格才能树立起来。著名的成语"茅塞顿开",就是从《孟子》书中发展而来的,不过孟子只是说,即便是一根小小的茅草,也可以把人心中的良知之道堵死,还没有豁然顿开的意思,而竺道生的顿悟说恰恰表达了这个意思。竺道生的佛性本有、无需灌输的见解,比之孟子,是更为彻底的人性论,于中国学术是一大创见。

前面已经讲到过本无派道安的自然不同于庄子和玄学的自然,是一种新的看空的自然观,竺道生的自然观念也体现出这一趋势,而且更欲揭示出实相的本体属性,表现为新解。他说:"真理自然。"(《大般涅槃经集解》卷一引)又说:"夫体法者,冥合自然。一切诸佛,莫不皆然,所以法为佛性也。"(《大般涅槃经集解》卷五十四引)这个"自然",指的是实相、法身或真理,它们是常住于人人,不生不灭的,超绝的,而不是指自然而然的存在如气化流行或独化。竺道生的学术又称为"象外之谈",主张实相无相,起于象外。换言之,透过万象去观察,把它们看破,觉悟了,也就把握了实相(真实)。他说:"夫大乘之悟,本不近舍生死,远更求之也。斯为在生死事中,即用其实为悟矣。"(《维摩经集解》)这是他的自然之论的要害所在。这样的自然观念,把庄子和玄学的自然观完全扭转了,成为涅槃的观念。

实相是一种无形之境:"至象无形,至音无声,希微绝朕思之境,岂有形言者哉。"(《法华经疏》)透过万象去把握真实,但这个真实是"希微绝朕思之境",无法言说,也不能直接表象,那么就只能从直观顿悟之。他又说:"悟夫法者,封惑永尽,仿佛亦除,妙绝三界[①]

[①] 三界:欲界,充满欲念的感觉界;色界,有形的物质界;无色界,无形的精神界。

之表，理冥无形之境。形既已无，故能无不形。三界既绝，故能无不界。"(《维摩经集解》)境不是一个实际的形，不是相，但正因为境是超绝于形相的，所以它能无不形和无不界，因此境总是有所表象而有所喻指的。"悟境停照"（慧达《肇论疏》），在直观中顿悟，就是境。这其实是一个审美的途径。

三、前禅宗美学问题

美学的问题，主要围绕于心与物这一对关系而展开，这个心就是指感性和具有智慧的人格，这个物就是自然和社会，包括作为对象的人本身。我们这里所探讨的美学问题，主要是佛学般若学影响于人的审美经验而形成的新的美学问题。

回顾美学史，先秦的美学问题是，庄子倡虚静、无为、以物观物（泛神论）和逍遥（自由人格），孔、孟、荀倡对音乐的谛听、人格与自然的比德、道德人格的审美品格，等等。到了玄学美学，美学问题则表现为体用思想的渗透、无的审美品格、崇情（"声无哀乐论"只是崇情论的一个美学表现）思潮、自然观的唯美化和个体化，以及审美的自由人格，等等。到了东晋以后，佛教大乘般若学开始流行，中国哲学开始领受强大空观的洗礼而发生深刻变化，人性的注重开始转向佛性的注重，自然和物被空观转换为色相，心物关系与色空关系相联系，清净的观念被引进而取代虚静的观念，逍遥游的自由也慢慢转变为渐悟和顿悟尤其是顿悟的自由，自然被空化以后，心化的境的概念也出现了。这些变化，一言以蔽之，集中地表现出佛教空观的现象学的特点。庄子和玄学都有现象学的倾向，但真正完成现象学的转变,则还是佛教的大力。上述这些,都无例外地影响到当时人的审美经验和美学。以下对大乘空宗所涉及的美学问题做一概要的叙述。

空的直观

禅宗美学与庄子美学或玄学美学的区别,首先在于两者直观世界的本质不同。庄子美学从本质上看是一种自然美学,它肯定自然界,崇尚人的自然生命及其随之而来的自由,并认为这种自由的根源就在于自然之中。庄子美学肯定时空的客观存在,但觉得时空变化太快很难把握,有一种望洋兴叹之感。因此,庄子主张人认识世界的方法应是以物观物,即人与物可以换位,人物化以后以物的眼光直观世界和自己,无为而无不为,于是人就有了逍遥的自由。这样一种直观,是自然主义、拟物主义和审美主义的。玄学美学更明确地主张"无"的哲学,要求以体用思想来把握世界,把合规律性的无、自然之和或玄冥等作为体,以为所有客观的物象都是无的本体的存在方式,能够了解物象背后的本体之无,就能够真正认识世界和自己。玄学美学的基本思想是"体无",所谓的"体"便是直观,直观万象和自己,以体认"无"的本体。玄学的直观不像庄子的那么单纯而直接了,它把握对象,需要在一定程度上借助于思辨。尤其到了玄学的后期,如《庄子注》所说的"玄冥"到底是什么,不像《庄子》的"天籁"那么可以想象、容易捉摸,它是一个作为万物(无数个体)存在之所的看不到的冥合之"境"。① 如果说玄学无的直观比之庄子以物观物的直观是虚化了，那么佛学的直观就更其虚化以至空化了。佛教大乘般若空宗的直观，就是空观，它的基本认知理论是无相，认为世界上的一切都不外是心之所造，可以感知界是色界，它表现为假有或假象（相），真实的存在处于感知界之外，称为"象外"。空宗直观的对象是空，这个空是超越时空的，是永恒的般若智慧和涅槃之境。

悟的人格

佛教带给人格最重要的东西是个体的人对于空的觉悟，终极的悟境就是涅槃之境。顿悟是觉悟的高级形态，它把人提升到充满光明的人格境界。从人格上看，儒家的教化美学所培养的是道德人格，审美是道德人格的一种品格和所达到的较高的境界，审美不是目的。道家的自然美学追求无为而无不为的自由人格，追求逍遥游的境界，它摒弃了道德关注、权力关注和经验关注，只留下了审美关注，因此审美就是目的。悟的美学是看空的美学，它通过悟或顿悟而导向佛性我的豁显。悟是什么？是对空的直观，是透过假象看到真实（象外），是刹那间突如其来地发现光明，是佛性我的挺立，是个体自由的境界。它同样摒弃对道德、权力和经验即世俗的种种关注，包括庄子所把握不了的时空，而把注意力集中到对万象的看破，即所谓的无相。这种人格，最强大的精神力量是对空和佛性我的觉悟。如果说庄子的

---

① 前面已经指出，"玄冥"不是一个本体，这不同于王弼的无或嵇康的自然之和。"天籁"就是自然的音乐，我们可以把它拟想为一首无比庞大的交响曲。嵇康的自然之和大概就是这个意思。而"玄冥"却无法拟想，它具有更为浓重的形而上意味。

美学是对茫茫时空中倏忽变化之万物的感性经验,那么佛教悟的美学就是对时空及其中之万物的根本否定,是看空的感性经验。看空世界的结果则是反过来对主观之心的肯认,这个心就是般若(无相)与涅槃(佛性我)的状态。宗炳《明佛论》就说:"中国君子明于礼义而暗于知人心,宁知佛心乎?"在儒、道、佛三种人格之中,儒是道德人格,庄纯粹是审美(自然)人格,佛则是对两种人格的超越。超越了道德和自然,佛教人格被空前地凸显了,同时它也被赋予了更大的"观"的权能。

缘起与境

缘起理论是佛教空观对"有"的新解,是看空的基础。境构成佛学主体观察世界的无数个窗口,而真正的境是对空的照,即寂照。虽然佛教所要引领人们去的境界是对空的领悟,但是人们的生存之地却不是真空的,一无所有的空是顽空,不能成为佛教的真实,也不能构成美学的对象。佛教运用体用方法来引领人们去觉知空,教人通过有来把握无。色就是空,空就是色。认为世上存在的一切都是因缘和合而成,虽然有因与果、有条件,却不是在真实的时空中发展和组织起来的。缘起构成世俗之人的生存之地,但这种生存不是真实的而是虚幻的,不是永恒的而是暂时的,是假有。人生有许多境,缘起的世界就构成无数的境,但这些境都不是人的究竟之境。究竟之境是涅槃之境,在这个境中,人对空有了真切的领悟,并发现了佛的真理(真如)就在自己身上。涅槃之境是真正的觉悟之境。

清净、寂与照

般若无知,"真般若者,清净如虚空"(僧肇《般若无知论》引经论)。般若无相,无相即清净,即虚空。清净就脱离了生灭的烦恼。涅槃本身就是寂即净与静,寂指对佛性的觉悟,对清净本性的把持。佛教进来以前,虚静的观念在中国的思想体系中有着极为重要的地位,庄子以为人的自由是经过心理调整而达到虚静以后的自然结果。魏晋六朝美学中,虚静也是一个重要观念,刘勰就提出"陶钧文思,贵在虚静"(《文心雕龙·神思》)。虚静是审美观照和艺术创造自由的不言而喻的前提。而佛教的寂却是更为本根的观念,它指的是人的心智世界或佛性的本来面目,即对空之照,永恒之光明。寂的观念出来以后,虚静观念所蕴涵的那部分本体性的东西就由寂(清净)转换而承接过去,虚静反而被贬落为单纯的心理调节技巧。从审美经验上看,寂(清净)是彻底的空,是最高的境,是心之光明,中国人的心灵世界于是被淘洗一过。如果说庄子的美学主物化,那么佛教的美学就主境化和心化。境的观念和照的观念从前是没有的,它们心化的、透过物象的、空的和光明的诸特点在中国美学史上也是全新的,二者是佛教美学尤其是以后禅宗美学的重要范畴。

我以为,禅宗美学前史所涉及的前禅宗美学问题大体就是以上这些。这些问题须归结于中国早期佛教(主要是大乘空宗关于般若和涅槃的学说)的三个重要观念:其一是空,关于般若的;其二是悟,关于涅槃的;其三是境,关于般若和涅槃的。就万象而论,般若是无相之实相,是空,就佛性而论,涅槃是法身,即佛的人格,是有,如果以境把这两者统一起来,造就一个看空的人格即佛性我,点燃起心中的一盏灯,发出一团孤明,那么就达到了佛教审美经验的最高境界。这三者,作为佛教审美经验的佛学原理,在本质上区别于儒道两家美学,成为奠定禅宗美学基础的三个核心观念。

四、等待第二波突破

我们任何时候看中国的美学,务必把握住一个规律:它首先是属于哲学美学而不是文艺美学。中国美学有两个大的特点:其一,自然主义倾向;其二,人格化倾向。中国美学从庄子开始,总是审美的经验走在艺术的经验前面,当人遗忘道德关注、权力关注、经验关注和技术关注之时,审美关注[①]就出场了。而审美关注一旦到位,审美人格就随之确立起来,艺术灵感也不期而至。艺术经验多是走在审美经验之后。

基于这样的美学史观,可以说,佛教对中国的文艺可能会有一些直接的影响,但它决不是主要的。佛教对中国的文学艺术,最初并没有发生大的带根本性的影响,传统的诗、赋、文,都有其业已大致定位的体裁和习用的典故,佛教基本没有给中国文学带来新的体裁,而它的典故和话语系统进入文学领域则需要时间,需要佛经在社会各阶层广泛流行一个时期。传统的赋、比、兴方法还是文学创作基本的方法,意象组合方式即形象思维方式的改变也需要一个时期。

这种情况,我们可以就诗歌、音乐和绘画这些文艺体裁举一些例子来予以说明。音乐方面,可以读一下慧远的《阿毗昙心序》:

[①] 关于审美关注,请参看拙文《中国古代审美情感原论》,《天津社会科学》1998年第1期。

> 其颂声也，拟象天乐，若云籥自发，仪形群品，触物有寄。若乃一吟一咏，状鸟步兽行也；一弄一引，类乎物情也。情与类迁，则声随九变而成歌；气与数合，则音协律吕而俱作。拊之金石，则百兽率舞；奏之管弦，则人神同感。斯乃穷音声之妙会，极自然之众趣，不可胜言者矣。（僧祐《出三藏记集》卷十）

这基本是传统的见解，了无新意。慧远是谢灵运同时代人，所不同的是他为真正的佛教徒。

差不多同时的宗炳，是佛教徒兼画家。他的《画山水序》，是中国绘画理论史上的重要作品。其中说："山水质有而趣灵""山水以形媚道""身所盘桓，目所绸缪，以形写形，以色貌色也"。这里尽管出现了"色"字，可是论到山水"质有（而趣灵）""以形媚道""写"和"貌"的方法是"竖划三寸，当千仞之高；横墨数尺，体百里之迥"，仍然是写实的大背景（当时山水画正处于技法上的起步阶段）。但是，宗炳又是主神（灵魂）不灭的佛教徒，以为"神本亡端，栖形感类，理入影迹"，因而山水画可以"畅神"，他接着描画了这样一种情境：

> 闲居理气，拂觞鸣琴，披图幽对，坐究四荒，不违天励之丛，独应无人之野。峰岫峣嶷，云林森渺，圣贤映于绝代，万趣融其神思，余复何为哉？畅神而已。

这种情境，已经颇有些意境的意味，可以与唐代柳宗元著名的

《江雪》诗做联想。

    千山鸟飞绝，万径人踪灭。孤舟蓑笠翁，独钓寒江雪。

  相比之下，柳诗的孤独绝灭意味显然更为浓重，佛教看空和觉悟个体化的精神已经全然渗透于诗歌的意境之中。对意境，可以做空观现象学的意义追索，不过，尽管山水和山水画可以"畅神"，宗炳的"以形写形""以色貌色"说却是质实有余而空灵不足，于意境的形成可能倒是一种障碍。与宗炳相似，著名人物画家顾恺之画裴叔则像，颊上益三毛以添生动的"以形写神"法也不免如此。以前自然为人们可以亲近的最后寄托，现在却成为看空的最大障碍，如前述支遁就是如此。

  诗歌方面谢灵运是一个例子，分析他创作山水诗的审美经验，他把山水当作游观的对象而未真正将它看空，也说明了同样的问题。因此，可以大胆地说，看空的观念往往不能落实到当时持这种观念的人们的人生哲学上去，至于美学上把自然看空，在此时期也不可能真正成熟起来，并渗透到艺术实践中去。从审美经验上看，六朝佛教徒大约总是在自然的实相与虚相之间徘徊，这是审美经验向美学超升的最大障碍。

  我觉得这里有三个原因。其一，庄子以物观物的物化传统依然是此一时期美学的基调，自然主义和抒情主义还是艺术理论的主流；其二，魏晋六朝艺术领域正处于门类的分化和理论的快速成长期，如诗歌的理论大大发展了，又有了山水诗和田园诗的分别，绘画有了人物画和山水画的区分，开始了最重要的领域分化，书法理论也独立门户、进步极快，等等；其三，中国各门艺术的诸技法大都是在庄子传统的直接影响下形成的，而此一时期正是各种技法的酝酿期和突破期。

佛教影响于当时艺术领域，值得注意者有二。其一，梁著名诗律学家沈约对诗歌音律做了深入研究，提出了"四声八病"的理论。有意思的是，对诗歌音律的新发现，是受到佛经翻译过程中转读的启发。从某种程度上说，唐代诗歌的大繁荣，也是得益于佛教与本土文化的交流。其二，佛教寺观和石窟造像对中国古代的雕塑艺术发展有着重要的甚至是决定性的影响。这些都是佛教美学所需研究的课题，不过却不是禅宗美学的课题。当时艺术领域的这种情形，尽管并没有引来美学上质的变化，但仍然为一些研究者所看重而视为禅宗（或佛教）美学的重要进展。当然，他们从文艺美学的角度来把握禅宗美学，是很难真正摸到禅宗美学的脉搏的。换言之，从文艺美学现象引不出我们所要揭明的前禅宗美学问题。那么，只能从作为宗教现象学的大乘般若学入手来加以了解。

如我在本书引论中所揭示的，中国美学经历了两次大的突破，第一次是庄子的美学革命，第二次是从玄到禅的美学突破。这第二次突破分成两波，第一波为玄学美学，第二波为禅宗美学，两波的特点大体可以概述为从无向空的延伸和转换。

显然，禅宗美学前史不会是纯粹的美学史。不过，按照中国美学审美经验先于艺术经验的规律，必有一段禅宗美学前史。对这一段特定的历史形成清晰的了解，是我们步入禅宗美学论域的必经之路。

于是，我们期待着第二波突破的潮头涌来。

第一章　禅宗美学前史

第二章 孤明独发

中国的美学，主要受三派思想的影响，它从儒家的角度看是伦理型的，从道家的角度看是纯审美型的，从佛家的角度看是现象学型的。

佛教所针对的领域，主要是人的精神现象界，所要解决的问题，就是人如何才能从尘世俗世中得到解脱。这个解脱是精神的而不是物质的。

佛教将众生所居住的世界划分为三界：欲界、色界与无色界。欲界是物质和欲望并行的世界，色界是物质但无欲望的世界，无色界是超越于物质的精神世界。最上的领域是精神世界。这是三个使众生迷执而产生烦恼的界域，人的生命在其中经历生死轮回而不能出离。《华严经》主张三界唯心，那是说，三界都是虚假的，为一心所造。《大乘起信论》也执此观念。事实上，中国的佛教宗派大凡同于此。

佛教又把所有物质的和精神的现象分为色法和心法。色法所对的人的感官，是为眼、耳、鼻、舌、身五根，五根所对的物质现象，是为色、声、香、味、触，称为"五尘"或"五境"。佛教以为，人的生命活动，人与外界的交通，分为五种要素即色、受、想、行、识，称为"五蕴"或"五阴"。其中除了色指物质方面,属色法,其余四种,受为感受,想为想象,行为意志,识为认识,均指人的心理活动,为心法。色法与心法的集合,构成了人所面对的一切现象。可见,佛教将人的心理现象做了极其细致的分析。而当佛教说一切法均是因缘所生,并处于永恒的流转之中,就已经把人的生命活动视为现象了;又当佛教说"一念三千""万法唯心""唯识无境"或"心生种种法生,心灭种种法灭"时,就把一切现象归结为精神现象了。这种看世界和看自己的方法,具有宗教现象学的意义。

不过,佛教分析现象的方法有其自身的特点,那就是把现象分为假象与实相(真如),并指示透过假象去把握实相的方法和途径。传为僧肇所作《宝藏论》对假象与实相做过一个生动的譬喻:某人身处金器库中,所见无非金子,并不注意到金器的形相是各各不同的;即便是看到了各各不同的形相,也明白那不过是同样的金子。因此,他不会为不同的形相所迷惑,看到的总是金子。这是说,金子与器物是不可分离的,金就是金器,金器就是金。① 换言之,本质就是现象,现象就是本质,本质与现象不二。

在禅宗看来,假象与实相的统一,是现象界,而人对实相的觉悟,则仅仅是将蒙在实相之上的灰尘拭去。这些灰尘制造了假象,假象并非真实的存在,它只是人们的不间断的想象即一刹那一刹那连续

---

① 《五灯会元》卷九《仰山慧寂禅师》:"师(仰山)曰:'一月千江,体不分水。'沩曰:'应须与么始得。'师曰:'如金与金,终无异色,岂有异名?'沩曰:'怎么生是无异名底道理?'师曰:'瓶、盘、钗、钏、券、盂、盆。'"这是以不同的金器其本质就是金的道理来说明映现在万千条江中的月亮是同一个天上的月亮,不管诸器物如何形体相异,诸江河如何远隔千里,金和月亮总是不会变的。

不断的种种念头而已。拭去灰尘，也不是真的需要什么行动，其实只是刹那间心动了一下，这就是觉悟。因此，禅宗所说"挑水担柴，无非妙道"，其实质是对人的现实生存的一种宗教现象学的改造和提升。"即烦恼而菩提"，是禅宗领袖慧能的著名命题。假象为因缘所造，因缘就是时间之流（生死轮回），而实相（真如）之悟将因缘破解了，导致对时间之流的超越，它是涅槃即清净、寂灭。但是，超越并非断然脱离时间之流，"即烦恼而菩提"的命题，就是要求人在涅槃之际仍然不脱离时间之流，不脱离绵延。因此，"空"并非顽空，并非"无记空"[①]，"空"是人对自身的存在现象的谛观和超越，是觉悟。"色即是空，非色灭空，色性是空"（道信语，见《楞伽师资记》）[②]，说虚空其实只是运用了一个譬喻，虚空在本质上却是无所不在的圆满（真如），只能通过现象空观[③]去直观它，因此黄檗希运就说"不用求真，唯须息见"（《古尊宿语录》卷三《黄檗（希运）断际禅师宛陵录》）。"息见"是停止各种妄念，最为当务之急，"真"无须苦求，"息见"的问题解决了，"真"则随处可见。"真"是本体，"见"是现象，把现象处理好了，本体不请自来。佛教尤其是禅宗，之所以采取这种宗教现象学的方式，其目的是通过自心的觉悟而求得对现象界的慧观。慧观是超越

---

① 慧能说："心量广大，犹如虚空，若空心坐，即落无记空。虚空能含日月星辰、大地山河，一切草木、恶人善人、恶法善法、天堂地狱，尽在空中；世人性空，亦复如是。"（《坛经校释》，第49页）
② 《楞伽师资记》中道信又云："新学之人，直见空者，此是见空，非真空也。修道得真空者，不见空与不空，无有诸见也。善须解色空义。"
③ 现象空观，是本书用于描述禅宗感性经验的一个基本术语，关于它的具体论述请参看本书第四章。

式的直观，它脱离了时空和一切世俗观念，构成宗教解脱和自由的基础。只有具备了绝高的智慧，人才可能对现象进行超越的直观，才得以解脱。解脱就成佛，就有了自由，而自由才是真正的体（本体）。

勘破现象而得本体，又不舍现象（即现象即本体），佛教为中国人对精神生命问题的解决提供了新的方案。[①]

佛教尤其是禅宗看世界和看自己的现象学方式，决定了禅宗美学也必然是一种具有某些现象学特点的美学。心法与色法本来不可分，为了讨论的方便，本章及下一章更多地注意禅宗美学的心法方面，至于禅宗美学的色法方面，只在下一章稍有涉及，主要放在第四章展开讨论。

一、除烦恼

中国的人生哲学，粗粗可以分为两种类型，一种为乐观主义，从正面做扩张的功夫，如儒家讲正心诚意修身齐家治国平天下，以为从治人心开始可以延展而治天下，那大致是循着"己欲立而立人，己欲达而达人"（《论语·雍也》）的模式，因此主张在世俗界施行礼乐之教，倡导群治，把人群向普遍的道德境界提升，形成更广大的由伦理秩序制约着的人群即理想的国家。另一种是悲观主义，从负面做收缩的功夫，如道家的庄子，以为世俗是一个名利场，名利就如时间一样，老是在变化着，人生又如白驹过隙，短得苦，如果在这个极短暂的人生中来追逐变化着的名利，那是会遭际无穷无尽的喜怒哀乐的，

[①] 庄子也有相似的见解，但他的方法在本质上不同于佛教。详下。

不光是寿命活不长，而且也绝无逍遥可言，因而他主张奉行"不知说（悦）生，不知恶死"（《庄子·大宗师》）的人生态度。他又看到了礼治德教的弊病，可能导致"窃钩者诛，窃国者为诸侯"（《庄子·胠箧》）的荒唐局面，因此礼乐之治的结局也是难以乐观的，教化并非万能。我们现在所论的佛教，更是如此，它举目所见，无非是人间的万般苦难，看到众生在生与死的轮回之间苦苦挣扎而无由解脱，触目惊心，于是发愿要破除烦恼、解脱众生。由此，中国人看自己和看世界的方式和角度发生了根本而重大的转换。

佛教教义以为，人的生命活动由五种要素集合而成：色、受、想、行、识，称为"五蕴"，蕴即诸要素和合之谓。除了第一项色蕴，如地、水、火、风四大种具有坚、湿、燥、动的性质①，能造一切色，如人的司执感觉能力的五根，眼、耳、鼻、舌、身即为四大种所造色，这些均指物质方面的色法。其余四项，受蕴、想蕴、行蕴、识蕴均属心理方面的心法。受者领纳，指感受作用，它起爱欲，管人的感觉和单纯的感情；想者取象或取相，指想象和表象作用，使心中浮现形象；行者思也，能造作，指意志、意念、冲动的欲念，前二蕴所不能包含的心理作用，由行蕴承当；识，指认识、识别作用。五蕴即是物质、感觉、表象、意志和认识诸作用的和合，它们缔造了人的生命存在，也缔造了人生存的世界。

儒道两家以为，人的种种心理活动以及欲望起于人与外在真实

---

① 四大，即地、水、火、风。大，为元素之意，构成一切物质的元素。地的本质是坚性，有保持的作用；水的本质是湿性，有收集的作用；火的本质是热性，有使成熟的作用；风的本质是流动，有使动物生长的作用。四种元素集合起来，就成为物质。这就是四大造色之说。

世界的交互关系，若是客观对象阙如，主体也就无所谓意念和欲求。如道家就把"物"（名、利以及各种嗜欲）视为真实而非虚假的存在，只是认为追名逐利就把人的精神自由给放逐了，而自由于人是最为本根而须臾不可离的东西。佛家则不同，它以为世间所有现象都是虚假不实的，人的种种烦恼固然与对于外物的执著即"缘"有关，但是，佛教却坚定地把自己思考的重心转到了精神活动本身，以为这才是烦恼真正的"因"。这是佛教高明和伟大的地方。佛教的思考方式是这样的：一方面，看不到外物的因缘和合性质而执著于外物，会引起烦恼，这是对烦恼根源的一种认识；另一方面，若是把这一思考一直进行下去，念念不忘，则这一认识本身就成了外物，对它产生了执著，也是不可取的。从某种意义上说，佛教的烦恼并非必须要有一个客观的对象来引起它，心理活动本身就可以构成新的心理活动的对象，从而是无穷的烦恼的根源。也许正因为如此，佛教又把烦恼称为"惑"。烦恼指生理、心理两方面诸生命活动的执著、迷乱的状态，是一种心理现象。佛教既已认为色是因缘和合的结果，是空，那么后四者所能带给人的必然都是身心的混乱。佛教以贪、嗔、痴为烦恼的根本，称为"三毒"。贪欲、嗔恚和愚痴三毒就像三把火，燃烧着人的身心。

佛教还更进一步提出，诸种烦恼的最深的因（根源）是一种叫"无明"的状态。无明，是人生的根本烦恼，指没有智慧和光明的状态，它没有方向，是缠绕人的一团浑沌的愚智。

高逸图

唐·孙位　上海博物馆藏

上　二祖调心图

五代·石恪　日本东京国立博物馆藏

下　临唐卢鸿草堂十志图卷之"涤烦矶"

北宋·李公麟（传）　日本大阪市立美术馆藏

六祖斫竹图
南宋·梁楷　日本东京国立博物馆藏

携藤拨草瞻风
未免登山涉水
不知触处皆渠
一见低头自喜

洞山渡水图
南宋·马远（传） 日本东京国立博物馆藏

达摩渡江图

元·李尧夫 美国纽约大都会艺术博物馆藏

八高僧故事图卷之"智闲禅师拥帚"
南宋·梁楷　上海博物馆藏

寒山子图

南宋·马远　故宫博物院藏

高士观瀑图

南宋·马远　美国纽约大都会艺术博物馆藏

《大乘起信论》[①]以为，人的本心是清净的，即真如，无明是伴随真如心而有的，因此它可能障蔽、染污真如而产生执著。《大乘起信论》就真如与无明的关系做了一个生动的譬喻，真如好比是大海，无明好比是风，大海本来平静，风吹过就掀起波浪，而无论是风平浪静还是波涛汹涌，大海的湿性都不会变。依风与大海之喻，无明不是人的生命之真，它仅是影响人心的外在因素（"外境界"），如风可以不起，无明也可以消去，风平则浪静，无明消则真如显。

　　而且，佛教以为无始无明，那是说，无明从何而来，何时发生，是无法做出解释的。这种看法，又与儒家和道家对人心应物而动和逐欲而起的看法大相径庭。[②]如前所述，儒道两家提出人的心理变化可以从

---

① 《大乘起信论》这样说："一切心识之相，皆是无明。无明之相，不离觉性，非可坏，非不可坏。如大海水，因风波动，水相风相不相舍离。而水非动性，若风止灭，动相则灭，湿性不坏故。如是众生自性清净心，因无明风动，心与无明俱无形相，不相舍离。而心非动性，若无明灭，相续则灭，智性不坏故。不思议业相者，以依智净，能作一切胜妙境界。所谓无量功德之相，常无断绝。随众生根，自然相应，种种而现，得利益故。"（《大乘起信论校释》，第36页）《楞伽经》也有云："犹如猛风吹大海水，外境界风飘荡，心海识浪不断。"又有偈云："譬如巨海浪，斯由猛风起。洪波鼓冥壑，无有断绝时。藏识海常住，境界风所动。种种诸识浪，腾跃而转生。"（《楞伽经》卷一《一切佛语心品》）可参看。

② 熊十力释无明，引《庄子·齐物论》中："人之生也，固若是芒乎？其我独芒而人亦有不芒者乎？"云：芒即无明之别名。细绎庄子文，上有："一受其成形，不亡以待尽。与物相刃相靡，其行尽如驰，而莫之能止，不亦悲乎！终身役役而不见其成功，苶然疲役而不知其所归，可不哀邪！人谓之不死，奚益？其形化，其心与之然，可不谓大哀乎？"此数语，皆讲人与自然之物的不相应，形疲于追随而心不免悲哀。郭象注云："凡此上事，皆不知其所以然而然，故曰芒也。今夫知者皆不知所以知而自知矣，生者不知所以生而自生矣。万物虽异，至于生不由知，则未有不同者也，故天下莫不芒也。"也是讲人的智慧追不上自然而处于茫然的境地。就无明无始、不知其所始亦不知其所终的特点而论，"芒"与无明不妨做一比较，但"芒"实在是指人与物相比的生存处境之茫然，并没有像无明那种处于十二因缘之首，引起人的生死轮回的意义。

所对应的外物得到解释，佛家则以为人的心理变化产生外界的变化，心理是更为本源的东西，人心即便没有应对外物，也可能生起妄念和执著的烦恼。因为不能清净，思来想去，就生出烦恼来了，无明简直可以"无事生非"。《大乘起信论》说："以如来藏无前际故，无明之相亦无有始。……又如来藏无有后际，诸佛所得涅槃与之相应，则无后际故。"(《大乘起信论校释》，第126页)[①] 生灭染法是在时空中进行的人生事件，它从本性上讲是虚妄不实、没有自体的，所谓生死轮回也是如此。而如来藏（真如）自体不具有一切生灭诸法。如来藏并不在具体时空中存在，它是超越时空的，而无明依于真如而生，也没有具体的时空规定。再进一步说，证成真如的涅槃也同样没有具体的时空规定。所不同的是，没有具体时空规定的真如和涅槃是永恒的实相，而无明与种种染法却是刹那间的产物，只会给人带来虚妄的烦恼。好在无明可灭，于是人类终究还有得救的希望。

所有的佛教经论都要求破烦恼。除去烦恼，得到解脱，就有快乐。破烦恼，最紧要的是需具备智慧。佛教的智慧称为般若：

> 何名般若？般若是智慧。一切时中，念念不愚，常行智慧，即名般若行。一念愚即般若绝，一念智即般若生。世人心中常愚，自言我修般若。般若无形相，智慧性即是。……悟此法者，悟般若法，修般若行；不修即凡，一念修行，法身等佛。(《坛经校释》，第51页）

[①] 神会也说："无始无明依如来藏。"(《神会和尚禅话录·南阳和尚问答杂征义》)

般若是智慧，智慧只是"一念"，人也只因这一个念头而在一刹那间有了由凡人而成佛的根本转变。不过，般若到底是什么呢？简单地说，般若智慧之所在，就是将引起烦恼的一切对象看空且不执著于此看空。道信说：

> 一切烦恼业障，本来空寂。一切因果，皆如梦幻。……任心自在，莫作观行，亦莫澄心，莫起贪嗔，莫怀愁虑，荡荡无碍，任意纵横，不作诸善，不作诸恶，行住坐卧，触目遇缘，总是佛之妙用。快乐无忧，故名为佛。(《五灯会元》卷二《牛头山法融禅师》)

看空了，烦恼障就排除了，于是达到涅槃之境。涅槃的原初意义，是停息贪、嗔、痴三毒之火的喷出，指远离现世的痛苦，意译为灭、寂灭、圆寂等。《大般涅槃经》称，涅槃有四德：常、乐、我、净。常，涅槃是永恒的；乐，充满快乐的；我，具有佛性自我的；净，清净无染污的。在禅宗，则更强调它是一种智慧。

细究佛教对烦恼的看法，可以发现它尤其重视人的心理现象，认为现实的人生、世界都为无明所决定，为妄念所驱使。而佛教的好处，也就是在拿出治疗痛苦、烦恼的药方，还人以光明。而且，在禅宗看来，般若智慧的最高境界是"即烦恼而菩提"。禅宗以为烦恼不可逃，换言之，烦恼就是人的生存状态，只是它并不真实。

禅宗的审美经验，可以借助大海与风之喻做一简明的了解。大海本静，波浪不兴，风起，突然间无来由地，风横掠，过海面，于是掀起波浪。波浪是短暂的现象，透过此现象，知大海本静，只有那水的湿性是永恒不变的。禅宗的审美经验,非常简括地讲,就是对"波浪"的谛视。作为现象,谛视中的"波浪"显得非常生动,是十足的感性,但它非真,对此非真的了知,却是通过刹那间的觉悟而实现。觉悟既是在刹那间发生,就并不与对"波浪"的谛视分离,理性在感性中生动地实现,却又并非表现为理性,而是表现为非理性,这就是禅的审美经验。所谓"即烦恼而菩提",也就是这个意思,菩提固然尊贵,却不可也无须离开烦恼。唯其如此,它是美的。

二、自性自度

慧能《坛经》的主体,就是讲一个东西——自性自度。

《坛经》论到自性清净,说:"见自性自净,自修自作自性法身,自行佛行,自作自成佛道。"对自我,慧能大概是中国古代智者中最为重视和强调的了,至少是其中比较突出的一位。惠昕本《坛经》(契嵩本、宗宝本大致相同)记了这样一个故事:五祖弘忍把衣法传给慧能后,当晚要慧能离开,以免遇害,并亲自送他到九江驿。慧能上得船,弘忍为之摇橹。慧能请摇橹,弘忍不允,道:"只合是吾度汝,不可汝却度吾。"慧能答道:"弟子迷时,和尚须度,今吾悟矣,过江摇橹,合是弟子度之。"可见,在禅宗,师傅只是弟子入道的接引人,一旦弟子觉悟了,则完全可以也应该自立。

这种故事,禅籍中还有不少,如《祖堂集》记黄檗希运与一僧共游天台山:

> 道到溪涧,遇时水泛涨,遂阻步而暂息。其僧频催师而共

渡，师不疑之云："要渡但自渡。"其僧敛衣，蹑波而渡。至彼岸已，回顾招手，令师渡焉。师乃呵云："这贼汉，悔不预知。若知，则便打折脚。"其僧叹曰："大乘器者哉，吾辈不及也！"言已，忽然而隐。（《祖堂集》卷十六《黄檗和尚》）

这则公案，说明有大智慧（"大乘器"）的禅者总是一个孤独者，他的觉悟必定是个别的、特殊的而非群体的、普遍的现象，就是两个人之间的沟通也并非易事。

慧能对传统佛教的观念，如戒定慧、三身佛、三宝、一行三昧、四弘誓愿、西方东方、出家在家等都做了自己的解释，其结穴，是从印度佛教的普度众生转换到禅宗的自性自度。这是佛教中国化极为重要的一步。

戒定慧，是佛教规定习佛者必须做的三件基本的事。据《坛经》所记，慧能询问北宗神秀和尚派来的探子志诚，神秀是怎样界定三者的，志诚答："诸恶莫作名为戒，诸善奉行名为慧，自净其意名为定。"这基本是劝善惩恶的传统伦理道德模式，无甚新意，而且颇偏于戒法，不重视自性。而慧能的界定则完全立于自心自性："心地无非自性戒，心地无乱自性定，心地无痴自性慧。"（《坛经校释》，第78—79页）慧能以为，上根智人他是"自性顿修"的，就不必如神秀那样"唯传戒定慧"，因为那是针对小根智人的。如果能悟自性，就不必立戒定慧。从此，志诚就跟从慧能，再不回神秀那儿了。

三身佛，即佛教所称的法身佛、报身佛和化身佛。法身，指遍一切处的真如、佛性，它"不生不灭，不习不修，无量无边，毕竟清净"，是精神性的。报身，义为"净满"，指成佛所得的清净圆满果报之身，它相好具足，只是佛陀现身于菩萨前的一种姿态，众生却无缘分享，它是物质与精神的结合。化身，又称应身，指释迦牟尼为化导众生，"随类应化"，于人间现"千百亿化身"，它是物质性的。慧能则这样解说三身佛：

于自色身，归依清净法身佛；于自色身，归依千百亿化身佛；于自色身，归依当来圆满报身佛。色身者是舍宅，不可言归，向者三身在自法性，世人尽有，为迷不见，外觅三身如来，不见自色身中三身佛。(《坛经校释》，第39页）

这样解释三身佛，显然与传统佛教大相径庭。三身佛分法身、报身、化身的说法，体现了佛教的某种等级，佛陀释迦牟尼只有以化身佛的形象出现，才为众生所见，才能实现普度众生的目的。慧能则"教外别传"，大胆指出：

何名清净法身佛？善知识！世人性本自净，万法在自性。思量一切恶事，即行于恶；思量一切善事，便修于善行。如是一切法尽在自性。自性常清净；日月常明，只为云覆盖，上明下暗，不能了见日月星辰，忽遇慧风吹散卷尽云雾，万象森罗，一时皆现。世人性净，犹如青天，慧如日，智如月，知慧常明。于外著境，妄念浮云盖覆，自性不能明。故遇善知识开真法，吹却迷妄，内外明彻，于自性中，万法皆现。一切法自在性，名为清净法身。(《坛经校释》，第39—40页）

所谓的开真法，就是让众生明白"万法在自性"的真理，觉悟自己就是"法身佛"，非常简单直捷。慧能又说：

> 何名千百亿化身？不思量，性即空寂；思量即是自化。思量恶法，化为地狱；思量善法，化为天堂。毒害化为畜生，慈悲化为菩萨，知慧化为上界，愚痴化为下方。自性变化甚多，迷人自不知见。一念善，知慧即生。一灯能除千年暗，一智慧能灭万年愚。莫思向前，常思于后。常后念善，名为报身。一念恶，报却千年善亡；一念善，报却千年恶灭。无常已来，后念善，名为报身。从法身思量，即是化身；念念善，即是报身。（《坛经校释》，第40页）

化身是什么？就是人的思想、意念从法身思量而向善。尽管空寂之性的状态是不思量，但是人的自性刹那会发生许多变化，人就不能不思量，这叫"自化"。人的意念如一条河，川流不息，有向善的可能，也有向恶的可能。向善只需一念，这一念是向后的一念。这里，可十分注意慧能"常思于后"的思想。报身是什么？就是"后念善"。向善之意念发动的依据是超越的清净法身，然向善一念却是在"自化"之中发生，是对人的当前具体状况的反思，这叫"当来"。"从法身思量，即是化身；念念善，即是报身。"这里，普遍的清净法身实现为特殊的化身，每一人有各自的化身，各有向恶或向善的可能性，向善就法身显，向恶则法身隐。向善，则落实为更特殊的报身，即每一人向善之后念（"后念善"）。这样，普遍与特殊、共性与个性统一了起来，构成为人的生存之现象界。色身是法身的宅舍，就此而

第二章　孤明独发　097

论,它本来不空。所谓的"归依三身佛",在慧能看来,并非法身(外在的实体)化为千百亿色身(特殊的个体),而是千百亿色身中的法身(内在的本体)之被唤醒。"自悟自修,即名归依"(《坛经校释》,第40页),归依不是佛从天而降的他归依,而是自归依,即觉悟。临济义玄对外在的"依"做了非常尖锐的批评:

> 世出世诸法皆无自性,亦无生性,但有空名,名字亦空。你只么认他闲名为实,大错了也。设有,皆是依变之境。有个菩提依、涅槃依、解脱依、三身依、境智依、菩萨依、佛依,你向依变国土中觅什么物?乃至三乘十二分教皆是拭不净故纸,佛是幻化身,祖是老比丘。(《古尊宿语录》卷四《镇州临济(义玄)慧照禅师语录》)

所谓佛祖变现千百亿化身来拯救苦海中浮沉的众生,尽管非常生动形象,究其实却是一种自外向内的灌输,众生之接受佛,是被动的。慧能的由"万法在自性"而主张"自悟自修",把三身归于法身,归于一念善,化身和报身其实是己身,是对三身佛做了革命性的误读。[①]从中国的佛教尤其是禅宗的倾向看来,本体并非外在的,佛也不是外在的。外在于人的只能是一个不相干的实体,而这样的实体是不存在的。

[①] 北宗神秀则将三身佛与定、智、慧相联系,也是对三身佛做了误读:无动念是大定,无思惟是大智,无分别是大慧。大定是法身佛,大智是报身佛,大慧是化身佛。三法同体,一切法无异,成佛不成佛无异。清净无障碍,觉觉相应毕竟不间断,永无染著,是无碍解脱道。(《无题》)

传统佛教三身佛的区分中想象成分极多，而慧能的三身佛却只有自性和自然两种成分。自性似乎就是自然之性、先天之性，常清净，但起念时有可能为妄念覆盖；而自然是日月常明，起风时它也有可能为浮云覆盖。自性与自然两者互相比拟着，没有如传统佛教三身佛那种复杂的想象。传统佛教三身佛对"相"（物质）的借助非常明显，它是有相的，是佛为了教化众生而施设的方便，而慧能的三身佛却是无相的，所以他又把这种自归依三身佛称为"无相戒"。无相而言戒，似为语病，其实是为了破相。慧能主张"即烦恼而菩提"，以为每时每刻、在在处处都可能也可以觉悟而获得解脱。现象即存在，因此，他的禅学对方便施设颇不重视。换句更准确的话说，慧能的禅学主张随处是方便。①（另外，自性与自然的对举，与传统佛教的借助于想象和相，从美学上看大不一样。而我们从中却可以看到中国传统哲学和美学中自然与人类比式的亲和关系。）

　　三宝，即佛、法、僧，是佛教的三种构成要素。佛是已开悟的人，法是佛的教法，僧是僧团。因为可尊可重，故名为宝。《华严经·净行品》是这样论三宝的：

> 自归于佛，当愿众生，绍隆佛种，发无上意。自归于法，当愿众生，深入经藏，智慧如海。自归于僧，当愿众生，统理大众，一切无碍。

---

① 印顺云："慧能重视'东山法门'所传的，'一行三昧'与'禅定'的实际意义，而不著形仪，不专在事相上著力，在东山门下，的确是独具只眼了！"（《中国禅宗史》，第165页）

第二章　孤明独发

慧能对此三宝做了误读:"佛者,觉也;法者,正也;僧者,净也。"(《坛经校释》,第46页)觉,是自心觉悟;正,是念念无邪;净,是自性不染。慧能问:

> 若言归佛,佛在何处?若不见佛,即无所归;既无所归,言却是妄。善知识,各自观察,莫错用意。经中只即言自归依佛,不言归依他佛;自性不归,无所依处。(《坛经校释》,第47页)

《华严经》上说众生自己归向佛、法、僧三宝,而慧能的新解却是众生经由觉悟归向自己的佛性。三宝并非外在的东西,而是"自三宝"。在自性之中而不是在自性之外发现三宝,这种对三宝的误读与对三身佛的误读如出一辙。

一行三昧,是一种禅定。三昧,梵语 Samādhi,译为"三摩地""三摩提",有正定、等持的含义。传统佛教的一行三昧,就是专于一行、修习正定的意思。它要求在一切处所都不著于相,不生种种主观的憎爱心,亦不起取舍的行为。真谛译《大乘起信论》,作一行三昧,而实叉难陀又把它译为一相三昧,一相即是绝对平等,无差别对立,两者的意义并无大别。《大乘起信论》讲三昧有其特点,是从真如出发的,正定是对真如的依持,称为真如三昧。它要求"心若驰散,即当摄来住于正念"(《大乘起信论校释》,第167页),正念唯心无外,于是就法界一相,唯有真如。"一切诸佛法身与众生身平等无二,即名一行三昧,当知真如是三昧根本,若人修行,渐渐能生无量三昧。"(同上)慧能对"一行三昧"的解释也立基于《大乘起信论》

真如是三昧根本的理论，但更强调"行直心"："一行三昧者，于一切时中，行、住、坐、卧，常行直心是。"（《坛经校释》，第27页）"直心"就是每个人心中的真如，"行直心"就是真如的显现，但这一显现具有个体的面貌。在慧能看来，一行三昧不是趺坐不动、看心看净，它要求人在任何时间、任何处所、做任何事情都让"直心"自然坦露。清净的真如（直心）流转活泼地现于人的一切意念和行为之中，这叫"道须流通"，"滞"和"住"都是静止，静止就被缚，是没有自由可言的。一行三昧的偏于主静的正定、等持的意义，于是就被引导到了活泼生动的人的生存真实与佛的无量真如统一的境地。这里，从习佛人方面看，有从静止到生动的转变，从真如方面看，有共相与殊相的统一。这种转变和统一，并非人为的，慧能以为，它本来就是这个样子，是实相。四弘誓愿，《坛经》中是这样的："众生无边誓愿度，烦恼无边誓愿断，法门无边誓愿学，无上佛道誓愿成。"与传统的说法没有什么不同[①]，但慧能却做了重要的误读。个人解脱，然后有能力普度众生，是佛教解脱论的基本思路。释迦牟尼正是因为亲身体验到了自己的烦恼和亲眼看到了众生的苦难，才决心去求一个解脱生死轮回的方法和途径。因此，普度众生，实现人类的自由解脱，始终是佛教的基本教义。但是佛教自身的义学和修行方法中，都包含了自救和被救或他救的两种不同的解脱之路。这里，重要的是对佛性的理解，设问：人是否都有佛性？这一点，在中国佛教中本来是有争论的，如东晋竺道生所提出的"一阐提人皆得成佛"的命题为当时的《泥洹经》

[①] 传统的说法是：众生无边誓愿度，烦恼无量誓愿断，法门无尽誓愿学，佛道无上誓愿成。

译本所无，起初被视为违经叛道之论，其人也被逐出都城南京。后来《大涅槃经》译出，才发现经中本来就有此义。竺道生的"顿悟成佛"论也终于在四五世纪的中国站稳了脚。而人人都能成佛的前提，则是人人都有佛性。这种致思路向，不由得使我们联想起孟子的人皆有善端、"人皆可以为尧舜"（《孟子·告子下》）的宏论。

慧能正是按着竺道生的理路走下去的。他说"众生无边誓愿度"，不是慧能度众生，而是众生各于自身自性自度。他以为每个人的自色身中有坏的邪见烦恼、愚痴迷妄，即贪、嗔、痴三毒，也自有好的本觉性。所谓的"度"，就是每个人以正度邪、以悟度迷、以智度愚、以善度恶、以菩提度烦恼，等等，这叫真度，也叫"各各自度"。度是为了脱离苦海、达到彼岸，然而彼岸却不在人的自性之外，人的涅槃是人运用自己的般若之智对自己的本觉性（真如）的觉悟，尽管需要外人如禅师的接引，但那不是老师（弘忍）摇船渡学生（慧能）过江式的关爱，而是创造一定的条件、环境或机缘让学生自己悟。慧能以为，人若不能自悟，那须得接引人示道见性，如果能自悟，就无须假借旁人了。这就是"众生无边誓愿度"。其余三弘誓愿，"烦恼无边誓愿断"释为"自心除虚妄"，"法门无边誓愿学"释为"学无上正法"，"无上佛道誓愿成"释为"常下心行，恭敬一切，远离迷执，觉知生般若，除却迷妄，即自悟佛道成，行誓愿力"。都是要求众生自觉自愿地去做断除烦恼、学习正法和觉悟佛道的功课。总之，四弘誓愿被慧能解释为习佛者自我解放的宣言。这种求上进的要求和途径，绝不同于孔子"己欲立而立人，己欲达而达人"的群体教育模式，它基本是一种个体自救的模式，各种灯录所记载的禅师觉悟的公案大凡如此。尽管真如是一个超越的形而上的一般精神，然而由于它的平等性、遍在性,决定了它必然与个体的人的具体生存相统一而存在。真如是既一般又特殊的存在,觉悟是个体的事情,为任何旁人甚至佛祖所不能越俎代庖的。

禅宗在佛教中是一支"教外别传",它要突破现有经论的束缚,来求得人的解脱。慧能宣布:诸佛和诸经,人性中本自具有。习佛的功德何在?在法身,不在修福的诸行为,如造寺、布施、供养均不是功德。"自修身是功,自修心是德。功德自心作,福与功德别。"(《坛经校释》,第64—65页)《大乘起信论》也要求人们"自信己身有真如法,发心修行"(《大乘起信论校释》,第86页)。传统佛教说,西方是净土,学佛者愿往生西方。慧能却说:"迷人念佛生彼,悟者自净其心。"(《坛经校释》,第66页)如果能悟无生顿法,那么"西方"在刹那间就可到达。慧能还以为,修行佛道不必一定去寺庙,在家也是可以的。自家修清净,即是西方。

总而言之,佛与非佛,只在迷悟之间,仅在一念之差。这一念就是般若智慧:

> 何名般若?般若是智慧。一切时中,念念不愚,常行智慧,即名般若行。一念愚即般若绝,一念智即般若生。世人心中常愚,自言我修般若。般若无形相,智慧性即是。……悟此法者,悟般若法,修般若行;不修即凡,一念修行,法身等佛。善知识!即烦恼是菩提。前念迷即凡,后念悟即佛。善知识!摩诃般若波罗蜜,最尊、最上、第一、无住、无去、无来,三世诸佛从中出,将大智慧到彼岸,打破五阴烦恼尘劳,最尊、最上、第一。赞最上最上乘法,修行定成佛。无去、无住、无来往,

是定慧等,不染一切法,三世诸佛从中变三毒为戒定慧。(《坛经校释》,第51页)

三、定与慧

中国特色的佛教,以僧肇对中观的阐发为标志,就有统一有与空的运思倾向,一方面主张把有视作假有,另一方面又不偏执于空。禅宗更是如此,它主张般若与涅槃的统一,清净与空的统一,佛性论与空观的统一。

较早的敦煌本《坛经》,录慧能得法偈为:"菩提本无树,明镜亦非台。佛性常清净,何处有尘埃!"而后来的惠昕本、契嵩本和宗宝本《坛经》都把其中"佛性常清净"句改为"本来无一物"。有学者以为前者属涅槃思想,即涅槃佛性论,而后者指般若思想,即般若空观,分别属有宗和空宗两宗。其实,禅宗正是要统一有宗和空宗,前后两说并不矛盾,不过是各有所偏重罢了。这是中国思想的特点,它是佛教中国化的必然。

不过,如何将清净佛性与一切皆空的思想融会贯通起来,确实是一个问题。慧能关于定与慧体一不二的思想,应该是这方面的一种实践。

定与慧,意即禅定与智慧。二者为佛教修习的入门途径。传统佛教又以戒、定、慧三项连称,并把三者理解为一个连续的修行过程。

戒是遵守戒律、防非止恶,它大体上是要使用勉强的手段如忍,来达到制压欲望的目的。佛教以为,由戒可生定。

定是什么？定为梵语Dhyāna的音译，按之禅的本义，其意为冥想，汉译为定、静虑、思惟修。又有禅定连称。禅定，本来是佛教的一种普遍的基本的修行方法，指通过结跏趺坐使心念沉静专一、不散乱。定，提出心力集中的要求，虽然面对刹那变化的无数现象，仍能做到恒久寂静，不随境迁。在深度的禅定中，人的前五识"眼、耳、鼻、舌、身"已经停止，只有第六识"意"识独独发挥作用。这就意味着禅定之人对纷纭万千的物质现象（法和相）已经可以视而不见了，所谓的面壁、趺坐、念佛就是如此。意识是人之生命活动的中心，是思维、认识作用的根源，能创生万物，但也能走向"边见"而导致迷误、愚痴。禅宗非常重视意识（意根）的作用，以为把意识控制住了，使之集中于冥想，清净下来，丢开世间法，转而思维出世间法，就为发慧创造了条件或是径直转入了慧。意识的运用是迷与误的转关。因此，禅定主要就是制驭意识。定又称为止或寂，就是排除（杂念）和专一（思维）。说到底，定的质性其实是空。

慧是什么？按佛教的本义，慧是勘破因缘、观照空理的智慧。慧是一种积极的人格，它统一了真如和个体。它是戒、定、慧三学中最为积极的也是最后的功夫。慧又称观或照，它的质性其实是有。

定与慧、止与观和寂与照，意思相同。定是破因缘，为空，慧是立智慧，为有。从空转向有，也就是从般若空观转向涅槃法身，从"无一物"转向"常清净"。我们来看看慧能的见解。他反对把定慧二者强做分别，说：

> 我此法门，以定慧为本。第一勿迷言定慧别。定慧体一不二。即定是慧体，即慧是定用。即慧之时定在慧，即定之时慧

在定。善知识！此义即是定慧等。学道之人作意，莫言先定发慧，先慧发定，定慧各别。(《坛经校释》，第26页)

一般论戒、定、慧的次序，是由戒生定，因定发慧，由外在而渐次向内。反过来，如果有了慧，也可以使持戒变得理性自觉，使定由勉强制止而进乎快乐轻松的正定。以上两个路向，规定了定与慧之间有着先后之因果关系，此关系虽然可以逆向而行，即倒果为因，不过毕竟还是将定与慧分别为性质不同的两事。慧能则将两者重新作解，断言分别定慧是错误的。他把定慧比为灯光，有灯即有光，无灯即无光。灯是光之体，光是灯之用。定慧只有一个体，定是体，慧是用，即定即慧，即慧即定，两者等，"名即有二，体无两般"(《坛经校释》，第30页)，没有先发后发的事。[①]

体用是慧能《坛经》所用的基本方法，运用此方法来规定定与慧，其目的即是把佛教认识和佛教实践统一起来，引导人们到达觉悟自性的境界。慧能佛学的核心是顿悟，顿悟没有阶级，自然也就无法讲先定发慧或先慧发定，体用一如是关于两者关系绝妙的注解。

慧能对"一行三昧"的解释其实也是运用体用方法综合了定与慧："一行三昧者，于一切时中，行、住、坐、卧，常行直心是。"(《坛经校释》，第27页)传统佛教的一行三昧，意即专于一行，修习

[①] 《出三藏记集》卷六谢敷《安般守意经序》论慧与禅、有宗与空宗、有与无、外与内之关系，云："菩萨者，深达有本，畅因缘无。达本者有有自空，畅无者因缘常寂。自空故不出有以入无，常寂故不尽缘以归空。住理而有非所缚，非缚故无无所脱。苟厝心领要，触有悟理者，则不假外以静内，不因禅而成慧。"可见统一定与慧的工作早已有人做了。

正定。三昧即是定。这里,"直心"就是真如佛性,"常行直心"就是真如的发用,"一行三昧"就是"定慧体一不二"。一行三昧又译为一相三昧,真如法界只有一相,修定修慧亦要直寻真如而去,一行或一相之中有定即有慧,其间无须分别先后。慧能批评那种"坐不动,除妄不起心,即是一行三昧"的看法,说"道须通流",真如(直心)流转活泼地现于人的一切思想和行为之中。

坐禅是习佛的基本途径,但容易走偏。看心看净的坐禅,偏于定、止和寂,往往变成枯坐,心不免住于法,住于空,那是习禅者的大忌,是难于获得勘破因缘的智慧的。在慧能看来,无论如何,定是消极的守,而非积极的创。《古尊宿语录》记:马祖道一在南岳传法院,独住于一庵,只习坐禅,凡是来访者都不予理会。他的老师怀让去了,他也是如此。于是怀让就拿了一块砖在庵前地上磨,时间长了,马祖起了好奇心,不免问:这是干什么?怀让答:磨做镜。马祖大疑,问:磨砖岂能成镜?怀让坦然答:磨砖不能成镜,坐禅又焉能成佛!马祖于是觉悟:一味坐禅就是执于坐相,而佛非定相,是不能执于一相的。

从这一公案得到的启示是:只有实践了"定慧等",把守与创、积极与消极打在一块,才可能获得觉悟。早先干枯坐禅的马祖是一个执迷不悟的人,他执著于外在的坐相,落入了"无记空",是没有人格的,而觉悟了的马祖却有一个大写的人格挺立起来。由于老师怀让于地上磨砖这一特殊设计的机缘的引发,学生马祖身上的佛性活了起来,并被赋予个性。因为机缘的独特,人格也分外地特出,无可重复。这一个性或人格,就是观空的大智慧,就是真如的清净法身。"无一物"的般若空与"常清净"的涅槃本来是统一的。可见,只有体用一如之境,才是定慧的真谛。而其标志,即必须有一特出的人格生长出来。

这个道理,慧能把它归纳为一句话:"心地无非自性戒,心地无乱自性定,心地无痴自性慧。"心地"无非""无乱""无痴"当然是定,但是却分别成为戒、定、慧的条件,又因为都针对"自性"而言,三者其实都归结于慧,定与慧绝难区分。慧能其实并不主张分立戒、定、慧,他说:"自性无非、无乱、无痴,念念般若观照,常离法相,有何可立?"(同上)所谓"行直心"和"定慧等",就是即定即慧、体用一如的清净自性的人格。慧能禅法"教外别传"的特点,它的创新性,我以为最典型地体现于慧能将平等清净的真如本体与独特机缘的觉悟个性统一起来,成就了禅的人格,由此而具有极强的号召力。这一点以下还要讲到。

四、无相,无住,无念

> 我此法门,从上已来,顿渐皆立无念为宗,无相为体,无住为本。(《坛经校释》,第31—32页)

相是什么?粗略地说,就是事物的相状,即我们常言的现象,是时空中的具体存在。相另有一义,指性,如"诸法实相",此相意为真如,最高的实在,超越时空而存在,"诸法空相",此相意为诸法的空性,诸法无自性。慧能"无相为体"之"相"意即现象,之"体"意即"诸法实相"之"实相",即真如之体。

《坛经》释"无相"云:

> 何名无相？无相者，于相而离相；……但离一切相，是无相；但能离相，性体清净。此是以无相为体。(《坛经校释》，第32页)

相，是人的诸知觉活动与诸心理活动（六根）所针对、所形成的对象，佛教称为对境。作为现象，相在数量上是无穷的，种种相，构成了众生生死轮回的现象世界。因为相切实地关联着人的现世生活，人们往往就把它们看得极为重要，对它们生起计较之心、执著之意，称为取相或著相。所谓"离相"，并不是要求人们离开现象界，这是不可能的，切实地说，"离"就是要求众生无须执著于现象，只把它们看作因缘和合的结果，本来就是空的，这也就是无相。因此，所谓"离"或"无"，其实就是与通常人们认识事物的角度、方法、途径相反，与人们的常识、常行违异，而造成诸现象的破坏。同一个对象，在反向的观照之下，会具有完全不同的性质和意义。例如，看山，通常人们观念中的山就是地面上高耸的部分，由土、石头和树木等组成，每个人所见到的各种不同的山都向这一个概念归约，并由此形成许许多多与山相关的概念。这种认识活动，就叫取相。但是禅宗却认为可以不把山看作是山，即不把当下所见（山）向山的概念归类，而是仅视为当下所见之物，即纯粹的现象。这叫"于相而离相"或叫"忘缘"，这也就是禅宗所谓的"破相"或"扫相"。由于脱离了时空的具体环境，作为观想对象的现象就走出了原先生活当中的意义域，如某个人具体的切身的苦难经验，可以离开生死轮回之境而被看空，于是这一苦难就不再是系缚这个人的绳索了。此当下所见的经验赋予人某种独特的感受或悟解。禅宗认为，这个超越的、不可重复的悟解极其根本、绝对重要，是人生最亲切、最真实的经验。借助于它，人才返归自身本性的清净。任何对相的执著，都使人陷于无尽的烦恼，使人不可能保有自性的清净，获得最亲切的人生经验。因此，"无相为体"。

慧能"无相为体"的思想，是有其来源的。在佛教中，法是诸法，界为分界，诸法各有自体，现象界表现为林林总总。而依大乘般若学，所有的界都共有一性，即真如之性，如来界与众生界平等不二，因此法界不二。现象界虽然林林总总，其本体或本质却只能是一个，现象与实相是统一的。《观无量寿佛经》云：

> 诸佛如来是法界身，遍入一切众生心想中。是故汝等心想佛时，是心即是三十二相、八十随形好。是心作佛，是心是佛。诸佛正遍知海，从心想生，是故应当一心系念谛观彼佛。

长于想象的印度佛教认为，佛有三十二相、八十种好，分别是说如来的身体有三十二种殊胜的相状，佛的身体有八十种所具足的吉相，求佛之人可以从中取相，以之为方便寄托而求得解脱。[①] 而念佛

[①] 《楞伽经》是主如来藏识心的，该经卷一云："世尊修多罗说：如来藏自性清净，转三十二相入于一切众生身中。"这是说，如来藏的藏是胎藏，它自性清净，有三十二相好，众生身中本来具足。此仍然是用了佛教传统的方便说法。印顺评论说，那是一种通俗浅显的如来藏说，与神我说非常近似的。（参看印顺《中国禅宗史》）百丈怀海这样评价三十二相与八十种好："菩提树下三十二相、八十种好，属色；十二分教，属声。只如今截断一切有无声色流过，心如虚空相似。"(《古尊宿语录》卷一《大鉴下三世（百丈怀海大智禅师）广录》)黄檗希运说也相似："(问)云：'心既无相，岂得全无三十二相、八十种好、化度众生耶？'师云：'三十二相属相。凡所有相，皆是虚妄。八十种好属色，若以色见我，是人行邪道，不能见如来。'"(《古尊宿语录》卷三《黄檗（希运）断际禅师宛陵录》)

三昧和坐禅，是通过修一相如念佛净心或静坐来修佛之无量功德的，这种修行方法的理论基础就是"是心作佛，是心是佛"的万法唯心的平等观。但是，唯心的修一相的方法有可能引导人执著于一相，达不到无差别的佛境界，对真如之体的把握也就无从谈起。于是《文殊说般若经》就有如下的说法：

> 法界一相，系缘法界，是名一行三昧。……入一行三昧者，尽知恒沙诸佛法界无差别相。

"法界一相，系缘法界"，这是一个关于本体界与现象界统一不二原理之经典的定义。慧能的思路就是顺着这个定义演化下去的，以为若要真正掌握佛法，在方法上必须以"无相为体"，在任何时候、对任何现象均不执著，自然也就对任何现象都不倚轻倚重，于是行、坐、住、卧，在在都可以显现真如，即是"于相而离相"。"无相"是离相，只是把相看空，并非与相绝缘。《华严经》卷三五《宝王如来性起品》云："如来智慧，无相智慧，无碍智慧，具足在于众生身中。""无相"是如来藏智慧的品格，"无"字不能看死，看死就不免有相了。"无相为体"的体，就是"法界一相"的"一相"，即普遍的清净的真如之体。但是要注意慧能的思路，不是在念想之中收摄所有的相以得到平等，而是反过来，主张对所有的相都不即不离以得到平等。慧能这一思想，是把大乘般若学和涅槃学的"法界不二"学说贯彻到底了。与"法界一相"相比，我们也许可以说，"无相为体"更体现出某种宗教现象学的方法论特点。

《坛经》中讲，法达诵《法华经》七年，还"心迷不知正法之处"

(《坛经校释》，第81页），于是就请慧能为他决疑。慧能说："经上无疑，汝心自邪，而求正法。"又说：我不识字，你就将《法华经》对我读一遍。法达读毕，慧能道：七卷《法华经》尽是譬喻因缘，如来广说三乘（大乘、中乘、小乘），讲来讲去，无非是强调"一佛乘"罢了，并没有其余二乘。《法华经》上讲"诸佛世尊，唯以一大事因缘故，出现于世"。何以"诸佛世尊""出现于世"，那是为了启导众生"开""生""入""佛知见"，这就是"一大事因缘"。广说三乘、诸佛出世，都是为了这"一大事因缘"而施设的方便。《法华经》这样说，确实有"譬喻因缘"的意思。但是慧能解经，却是直指人心："人心不思本源空寂，离却邪见，即一大事因缘。"外迷著相，内迷著空，于相离相，于空离空，这样内外不迷，就离两边。一念心开，就是出现于世。这并非广说三乘、诸佛出世的方便。慧能进而开导法达说：

心行转《法华》，不行《法华》转；心正转《法华》，心邪《法华》转。开佛知见转《法华》，开众生知见被《法华》转。(《坛经校释》，第82页）

《法华经》有助于开佛知见，但如果人被佛经所转，则读经适得其反。对佛经也不可执著。所谓的"法界一相"，自然可以涵盖广说三乘、诸佛出世的方便，但是如法达七年读《法华经》而不开悟，则可见如此的"方便因缘"极容易落入对相的执著，而"无相为体"则专为破相而设，循此，习禅的主体有更大的自由。

念是什么？从心理学上讲，念是认识主体对于对象或自身的心理活动。在佛教看来，念是对所经验之事记忆而不忘却的心理活动，或称为心思。它的对象即无数的境或无数的法，而这些境和法都是外在的，是引起人欲念的、迷惑人、系缚人的现象界事物。念是人基本的心理活动，生存着的人不免对外境起念，于是人就有无穷的烦恼，所谓的尘劳妄念。佛教以为，念这种心理活动表现为刹那刹那的心念相续而作，无有间断，这叫"念念相续"。

> 应观过去所念诸法，恍惚如梦；应观现在所念诸法，犹如电光；应观未来所念诸法，犹如于云忽尔而起……（《大乘起信论校释》，第181页）

人的意识活动像河流一样，总是前念后念不停地转换，永远不会中断的，一旦中断，人的生命就结束了。而且，佛教非常强调念的连续性，又由于佛教以为境和法都是心所造，心理活动的对象为心理活动的结果，念就差不多是内化了的心理之流。这种看法，颇有些类似于现在人们常用的意识流概念，比较符合人的心理活动的实际情况。念佛，实际是通过不间断的对佛的忆念这种心理活动或是借口念诵佛为助，以使种种妄念不能进入心理活动之流，从而达到清净自心的目的。但是，念佛这种活动还是得求助于他力，只是一种方便而已。《大乘起信论》论修行止观门的正念云：

> 若修止者，住于静处，端坐正意。不依气息，不依形色，不依于空，不依地、水、火、风，乃至不依见、闻、觉、知。一切诸想，随念皆除，亦遣除想。以一切法本来无相，念念不生，念念不灭。亦不得随心外念境界，后以心除心。心若驰散，

第二章 孤明独发

即当摄来住于正念。是正念者，当知唯心，无外境界，即复此心亦无自相，念念不可得。(《大乘起信论校释》，第167页)

这里，几乎要求人摒除一切心理活动所必须依赖的条件，包括方便，也不去想自己正在正念真如("此心亦无自相")。因为真如是无相的，不会因为念而生灭，正念("正止")真如，无非是使心完全寂止，与真如同体。但是，"住于静处，端坐正意"和"心若驰散，即当摄来住于正念"，就不是方便，就不需要借助念这种心理活动了吗？我们且来看看慧能的见解：

于一切境上不染，名为无念；于自念上离境，不于法上生念。若百物不思，念尽除却，一念断即死，别处受生。……即缘迷人于境上有念，念上便起邪见，一切尘劳妄念，从此而生。故此教门，立无念为宗。世人离见，不起于念，若无有念，无念亦不立。(《坛经校释》，第32页)

"无念"说不能按其字面去理解，它的核心思想是"自性起念"。慧能并不是要求人断绝念想，因为念是人的生命活动，一旦念想停止，人的精神生命就完结了。"无念"的提出，只是针对迷人因执著于念而生起的邪见妄念，如果真的能做到无有念想，那么"无念"法门也是不能成立的。因此，"无念"只是要求做到"于念而不念"，"于一切境上不染"，而不是"百物不思"。他又进一步申说：

无者无何事？念者念何物？无者，离二相诸尘劳；真如是

念之体，念是真如之用。自性起念，虽即见闻觉知，不染万境，而常自在。(《坛经校释》，第32页)

所谓的"无"，是在诸"二相"如生灭、有无、空有、人我、是非、染净、内外之间取一个不即不离的立场，而真正的立脚点是在真如，"念"是念真如。"真如是念之体，念是真如之用"，如果人从自身的佛性起念，尽管身历种种"见闻觉知"，却能不染万境而常自在。而这种"自在"境界，只有从自身真如起念才能做得到。要而言之，真如是体，念从这个体上发用，它的本性是清净，那么念就与一切"见闻觉知"的对象形成对境，但又不与对象死扣染著，而是不即不离，一切"见闻觉知"也就不过是真如的发用罢了。自性起念而不染万境，自然，人心也就不会起来烦恼了。这就是人的自由解脱。因此，说"无念"，并非如同《大乘起信论》那样单单要求起"正念"，排除一切心理活动的对境，仅留一个真如心在。那是有体而无用。

从念这种心理活动的本性上看，它必须要有对象，它要在不同的对境上不断地转移，才能进行下去，才能保持其活力。既然"念念不断"，那么就是"见闻觉知"，而只要对境不执著，于法不生念，就是在真如上起念。"性含万法是大，万法尽是自性。见一切人及非人，恶之与善，恶法善法，尽皆不舍，不可染著，由如虚空，名之为大。"(《坛经校释》，第50页)

不执著染著就是在真如上起念，在真如上起念就是不执著染著，自性和对象两不偏废，体用一如。这里，又是体用关系在起着方法论的作用。

而且，作为人的心理活动的念，它的本性是变化不定的，因此它必须无住。

住是什么？住是指人停顿、持续于某一念而不可解脱，即执著。

> 无住者，为人本性，念念不住，前念、今念、后念，念念相续，无有断绝；若一念断绝，法身即离色身。念念时中，于一切法上无住，一念若住，念念即住，名系缚；于一切上，念念不住，即无缚也。此是以无住为本。(《坛经校释》，第32页)

慧能讲"无住"，与他讲"无相"和"无念"不同。"无相"是"于相而离相"，"无念"是"于念而不念"，都是主张不即不离，两者却正好给"无住"做了注脚。人的心理活动是在一念与一念之间运动转移的，作为对象的"相"与"念"正好一一对应，一念一念转换着一相一相，构成了人的意识活动之流。如果"念"的意识之流中断了，法身就与色身相分离，人就不再是一个完整的人格了。慧能认为，真如法身是以色身为宅舍的，法身与色身统一为一个真实的生命体——人。[①] 就这个生命体而言，他的意念是不会中断的，"无住"是人的本性。前念、今念、后念，刹那刹那生灭，分别为过去时、现在时和将来时三种生命的时态，它展现为一股意识生命的绵延之流。因此，"无住"可不是像"相"和"念"那样的"于住而不住"，它就是

---

① 《大乘起信论》也认为法身与色身是统一的："法身是色体故，能现于色，所谓从本已来，色心不二。以色性即智故，色体无形，说名智身。以智性即色故，说名法身遍一切处。所现之色无有分齐，随心能示十方世界。无量菩萨，无量报身，无量庄严，各各差别，皆无分齐，而不相妨。此非心识分别能知。以真如自在用义故。"(《大乘起信论校释》，第116页)

"无住"。

> 汝若不得自悟,当起般若观照,刹那间,妄念俱灭,即是自真正善知识,一悟即知佛也。自性心地,以智慧观照,内外明彻,识自本心,若识本心,即是解脱,既得解脱,即是般若三昧。悟般若三昧,即是无念。何名无念?无念法者,见一切法,不著一切法,遍一切处,不著一切处,常净自性,使六贼从六门走出,于六尘中不离不染,来去自由,即是般若三昧,自在解脱,名无念行。若百物不思,当令念绝,即是法缚,即名边见。悟无念法者,万法尽通;悟无念法者,见诸佛境界;悟无念顿法者,至佛位地。(《坛经校释》,第60页)

人如果著相、系念、有住,就心有烦恼。烦恼使人的生存状况恶化,因此,须"以无住为本"。

五、对法

对法的"法",指佛法。"对法"一词,是慧能自己的创造。① 在讲慧能的对法之前,我们先来简略地看一看僧肇的中观理论。

大乘中观把现象界理解为对偶的现象,对偶表现为两边即两个极端,专注于极端则导致人的无穷烦恼。僧肇在当时被誉为"解空第

---

① 传统佛教也有"对法",其音译为"阿毗达摩",意思是对向佛法,即对佛经的研究,属于论,与慧能的"对法"完全不同。

一"，他批评了"心无""即色"和"本无"三个派别，标举"非有非无""即动即静"的中观理论。他的主张可以从他的三篇名著的题目见出：《物不迁论》《不真空论》和《般若无知论》。在《物不迁论》中，他提出"必求静于诸动……不释动以求静"，这一主张建基于万物每时每刻都在运动的观念之上，运动是绝对的，没有静止，但是在刹那刹那，每一物却都是存在的，有静而无动。因此如果执著于动或静，都是片面的，没有把握真谛。《不真空论》的理路也是一样，主张"不真"就是"空"，"即万物之自虚"，而"有无之境，边见所存"，是靠不住的。《般若无知论》则说般若圣智就是无知，所谓"无相之知，不知之照"。涅槃是不可知的，般若圣心就体而论是无相的，就用而论又鉴照万物。"用即寂，寂即用，用寂一体"，因此圣人能处有而不有，居无而不无。总之，对象的动与静是互相依存的，认识的主体与对象是互相依存的，更高的本体与现象也是互相依存的。再看僧肇对语言的看法，他说："言虽不能言，然非言无以传。"（《般若无知论》）由此可见，中观主张人对世界和自己的认识应该在两极之间保持一种平衡，而不是走极端。走极端即是起边见，是佛教全体所极力避免的对真理认知的偏差。在方法论上，中观一派是主张"即体即用"的。慧能发展了中观的理念，他简单而有效地把中观表述为对法。

慧能临终向众弟子传授保证"不失本宗"的说法方式，唯一的就是"对法"。

> 举三科法门，动用三十六对，出没即离两边，说一切法，莫离于性相。若有人问法，出语尽双，皆取法对，来去相因，究竟二法尽除，更无去处。（《坛经校释》，第92页）

三科法门，指阴、界、入。阴是色、受、想、行、识五阴；界包括色、声、香、味、触、法六尘，眼、耳、鼻、舌、身、意六门（即六根），眼识、耳识、鼻识、舌识、身识、意识六识；入是外六尘，中六门。三科法门，其实说的就是色法与心法，不过慧能以为"自性含万法""思量即转识"，于是就生六识，出六门、六尘，三六一十八。自性正，则起十八正，自性邪，则起十八邪。所谓的"十八界"，就是由自性起的现象界。面对这个现象界，需运用三十六对法来言语，才不会落入边见。

三十六对法如下。外境无情对有五：天与地、日与月、暗与明、阴与阳、水与火；法相语言对有十二：语与法、有与无、有色与无色、有相与无相、有漏与无漏、色与空、动与静、清与浊、凡与圣、僧与俗、老与少、大与小；自性起用对有十九：长与短、邪与正、痴与慧、愚与智、乱与定、慈与毒、戒与非、直与曲、实与虚、险与平、烦恼与菩提、常与无常、悲与害、喜与嗔、舍与悭、进与退、生与灭、法身与色身、化身与报身。

三十六对法，其实是成对的相，它们包含了色法和心法，如外境无情对就是色法，自性起用对就是心法，每一对拆开单独地对待和言说，就会导致执著和边见，就是著相。

慧能讲自己佛法的宗旨，是"无相为体""但离法相，作无所得"（《坛经校释》，第88页），但这里讲对法时，却又要求弟子"说一切法，莫离于性相"，是否有矛盾？慧能之倡无相，本来是为了破除边见，但是诸相却是现象界（包括心理现象），是不能视而不见的。同样，说法也是不能离开法相的，语言所表述的思维对象是相，语言本身也是相。于是，慧能就提出"共人言语，出外，于相离相；入内，于空离空"(《坛经校释》,第96页)。"出外",指色法,要"于相离相",就是要把对象看空而不是著相;"入内",指心法,要"于空离空",就是要自性起用,而不是著空,把空也当作相来执著。因此,"于相离相""于空离空",就是在相与无相、空与色等两两对待之间不即不离。他又说:"暗不自暗,以明故暗;明不自明,以暗故明,以明显暗,以暗现明,来去相因。"(《坛经校释》,第96页,本句中脱误据《坛经校释》改)① 明与暗都是相,通过揭示相的对待关系来破相,是很高明的方法,慧能的三十六对就是这个道理。相本是要破除的东西,但是破除不当即是著相,于是唯一的办法是即相而离相,在相上获得觉悟,他著名的"即烦恼而菩提"命题就是如此。从方法论上看,这就是即体即用、体用一如的辩证法。这一方法在后代是被继承了的,《禅源诸诠集都序》云:"览诸家禅述,多是随问反质,旋立旋破,无斯纶绪,不见始终。"

慧能的对法,包含了色法和心法,是他顿教方法论的重要内容。作为方法,它在美学上有重要的意义。它指示了禅宗不会是纯粹的心灵哲学,不会把色相即自然驱逐出自己的论域。因了两两对举、在两极间往返运动的形式,禅宗的形象思维方式也不可能如印度佛教那样把对象做极为繁复的拆分和组合,又在此基础上做主观的七宝楼台式的连翩想象,在禅宗,色法与心法把自己的对象组成一对一对无穷的对子,人于对子的两极之间觉悟自性,其过程往往极短,是刹那间的

---

① 兴圣寺本《六祖坛经》第48节后还有如下一段:"设有人问:'何名为暗?'答云:'明是因,暗是缘,明没即暗,以明显暗,以暗现明,来去相因,成中道义。余问,悉皆如此。'"这里把明暗目为因缘关系,从两者的辩证关联中成就道义。这似乎暗示了与僧肇中观思想的关系。

顿悟。于是，被目为色相的自然也就成为人觉悟的质和见证。虽然，人与自然的关系不像在庄子那儿是亲和的，而是相对的，作为"相"的，但却在某种程度上延续了庄子的传统。作为"相"，自然被成功地保留了原来的外观，并在人觉悟的过程中似乎仍然是十分可亲的，起着十分活跃的作用。心和性是内在的，没有办法看见的，觉悟也不是对自然的归化，因为自然仅是"相"而已，不过心性与自然却是相即的，觉悟可以通过自然之相而被标志出来从而可以观察到。心与物就是一个对子，呈现为体与用的关系，面对自然的或在自然之中的觉悟。自然固然被虚化了，但作为审美对象却是庄学化了的。

第三章 谛观与顿悟

禅宗是一种极为主观的宗教哲学，然而禅师们却经常把自己的心、眼、耳以及整个身体面对着自然而敞开。禅者似乎认为在自然的境遇中更易于得禅慧，更可能获解脱。禅的审美经验就是在人心、眼耳与自然三者之间展开。禅者对于外界，采取了一种特殊的"观"的姿态，通过它而获得觉悟。

一、藉境观心

菩提达摩的禅法，倡理入和行入，两者并重。慧能的禅法，讲"行直心"，似乎更能顾到行，这是慧能南宗禅的优长。神秀北宗禅一路却从初祖达摩的壁观，二祖慧可的净坐，四祖道信、五祖弘忍的闭门坐、念佛净心发展而来《传法宝纪》云："及忍（弘忍）、如（法如）、大通（神秀）之世，则法门大启，根机不择，齐速念佛名，令净心。"南宗偏于动，北宗偏于静。偏于动的倾心偏重顿悟，偏于静的更喜渐悟。从美学上来看，南宗禅法是重要的，然而，北宗的禅法也是极具美学上的意义的。本节将做一论述。

先来看菩提达摩的"壁观安心"。达摩的"壁观",宗密这样做解:"达摩以壁观教人安心:外止诸缘,内心无喘;心如墙壁,可以入道。"(《禅源诸诠集都序》卷三)心喻为墙壁[①],外境不可侵,内心不可摇。到了慧可,达摩的"壁观安心"变而为净坐安心,据净觉《楞伽师资记》,慧可倡净坐而摒言语:"学人依文字语言为道者,如风中灯,不能破暗,焰焰谢灭;若净坐无事,如密室中灯,则解破暗,照物分明。"在慧可看来,成佛必须坐禅,而文字语言是无助于成佛的。

以后就发展成大乘安心之法,以坐禅和念佛为方便,其目的是摄心、观心,去除邪念,达到清净。上面我们已经讲到,道信和弘忍也属于主张净坐安心和念佛安心一路。对这一路,笔者试从心理调适和自然环境两方面做一论述。

首先,长坐摄念是一种心理调适。《楞伽师资记》上记道信"坐禅看心"之法:

> 初学坐禅看心,独坐一处。先端身正坐,宽衣解带,放身纵体,自按摩七八翻,令心腹中嗌气出尽,即滔然得性,清虚恬静,身心调适然。安心神则,窈窈冥冥,气息清冷;徐徐敛

[①] 另有解,以为宗密把壁观理解为譬喻,与原意不符。"壁观"为面壁坐而观墙壁的颜色,专注于一境以安心。如杜继文、魏道儒《中国禅宗通史》:"'壁观'应是'面壁而观'的略语。北方禅师行禅,或石窟洞穴,或黄土墙垣;为'外止诸缘',当然以面壁而坐最佳。所观,即'专注一境',当是墙壁或石壁的颜色,其效用与'白骨观''十一切处'等禅法,引发青、白、赤、黄等色相幻象是一样的,属于达摩多罗禅法的变形,同样可以令心宁静。"(《中国禅宗通史》,第44页)

心，神道清利。心地明净，观察不明。内外空净，即心性寂灭；如其寂灭，则圣心显矣。

道信的禅法，是偏于定的。这段话不看最后一句，似乎就是庄子所讲的坐忘、守志的虚静之法。排除杂念、专心一志，是庄子审美经验的主观条件。庄子以为，只有坐忘，才能获得逍遥的自由。而禅宗则以看空、寂灭获解脱为目的，北宗禅就是以坐禅、念佛为法门的。五祖弘忍继续坐禅，《楞伽师资记》上说："其忍大师，萧然静坐，不出文记，口说玄理，默授与人。"因此，我们可以把坐禅也相应地视为禅宗北宗审美经验的主观条件。

再看念佛。求那跋陀罗论念佛净心云：

念佛极著力，念念连注不断，寂然无念，[①]证本空净寂也。（《楞伽师资记》）

道信论云：

念佛心心相续，忽然澄寂，更无所缘念。《大品经》云："无所念者，是名念佛。"何等名无所念？即念佛心名无所念。离心无别有佛，离佛无别有心；念佛即是念心，求心即是求佛。所以者何？识无形，佛无形，佛无相貌。若也知此道理，即是安

---

① 这里有四个"念"字，前三个为念佛，后一个为心念，此法即是以不断念佛来使心念不起。

心。(《楞伽师资记》)

念佛,是一种方便或是心理调适作用。虽然口中"念念连注不断",其实佛并没有到来,念佛人也没有去西方,而是借念佛而排除杂念、引导入定。诸佛是唯心所现的,因此念佛就是念心,心佛相即。念佛中,心中眼前不须浮现佛的相。可以说,这种念佛,有直觉而无直观。然而,真要做到念佛而无念,不取相貌,是极难的。在这种情况下,想获得审美经验却没有门径。相比之下,似乎坐禅更具有美学意义。

禅宗起时,聚众山居。黄梅禅系就是道信于黄梅双峰山垦荒定居,倡闭门坐而后兴起的。早期的禅被称为农禅,原因盖在此。《楞伽师资记》中记有弘忍如下一段关于山居的问答:

> 又问:"学道何故不向城邑聚落,要在山居?"答曰:"大厦之材,本出幽谷,不向人间有也。以远离人故,不被刀斧损斫,一一长成大物后,乃堪为栋梁之用。故知栖神幽谷,远避嚣尘,养性山中,长辞俗事。目前无物,心自安宁。从此道树花开,禅林果出也。"

此话出自五祖弘忍之口,读来却更像是庄子的口吻。这里,自然与人世间是对立的,在自然之中,可以避俗、养性、宁心,也可以修道得佛果。

《楞伽师资记》还记载弘忍这样的话:

> 尔坐时，平面端身正坐，宽放身心，尽空际远看一字，自有次第。若初心人攀援多，且向心中看一字。证后坐时，状若旷野泽中，迥处独一高山，山上露地坐。四顾远看，无有边畔。坐时满世界，宽放身心，住佛境界。清净法身，无有边畔，其状亦如是。

这是对坐禅看心得证悟以后的自我感受的描述。那时，就好像身处极其宽阔绵亘的平原或大湖之中，其中有一高山耸起，而自己于山顶上席地而坐，向四周看去，一望无际，似乎满世界都是自己，于是就"住佛境界"。这样一种自我感受，是与"清净法身，无有边畔"同一的。换言之，它是对"清净法身"的摹状。弘忍又说：

> 汝正在寺中坐禅时，山林树下，亦有汝身坐禅不？一切土木瓦石，亦能坐禅不？土木瓦石，亦能见色闻声、著衣持钵不？《楞伽经》云："境界法身"，是也。（《楞伽师资记》）

我们应该非常关注"境界法身"一语。弘忍所云"境界"，指一切与人与佛关联着的自然现象，尤其是自然界如高山、湖泊、森林等。"境界"就是"法身"，换一个说法，就是观"自然"为"法身"。它的真意是：佛的法身遍在于一切境界，佛无所不在，佛是超时空的，正因为如此，佛可以在人当下所生存的时空中得到印证。所以弘忍又说："不造不作，物物皆是大般涅槃也。"（《楞伽师资记》）

其实，"境界法身"与"法界一相"意思相类，《楞伽师资记》上说，道信制《入道安心要方便法门》依《文殊说般若经》"一行三昧"：

"法界一相，系缘法界，是名一行三昧。"所以同书又记道信语："一切诸事，皆是如来一法身故。"此语与"境界法身"同义。

再往前看，《楞伽师资记》中还记录了禅宗二祖惠可"万法皆如"的思想，似可理解为"境界法身"观念的一个中继站。他举眼根为例说：

>……无明智慧等无异，当知万法即皆如。……于眼根中入正受，于色法中三昧起，示现色法不思议，一切天人莫能知。于色法中入正受，于眼起定念不乱，观眼无生无自性，说空寂灭无所有。乃至耳鼻舌身意，亦复如是。

依惠可看来，人之六根于世界上任意一微尘中都可以入正受，可以起三昧，觉悟是没有时空限制的，此即是"万法皆如"。

与上述相联系，《楞伽师资记》所传弘忍的法门，还有"指事问义"和"就事而征"的方便，可以进一步申明问题。传为《楞伽经》译者、达摩的老师，求那跋陀罗"从师而学，悟不由师。凡教人智慧，未尝说法，就事而征，指树叶是何物"。菩提达摩"大师又指事问义，但指一物，唤作何物？众物皆问之。回换物名，变易问之"（《楞伽师资记》）。

禅宗传灯，开发智慧，证得涅槃，要借助方便，方便是不通过文字解经的。比较传统一些的方便，作为入道常则的，就是念经、坐禅，更为灵活的方便却极多。"就事而征"，是对佛经所说，通过自身切近的事和物来证得。如求那跋陀罗，"又云：树叶能说法，瓶能说法，柱能说法，屋能说法，及地水火风皆能说法，土木瓦石，亦能说法者，何也？""指事问义"，是将身边当下见闻觉知而未经过心念想象、比较的事和物变换着拿来追问佛的道理，以启发觉悟。如菩提达摩，"又云：此身有不？身是何身？又云：空中云雾，终不能染污虚空，然能翳虚空，不得明净"（《楞伽师资记》）。尽管达摩还是"藉教悟宗"的，但他们围绕着经义运用的方便却被后来的禅宗作为引向"教外别传"的桥梁。禅宗的大师们就是由此打开"声色"之大门的。当然，这里的"声色"已与魏晋时期的"声色大开"之"声色"有根本的不同，它们是空观的产物，为境界与法身的统一，即"境界法身"。

我们来看一下《楞伽师资记》中净觉所记神秀的某些偈语。如：

> 汝闻打钟声，打时有，未打时有？声是何声？
> 打钟声，只在寺内有，十方世界亦有钟声不？
> 见色有色不？色是何色？
> 身灭影不灭，桥流水不流。

这几句偈语中涉及色法颇多："钟声""色""身影""桥""水"。这些色法就是境界，也是法身。如讲到"钟声"，打时可以听闻，未打时是否就没有呢？打时是在时空范畴（世间法）以内，未打时是在时空范畴之外。如果"钟声"是一种永恒之物（出世间法），那么打时未必有，未打时未必没有。于是神秀再发"声是何声""十方世界（全世界）亦有钟声不"之问，引人觉悟："声"就是自身的法身、佛音，是"心"在发"声"，心的作用无时不在，无所不在。[①] 这种设问方式，

---

① 听声，与观色一起是禅宗极为重要的直观方法，本书第四章第二节有详论。

极像慧能的对法。再如"身灭影不灭,桥流水不流"偈语,"影"和"水"指空的本体,所以不灭不流,"身"与"桥"指因缘,是相,可灭可流,与常识(世间法)相反。此说与慧能"风幡"公案讲非风动、非幡动,而是心动的观物法一致。

上述神秀的偈语,都与他五方便门的第二门——"不动门"有关。神秀的五方便门,从道信的"安心方便"脱化而来。其特色是主净。五方便门的第一门为"离念门",《大乘无生方便门》:"问:佛子!心湛然不动,是没?言:净。佛子!诸如来有入道大方便,一念净心,顿超佛地。"可见,神秀是继承了道信、弘忍的传统,主看心看净一路的。

> 和(尚)言:"一切相总不得取,所以《金刚经》云:'凡所有相,皆是虚妄。'看心若净,名净心地。莫卷缩身心,舒展身心,放旷远看,平等尽虚空看!"和(尚)问言:"见何物?"(佛)子云:"一物不见。"(《大乘无生方便门》)

这就是"离念门"。放眼"尽虚空看"而"一物不见",就是不取相,就是保持了自己的"净心"。

印顺《中国禅宗史》认为,神秀五方便门中最有特色的是第二方便门"开智慧门",即"不动门"。《大乘无生方便门》:"和尚打木,问言:闻声不?(答)闻,不动。"神秀认为,此"不动"是从定发慧的方便,就是开智慧门。这个智慧是从"闻"这一运用耳根的知觉开发而来的。

> 菩萨开得慧门，闻是慧，于耳根边证得闻慧，知六根本来不动，有声，无声，声落谢。常闻常顺不动修行，以得此方便，正定即得圆寂，是大涅槃。（《大乘无生方便门》）

我们以为，为慧能所强烈批评的看心看净的禅法，在美学上极有意义。针对感性的现象世界，北宗以为眼耳鼻舌身意"六根本来不动"。六根本来是心与物交接的诸官能，现在它们却保持清净不动，于是对诸如声音等现象就会产生不同于凡夫见识的悟解。人有听闻声音的本性，并不在乎声音的有无，由此而得的结论，就是佛性本来清净，与现象的流变无关，与时空无关。这就是佛的智慧，就是觉悟。神秀以为，智慧是体，知见是用：心不动，是定，是智，是理；耳根不动，是色，是事，是慧。知见（色法或常识界）是用来证佛性的，除此别无他用。因此"身灭影不灭，桥流水不流"，色与空是相对而言的，缺了一方即无由证得智慧。这可以说是北宗的辩证法。须十分留意的是，北宗（包括南宗甚至整个禅宗）并非一味枯守清净，觉悟不可能从枯守而来，相对于真如之体，现象界（因缘）总是有"用"的。南宗禅的大将神会以为：一切法如如平等，须弥芥子平等，大海毛孔平等，长短自他平等。其实这也就是"法界一相"的道理。一个平等的世界，就是一个静的世界。把自然界看作本来静寂，动就是静，这是北宗禅看世界的独特角度，与南宗禅看世界偏于动，恰好形成互补。

更有意思的是，《楞伽师资记》归纳出了一个法门——"藉境观心"。在任何境界中都可以观心性之空净。与壁观安心、坐禅看心、念佛净心一样，藉境观心也是禅宗的方便之一。不过，它与诸观心方便不同之处在于，引进了自然作为外"境"——"一切土木瓦石"。

第三章　谛观与顿悟

而且,有了泛神论的倾向。这样,"安心"加上"境"或是"境"中得"安心",清净本体与自然境相终于结合了起来。与南宗禅的"即烦恼而菩提"命题相近,与慧能的"行、住、坐、卧,常行直心"相近,"藉境观心"也成就了北宗禅的感性经验。不过,慧能还仅是说"于相而离相",方法是不即不离,重点是在悟性得意,而"藉境观心"则似乎更看重境相,对境并非不即不离,而简直是倚重了。从达摩禅的"藉教悟宗"(要经教但不拘泥于名相),到慧能南宗禅的"教外别传"(抛开经教名相),再到净觉的"藉境观心"(倚重自然),完全可以看出禅宗在感性经验上向庄子传统的回归。禅宗是主张扫相、破相的,但是坦率地说,禅宗似乎也离不开相,说"法界一相",其实就是对诸相的本质做了一个定位,相还是原来的相,却能启发、引导人觉悟。可以说,禅宗在本质上是求性与相(色与空、体与用)的统一的,并非纯然讲坐禅内证,它的主观唯心最好从纯粹现象的角度去理解。

《大乘起信论》云:

> 一切色法,本来是心,实无外色。若无外色者,则无虚空之相。所谓一切境界,唯心妄起故有。若心离于妄动,则一切境界灭,唯一真心无所不遍。此谓如来广大性智究竟之义,非如虚空相故。(《大乘起信论校释》,第120—121页)

我们且把这句话倒着做一个理解:色虚空,相虚空,境界起于妄心之动;真心显,境界灭,但是色、相和境界在此觉悟过程中,已经作为真如之心的证人,是不可缺席的。也正是在这个意义上,禅宗美学才是可能的。

二、灯与镜：光明崇拜

《后汉书·西域传》记：

> 世传明帝梦见金人，长大，顶有光明，以问群臣。或曰："西方有神，名曰佛，其形长丈六尺而黄金色。"

佛教讲涅槃、寂灭，然而不可思议的是，佛教却又有一种光明崇拜。光明是佛的智慧的象征，它朗照世界和人心，能破除迷妄，显扬真理。与光明对扬的是黑暗，即作为一切烦恼愚痴根源的无明。

佛经有以"光"或"光明"名经的，如《放光般若经》、《成具光明定意经》（二经名见僧肇《不真空论》）、《金光明最胜王经》（见《楞伽师资记》），等等。佛也有以"光"命名的，据《无量寿经》，阿弥陀佛的称号有13个，其中有12个是有关光明的：无量光佛、无边光佛、无碍光佛、无对光佛、焰王光佛、清净光佛、欢喜光佛、智慧光佛、不断光佛、难思光佛、无称光佛和超日月光佛。

光明有"智光"与"色光"之别，前者指心光，即佛的智慧，后者指色光，指佛身所发出的可见的光明，如《法华经》云："佛放眉间白毫相光，照东方万八千世界，靡不周遍，下至阿鼻地狱，上至阿迦尼吒天。"佛的眉间有一宝珠，会发出金光，称为"眉间光明"，照向东方，把万八千土照成金色。又，佛像的涂金，其金色喻指佛具有不坏金身。"光明"一词，本来是借指，为譬喻，为的是使智慧变得可以想象，不过色光又使智慧具象化、实体化了。因此，相较之下，色光更是一种方便。

光明从何而来？来自真如。《大乘起信论》云：

真如自体相者，一切凡夫、声闻、缘觉、菩萨、诸佛，无有增减。非前际生，非后际灭，毕竟常恒。从本已来，性自满足一切功德。所谓自体有大智慧光明义故，遍照法界义故。(《大乘起信论校释》，第101页）

佛教所说的光明，就是真如自体所具有的智慧。它永恒不灭，具有无漏功德，遍照四法界。佛典与相关典籍中经常讲到这些与光明有关的事物和属性，如灯、镜、火、金、月、日、珠、净、明，等等。

灯：

一灯照百千灯，冥者皆明，明明无尽。(《祖堂集》卷二《第三十三祖慧能和尚》)

镜：

大圆镜智相应心品，谓此心品离诸分别，所缘、行相微细难知，不妄不愚一切境相，性相清净，离诸杂染，纯净圆德，现种依持，能现能生身土智影，无间无断，穷未来际。如大圆镜现众色像。(《成唯识论》卷十)

大涅槃镜，明于日月，内外圆净，无边无际……(《楞伽师资记》)

火：

师（百丈怀海）见沩山。因夜深来参次，师云："你与我拨开火。"沩山云："无火。"师云："我适来见有。"自起来拨开。见一星火，夹起来云："这个不是火是什么？"沩山便悟。(《祖堂集》卷十四《百丈和尚》)

金：

谓师子相虚，唯是真金。师子不有，金体不无，故名色空。又复空无自相，约色以明。不碍幻有，名为色空。(《华严金师子章·辨色空第二》)

谓正见师子生时，但是金生；金外更无一物。师子虽有生灭，金体本无增减，故曰无生。(《华严金师子章·说无生第五》)

月：

一月千江，体不分水。(《五灯会元》卷九《仰山慧寂禅师》)
团团离海峤，渐渐出云衢。此夜一轮满，清光何处无。(《全唐诗》卷八五一、《全五代诗》卷三九均作南唐失名僧《月》)

日：

众生身中，有金刚佛性，犹如日轮，体明圆满，广大无边，

只为五阴,重云覆障,众生不见,若逢智风,飘荡五阴,重云灭尽,佛性圆照,焕然明净。(《楞伽师资记》慧可禅师引《十地经》)

珠:

落落明珠耀百千,森罗万象镜中悬。光透三千越大千,四生六类一灵源。

凡圣闻珠谁不羡?瞥起心求浑不见。对面看珠不识珠,寻珠逐物当时变。

千般万般况珠喻,珠离百非超四句。只这珠生是不生,非为无生珠始住。

如意珠,大圆镜,亦有人中唤作性。分身百亿我珠分,无始本净如今净。

日用真珠是佛陀,何劳逐物浪波波。隐现则今无二相,对面看珠识得摩?(《祖堂集》卷十四《石巩和尚》引《弄珠吟》)

净:

佛者,心清净是。法者,心光明是。道者,处处无碍净光是。(《古尊宿语录》卷四《镇州临济(义玄)慧照禅师语录》)

明:

寺南有宜寿里,内有苞信县令段晖宅,地下常闻钟声。时见五色光明，照于堂宇。晖甚异之，遂掘光所，得金像一躯，可高三尺。并有二菩萨，趺坐上铭云："晋太始二年五月十五日侍中中书监荀勖造。"晖遂舍宅为光明寺。(《洛阳伽蓝记》卷一《城内·光明寺》)

禅宗是心化的宗教，禅者所崇拜的光明，主要是心光。所谓的寂灭，不是黑暗，恰恰相反，寂灭是永恒的光明，是心中的智慧。

慧能说："一灯能除千年暗，一智慧能灭万年愚。"(《坛经校释》，第40页)这里的"灯"，就是般若智慧的光明，为心灯。《五灯会元》记载了这样一则公案：德山宣鉴跟着龙潭崇信学禅，一天侍候师傅到很晚。龙潭道：更深了，还不回去。于是宣鉴就告辞而去。不想一会宣鉴又回转了，说外面黑。龙潭就点起烛火，递给宣鉴。宣鉴正要接着，龙潭却一口气把烛火吹灭了。宣鉴于是大悟。[①]

在禅宗看来，人的觉悟是个体自己的事情，而非群体教育的结果。尽管禅众是群居的，是构成僧团的，禅的方法也有一定之规，如念经、趺坐、普请等等，但是每一禅者的觉悟却从来不是经由外在灌输的。禅宗传说中的传法系统，所谓的传灯，其形式是祖师向选中的接班人单独的秘密的心传，叫付法或付嘱。就是一般的师傅接引徒弟，也须借助于一定的机缘，其形式是往往是一对一的心传。

《坛经》中说，顿教法传授在西天已经有从释迦牟尼到菩提达摩的28代，在中土禅宗初祖菩提达摩传二祖慧可，慧可传三祖僧璨，

---

① 《五灯会元》卷七《德山宣鉴禅师》。

第三章 谛观与顿悟

僧璨传四祖道信，道信传五祖弘忍，弘忍传六祖慧能。这一统系固然有若干为形成禅宗史而人为杜撰的成分，但却是被理解为祖师禅心心相传、一脉相承的。晚唐五代禅宗（主要是南宗禅）分支为沩仰、临济、曹洞、云门、法眼的历史，即著名的五祖分灯，禅宗史上被称为分灯禅。禅宗史著作被称为"灯史""灯录"，如著名的《五灯会元》即是由编撰于宋代的《景德传灯录》《天圣广灯录》《建中靖国续灯录》《联灯会要》和《嘉泰普灯录》五部灯史汇编而成。"灯录"记载了禅宗历代的传法机缘，意为禅法传人，就好比灯火相续，辗转不绝。

禅宗自我标榜为"教外别传""不立文字"，如此，那么禅法到底如何相传，就值得思考了。所"传"者，乃是智慧相传也！佛的智慧，涅槃般若之境，是空的觉悟，无法用语言表述的。禅者的彻悟，总是于某一境上孤明独发，就如一盏小小的油灯被突然点亮，驱除了周遭的黑暗。

佛者，心清净是。法者，心光明是。道者，处处无碍净光是。三即一，皆是空名而无实有。[《古尊宿语录》卷四《镇州临济（义玄）慧照禅师语录》]

人人自有光明在，看时不见暗昏昏。[《古尊宿语录》卷十五《云门（文偃）匡真禅师广录上》]

在禅宗看来，每一个人都像是一盏灯，具有光明的因子，本来就可点亮。先觉的禅者之任务，只是借助某些机缘，以自己的灯上燃着的火种把那些还未点亮的灯一一点燃。"心灯"总是一盏一盏的，光明也是孤明。所谓的佛光普照，并非如阳光普照那样只需走出屋子即可享受，毫无神秘之感，佛光是玄秘的，它广大无边，深不可测。在佛教看来，自然界的黑暗并非真正的黑暗，真正的黑暗是个体心中的"无明"。前举烛火公案就说明了这个道理。宣鉴告辞而又回转，因为外面黑。龙潭点起烛火，递上，宣鉴正要接，龙潭却又把烛火吹灭。宣鉴于是悟到：不是外部黑暗而是自己心内无明。

与"灯"相近的"镜"，却是引起禅宗内部大分歧的一个物件。明镜的作用是朗照对象，它圆明无垢，本身是虚空清净的，其中本没有像（相），然而它能映现万有，但所有像（相）也是虚幻的。显然，镜是心之喻。《坛经》中著名的神秀"无相偈"说："身是菩提树，心如明镜台。时时勤拂拭，莫使有尘埃。"

神秀偈把"心"比作"明镜台"，要求不时地拂去其上的灰尘，保持它的明净。以"镜"喻"心"，是佛教的传统喻象。《楞伽经》卷一云："譬如明镜顿现一切无相色像，如来净除一切众生自心现流，亦复如是，顿现无相无所有清净境法界。"

《大乘起信论》云：

> 觉体相者，有四种大义，与虚空等，犹如净镜。云何为四？一者如实空镜。远离一切心境界相，无法可现，非觉照义故。二者因熏习镜。谓如实不空，一切世间境界，悉于中现，不出不入，不失不坏，常住一心，以一切法即真实性故。又一切染法所不能染，智体不动，具足无漏，熏众生故。三者法出离镜。谓不空法，出烦恼碍、智碍。离和合相，淳净明故。四者缘熏习镜。谓依法出离故，遍照众生之心，令修善根，随念示现故。（《大乘起信论校释》，第40—41页）

第三章　谛观与顿悟

这里，说本觉体相有四种重要的义理，与虚空相等，就像明净的镜子。其中，"如实空镜"，是说本觉体相远离一切分别心的境界之相，因此不能显现它们，并非"觉照"之义。"因熏习镜"，是说真如的实相并不是空，它能示现一切世间的境界，就像镜子所照一般，"不出不入，不失不坏，常住一心"，因此一切法都体现了真如的实性。本体是不动的，为一切染法所不能染，因此才能熏习众生，使之向涅槃之境。这就有些像慧能的"直心""于相而离相"。"法出离镜"，是说真如不空之法本来埋藏在烦恼、生死等障碍之中，一旦出离烦恼，就好比是镜子擦去了污垢，还得本来的明净。"缘熏习镜"，是说依止"法出离"的缘故，所以能遍照众生之心，使他们修习善根，随着他们的念想而示现一切平等。四种"镜"，说来说去，无非是说觉悟的本体就像镜子，可以朗照一切而不被染污，并因朗照的作用而使众生看清并反省自身本来就有清净的真如佛性，从而获得觉悟。

道信《入道安心要方便法门》把镜照物与眼看物做比，使人理会六根（眼、耳、鼻、舌、身、意）对外物的关系，就好比镜所照物：

> 《维摩经》云："是身如浮云，须臾变灭。"又常观自身，空净如影……如眼见物时，眼中无有物，如镜照面像，了了极分明，空中现形影，镜中亦无物。当知人面不来入镜中，镜亦不往入人面，如此委曲，知镜之与面，从本已来，不出不入，不去不来，即是如来之义。如此细分判，眼中与镜中，本来常空寂，镜照眼照同，是故将为比，鼻舌诸根等，其义亦复然。……如此观察知，是为观空寂。（《楞伽师资记》）

由上可见，神秀之偈是有所本的。慧能反之作一偈："菩提本无树，明镜亦非台。佛性常清净，何处有尘埃！"（《坛经校释》，第16页）

此偈第三句"佛性常清净"，"惠昕""契嵩""宗宝"诸本《坛经》作"本来无一物"，似乎是更彻底的空观。但无论如何说，真如之体如明镜般清净的意思是不变的，所不同的只是这"镜"需不需要经常去擦拭罢了。我们且来看一看牛头法融如何论"镜"：

> 融大师云："镜像本无心，说镜像无心，从无心中说无心。人说（'说'字疑衍）有心，说人无心，从有心中说无心。有心中说无心，是末观；无心中说无心，是本观。众生计有身心，说镜像破身心。众生著镜像，说毕竟空破镜像。若知镜像毕竟空，即身心毕竟空。假名毕竟空，亦无毕竟空。若身心本无，佛道亦本无，一切法亦本无，本无亦本无。若知本无亦假名，假名佛道。佛道非天生，亦不从地出，直是空心性，照世间如日。"（延寿《宗镜录》卷四十五）

印顺《中国禅宗史》称这一段话是"无心"的好解说。法融的"镜像本无心"，即是慧能的"本来无一物"。神秀把"明镜"视为"台"，以为须要"勤拂拭"，是"著镜像"了。通过"说镜像破身心"，是"有心中说无心"，为"末观"。"本观"则"说毕竟空破镜像"，是"无心中说无心"。镜像是虚幻的，本性空寂，"无心"才以"合道"。

"镜"是空，"镜"中物也是空，但"镜"却能反映物之虚。"镜"本身并非光明，只有觉悟才是光明。

"月"在中国佛教甚至中国哲学当中，是一个颇为重要的直观喻象，它往往与"水"相联系着，喻示着佛法。永嘉玄觉说："一性圆通一切性，一法遍含一切法；一月普现一切水，一切水月一月摄。"（《永嘉证道歌》）

"月"，被禅者视为智慧和光明的喻象，它遥挂在天上。同时，地下的一切"水"面，又都无一例外地映现了天上这个"月"。"月"被"一切水""普现"的同时，"一切水月"又都被"一月"所"摄"。一般与特殊不可分离，一般收摄了特殊，特殊又映现了一般。体与用是相即的。禅的智慧是一体的，它是对空的悟解；又是分殊的，它是每一个体对空独特的悟解。这就是禅宗所理解的佛光普照。

灯是光明，是智慧，但此光明是空的智慧。镜与灯似乎有相同之处。"影"是长存的，永恒的。

三、偶然之悟

上面我们从禅宗的除烦恼、自性自度、定与慧、无相无念无住、对法、藉境观心、镜与灯等方面讨论禅宗悟的美学，综上可知，禅宗的悟不是经过理性安排、按计划、表现为预定过程的觉悟。因为真如具有遍在性，每一个体本来都有，它的发生就是自身的觉醒，决不可经过外来的灌输而获得。因此，觉悟即涅槃的发生就必然具有突发性、偶然性、特殊性和个体性。

悟尤其是顿悟，是必须要亦必然会诞生一个人格的，觉悟的标志就是出来一个新的人格。这个人格不是群体性的，而是个体性的。

那么大乘佛教的"我"是什么呢？

《大般涅槃经》卷七云：

> 我者，即是如来藏义。一切众生悉有佛性，即是我义。如是我义，从本已来，常为无量烦恼所覆，是故众生不能得见。

这里的"我"，指清净佛性，是人人皆有的，是平等无差别的，超越时空的，永恒的，说透了，就是"无我"。但是，这个"无我之我"又是一个本体和人格，尽管有平等无差别的超越性质，却并不表现出群体性。

竺道生的"一阐提人皆得成佛"和"佛性我"的理论，可以类比于孟子的"人皆可以为尧舜"的善的成人理论。孟子的狂的人格是尽人皆知的，他以为人历尽磨难才可以成圣，具有大丈夫的人格，而竺道生所主张的那种对人人本有的佛性的觉悟是刹那间顿然实现的，是对觉悟人格的认可和张扬，有一种更为宽广的人文关怀。

禅宗思想从美学上看，一方面表现为一个从传统佛教七宝楼台式繁复的想象模式及其方法的渐次淡出，另一方面表现为禅的智慧与中国式单纯平和的自然观渐次融合的过程。如所周知，中国式的想象方法是类比，建基于人与自然的同源、亲和关系。中国人的想象绝没有如古代西域印度人的想象那么夸张、离奇，习惯于叠床架屋，它是较为单纯、简捷、平和的。中国人的色相主要就是自然，要叫中国人去做不净观那种禅的观想很不容易。例如，把面前一个千娇百媚的美人想象成一堆死后的恶臭腐肉、骷髅白骨从而厌弃之，这对传统意义上的文人确实太难，那是传奇小说的品格，他们还是习惯于孔子所肯定的好色，把美人作为自然的造化、作为真正意义上的美来欣赏。因

第三章 谛观与顿悟

此，尽管印度佛教的审美趣味极大地影响了中国的造像艺术、绘画艺术、民间文学和俗文学，从而在魏晋以后形成了一个强大的审美传统，如《西游记》中白骨精三变人形（美女、老太、老汉）以骗唐僧，可以说是佛教不净观的逆形式[①]，但是这一传统并没有成功地占领文人趣味的领域。

> 法无顿渐，人有利顿。迷即渐契，悟人顿修，自识本心，自见本性，悟即元无差别，不悟即长劫轮回。（《坛经校释》，第30—31页）

佛教讲方便施化，但是方便主要是为了化导渐契的众生，体与用打为两截，进步是渐进的；而对顿悟者来说，是"即心即佛"或"即烦恼而菩提"，在顿然觉悟中体用统一不二，即便有方便，它的性质也绝然不是仅仅"方便"而已。

这一点，我们可以从禅宗"南顿北渐"的区别中见出。印顺以

---

① 请注意，白骨精故事是中国民间文学对印度佛教及其想象力的成功改造，然而，它只是唐名僧玄奘西天取经路上的一个插曲，不知名的《西游记》民间传说创作者和它的最后作者吴承恩，已经在口耳相传和文字加工的漫长过程中悄悄地抽空了它的佛教的内涵。读者很少会想到白骨精与佛教不净观有关，而仅是把它当作一个极有趣的故事而已。不无讽刺的是，历经千辛万苦，去西域取得如来舍利150粒，译出佛教经典74部，创立了法相宗（即唯识宗），引进了因明学的玄奘，是中国佛教史上赫赫有名的人物，然而他在《西游记》中却是一位只知念经（"不可杀生"）的糊涂僧、对假象毫无洞察力的书生、不识是非好歹的好好先生。历代以来，人们极为喜爱这一故事，却多多少少淡忘了佛教的生命关怀。法相宗是比较接近印度佛教的一个宗派，它的流行时间并不长，《西游记》故事也许曲折地反映了西域佛教传来中国的命运。

为，大乘佛学就是"悟理必顿"的，而且以为凡主"无相"的也是必定主顿悟的。所谓北宗禅主渐，原因是他们要讲种种方便，如摄心、凝心、住心看净，意思都是以方便的进修层次为引导觉悟的。神会评论说："见诸教禅者，不许顿悟，要须方便始悟，此是大下品之见。"（《神会和尚禅话录·南阳和上顿教解脱禅门直了性坛语》）这样，"须方便始悟"，而非"直了见性"的顿悟。这里所说的"方便"，是禅的进修的阶进层次，如念佛、坐禅，如戒、定、慧，在这个意义上，"方便"是渐。而在南宗禅，则表现出强烈的以"机缘"取代"方便"，或重"机缘"而轻"方便"的倾向。怀让跟从慧能学顿法八年，忽然觉悟，遂向慧能说出自己的心得："说似一物即不中。"[《古尊宿语录》卷一《大鉴下一世（南岳怀让大慧禅师）》]

黄檗希运表达了同样的意思：

> 三乘教纲只是应机之药，随宜所说，临时施设，各各不同。但能了知，即不被惑。第一不得于一机一教边守文作解。何以如此？实无有定法如来可说。[《古尊宿语录》卷二《大鉴下四世（黄檗希运断际禅师）》]

以下我们从三则公案来看这一倾向。

第一则，马祖觉悟的"磨砖"公案。此公案前文已引。怀让在地上磨砖，是针对马祖个人习禅走入邪径而应机施设的方便，带有某种随意性和特殊性，它不同于坐禅或念佛的"住心看净"被规定为习佛求觉悟的阶段性过程，已经是具有一般的意义了。马祖原先坐禅之失败，是死守规矩，觉悟却能在刹那间不期而至，原因即是在此。

第三章　谛观与顿悟

第二则,"俱胝断指"也是一则著名公案,讲的是俱胝禅师门下收了一个小和尚,这小和尚见师傅经常不说话而竖起一根指头向学禅者示法,就以为此是不二法门。有人向俱胝说:"小和尚也会佛法,有人来问法,他都如您一般竖指回复。"有一天,俱胝身上藏了一把刀,问小和尚:"听说你会佛法?"小和尚答:"是。"又问:"如何是佛?"小和尚竖起指头,俱胝举刀就把小和尚的手指砍断。小和尚负痛叫唤奔出。俱胝又把他召回,再问:"如何是佛?"小和尚举手,猛地发觉自己举起的只是一根断指,这才豁然大悟。(《五灯会元》卷四《金华俱胝和尚》)

第三则,"闻木樨香"公案。黄庭坚从晦堂(黄龙祖心),一天,晦堂请他为《论语》中孔子的话"吾无隐乎尔"①做解。黄仗着满腹学问,做出种种解释,晦堂都一叠声否决"不是!不是!"于是黄"迷闷不已"。一天他陪着晦堂游山,山岩上桂花盛放,晦堂问道:"闻木犀华香么?"黄答:"闻。"晦堂说:"吾无隐乎尔。"黄于是释然而悟。(《五灯会元》卷十七《太史黄庭坚居士》)黄氏到底悟得什么,我们难以深究。或许晦堂的意思是:佛法并不隐晦,我也并不向你们有所隐瞒,佛法就像桂花香气一般弥满山间,无处不在。

上面所举诸"方便"都是老师为启发学生而应机施设的,还有另一类自然得来的方便,也举三例。

第一则,云嵒(昙晟)有一个著名的观点,他问禅众:什么最苦?众答:地狱最苦。他说:"地狱未是苦,今时作这个相貌中,失

---

① 《论语·述而》:"子曰:'二三子以我为隐乎?吾无隐乎尔。吾无行而不与二三子者,是丘也。'"

却人身最苦，无苦过于此苦。"(《祖堂集》卷五《云喦和尚》)这里，"相貌"与"人身"是对举的，前者指现世生活，后者指人的佛性（本性）。他临死，弟子洞山良价问他："和尚百年后，有人问还邈得师真也无，向他作摩生道？"他回答："但向他道，只这个汉是。"当时，洞山未能真切领悟老师的意思。后来洞山到潭州，过大溪，忽然"临水睹影，大省前事"，还造偈一首：

> 切忌随他觅，迢迢与我疏。我今独自往，处处得逢渠。渠今正是我，我今不是渠。应须与摩会，方得契如如。(《祖堂集》卷五《云喦和尚》)

这是什么意思呢？是说，"我"是自己这个人的真如本质，切忌从别处、他人去寻找；"我"独往独来，于是到处可以见到"渠"（影）；"渠"是人的现象（影），它今天正是"我"（觉悟时的"我"），而我却并非仅仅现象（"渠"）而已；当"我"（本质）与"渠"（现象）相会时，就能得到真如，也即云喦所谓"这个汉"了。

第二则，香严智闲原先从百丈怀海，但参禅不得。后又参沩山。沩山对他说：你在百丈那儿问一答十，问十答百，"聪明灵利，意解识想，生死根本"，要他讲讲"父母未生时"。[①] 香严被问住了，茫然

[①] 《筠州黄檗山断际禅师传心法要》记慧能与追到大庾岭的惠明的对话："六祖便问：'汝来求何事，为求衣，为求法？'明上座云：'不为衣来，但为法来。'六祖云：'汝且暂时敛念，善恶都莫思量。'明乃禀语。六祖云：'不思善，不思恶，正当与么时，还我明上座父母未生时面目来。明于言下忽然默契，便礼拜云：'如人饮水，冷暖自知。……'"

不能答。于是回房找到平时所看经文,去找寻句子来酬对,竟然未能找见,只得叹曰"画饼不可充饥"。他几次想请沩山点破,沩山不允,道:"我若说似汝,汝已后骂我去。我说底是我底,终不干汝事。"香严于是心灰意冷,一把火烧了平时看的经卷文字,告辞沩山而去。一天,香严正除草,抛起一块瓦砾,打到一竿竹子,"啪"地发出一记声响,忽然之间,他对"父母未生时"之问就有了了悟。(《五灯会元》卷九《香严智闲禅师》,《祖堂集》也有记载)

如果这一类"方便"也叫方便的话,那么它们也是仅仅发生了一次,其实是机缘。香严觉悟后,沐浴焚香,遥礼沩山,说:和尚慈恩超过父母,当时如果为我说破,那么就不会有今天的觉悟。还写下一颂:"一击忘所知,更不假修持。动容扬古路,不堕悄然机。处处无踪迹,声色外威仪。诸方达道者,咸言上上机。"(《五灯会元》卷九《香严智闲禅师》)机缘,在南宗禅的顿悟中是极为重要的。

第三则,茶陵郁山主的不游方行脚而得觉悟。

> 茶陵郁山主不曾行脚,因庐山有化士至,论及宗门中事,教令看僧问法灯:"百尺竿头,如何进步?"灯云:"噁。"凡三年。一日乘驴度桥,一踏桥板而堕,忽然大悟。遂有颂云:"我有神珠一颗,久被尘劳关锁。今朝尘尽光生,照破山河万朵。"因兹更不游方。师乃白云端和尚得度师。云有赞曰:"百尺竿头曾进步,溪桥一踏没山河,从兹不出茶川上,吟啸无非啰哩啰。"(《五灯会元》卷六《茶陵郁山主》)

郁山主不曾游方,《五灯会元》把他归到"未详法嗣"一类。庐山来人向他请教僧问法灯"百尺竿头，如何进步"的公案，他三年参不破。骑驴过桥，乃是一极平常的事情，但这一次，他却从桥上堕下去，落进了河里。就凭这么一个机缘，他获得了觉悟，而且从此更不出茶川去游方。

黄檗希运总结南宗禅说法的经验云：

> 独佩最上乘离文字之印。唯传一心，更无别法；心体亦空，万缘俱寂。……说之者，不立义解，不立宗主，不开户牖。直下便是，动念则乖，然后为本佛。（裴休集并序《筠州黄檗山断际禅师传心法要》）

从"不开户牖"，就引出觉悟"从门入者非宝"，"从缘得入，永无退失"（《古尊宿语录》卷二十五《筠州大愚（守）芝和尚语录》引沩山语）。"缘"即机缘，它必然是境上之缘、相上之缘，只需依禅宗扫相、破相之义，把境、相视为空寂，以空证空，如此，各各偶然的"机缘"就有了实相的意义了。因此，南宗所讲的悟，都是顿然之悟，是从偶然的机缘获得的。换言之，每一位禅师的觉悟方便都各各不同，具有不可重复的、一次的性质。禅宗认为，这样获得的觉悟，刻骨铭心，是永远不会退失的。在这个意义上，"方便"是"顿"而非"渐"。

南宗禅"机缘"的这种一次性、不可重复性、个体性、直接性和顿然性，简直就把人生的任何一个角落（空间）、任何一个刹那（时间）都网罗了进去。它一方面极其平常，另一方面又极其特殊。因此，我们觉得南宗禅的"机缘"，其意义是不能简单地从传统佛教方便施化的角度去理解的，那种方便是善巧的权宜之计，其目的是接引众生，它仅是手段。而南宗禅的"方便"尽管也是随机的，却似乎不那么权宜，也并非手段，因为它直接就构成为禅者觉悟这一事件本身，在觉悟的那一刹那，觉体与觉用统一于禅者的独特的生命活动。

第四章 从『气』到『色』
——自然观的变迁

我们通过研讨古人对自然的感受、论说和想象，来了解古人（心、主）与自然（物、客）之间的关系，进而把握古人的感性经验。

如所周知，中国人的审美经验在起源和发展上都与中国人的自然观有着极为密切的关系，基于这样的事实，对于中国古代哲学美学的研究重心必须要落在对自然观的辨析和梳理之上。这里所说的自然观，应该理解为"观自然"，所说的自然，并非无关于认知主体（人）的单纯作为认知客体的自然，它是在人的感官和智慧谛视之下的自然。

随着佛教入主，中国人的感性经验悄悄地发生着重大的转变，尽管禅宗是一种主观的心灵哲学，但是它在自然观方面依然表现出不同于以往的、显著而强烈的变化。大写的自然之"气"一变而为"空"的"色"，其间的变迁不可谓不巨。庄子传统主张人与自然亲和同一的自然主义，其性质是泛神论的；原始儒家提倡人与自然比德的自然观，其基调是道德本质主义的；玄学又向庄子的传统回复，但玄学到它的后期，则发生重要的变化，渐次导向"独化"的自然主义，而且，玄学的自然观都不是泛神论的，借助于"无"和"玄冥"的观念开

第四章 从"气"到"色"

始转向空灵是它的重要特点。禅宗处于中国的传统，面对着同一个自然，它却依据空观仅仅把万物万象视作纯粹现象——作为色（法）的自然，与空一体。佛教所说的境界，都是心境。走向境界以后，自然观念就被禅宗彻底地心灵化了，自然仅仅是直观而已。因此，如果大体而论，说庄子是自然人，儒者是道德人，玄学家们是准自然人，那么可以断言，禅者决不是自然人。不仅如此，以后的中国人中也不再有纯然庄子式的自然人了，看空成为中国思维的一种新的质素，它是一种精神品格，也是一种思维方法，这方面，王维、苏东坡都是绝好的个案。不过，禅宗常常说的"色即是空"和"非色灭空"，意味着这个"空"并非存在于"色"以外的可以抽象出来的本质。禅宗并不脱离色空关系来证悟空，它一方面张扬空观，另一方面又免不了以色证空、藉境观心，只不过把色看作现象罢了。因此，禅宗的色法（自然观）从美学上看依然是极其重要而值得认真研究的。

一、前禅宗自然观述略

老子和庄子的自然观

老子这样看自然："天下万物生于有，有生于无。"（《老子》四十章）把"无"视为世界的第一原理，这一观点后来为王弼所引申，发展为"以无为本"的本体论。老子还说："道生一，一生二，二生三，三生万物。万物负阴而抱阳，冲气以为和。"（《老子》四十二章）"道"是一种无法明言的"绝对精神"，物质世界以及一切现象都从它派生出来，这是客观唯心主义。另外，老子又指出："道之尊，德之贵，夫莫之命而常自然。"(《老子》五十一章)"道"的法则是自然而然，"无为而无不为"。它固然派生出万物，但却是"生而不有，为而不恃，长而不宰"(《老子》十章)，而人"以辅万物之自然而不敢为"(《老子》六十四章)。老子的见解大体可以视作"无"的自然观。

关于庄子的自然观，简略地讲三点。第一，庄子的自然是物质性的气、风，从规律上看，它是和谐的音乐，即"天籁"；第二，庄子的自然观主张人与自然的平等与亲和，即"齐物"，有较强的泛神论倾向；第三，庄子的自然观主张人投向自然的怀抱，由"齐物"即消溶于自然而获得自由，也就是"逍遥"。

在庄子看来，自然是气，是一个无限广大而变动不居的实体，它的背后没有一个本体。[①]《齐物论》说：

> 夫大块噫气，其名为风。是唯无作，作则万窍怒呺。……泠风则小和，飘风则大和，厉风济则众窍为虚。……夫吹万不同，而使其自已也，咸其自取，怒者其谁邪？

大地("大块")作呼吸("噫气")，就形成为风。风所到之处，所有的窍穴都发出各各不同的声响，这是"地籁"，是天上之风与地上之穴互相作用(依赖)的结果，而"天籁"虽然有各种不同的大小强度，却完全是风自己的运动("使其自已也，咸其自取")，没有一个外在的推动者("怒者其谁")。

[①] 原始道家没有本体论的哲学思想，老子也是如此。

因此，所有的存在都是平等的，都是"物"。就规律而论，也是只有一个，即"道"。

> 万物一齐，孰短孰长？道无终始，物有死生。（《庄子·秋水》）

"道"是平等、普遍的自然规律，它"周、遍、咸"，广延而绵延，没有开始，也没有结束，具有无所不在的性质。庄子以为："通天下一气耳"，"物物者与物无际"（《知北游》），"道"是"物"的存在形式，与"物"并不是两个东西，也不扮演造物主的角色。如果把天地万物比作一张大网，那么可以问：是谁在张网、维纲呢？回答是：没有这样一种外在的力量。天地日月的运转都是自然而然的事情，不能叫它停止，也不能叫它运转。

> 夫物，量无穷，时无止，分无常，终始无故。（《庄子·秋水》）

庄子的自然，被他形象地比拟为"天籁"，是"气"的自然流行。就像演奏着伟大的无穷无尽的交响乐（"天乐""至乐"），自然界的每一物都在其中担当着演奏员的角色，然而却没有也不需要指挥。因而，我们可以说，庄子的哲学中自然原则是第一位的，而且，这一原则中蕴涵着浓重的泛神论。

庄子讲"齐物"，不光以为物与物齐一平等，更以为人与物也须齐一平等。先秦的哲学家当中，庄子是最为仔细、亲切地观察着自然之运动的，《秋水》云：

> 秋水时至，百川灌河，泾流之大，两涘渚崖之间，不辩牛马。于是焉河伯欣然自喜，以天下之美为尽在己。顺流而东行，至于北海，东面而视，不见水端。于是焉河伯始旋其面目，望洋向若而叹曰："野语有之曰：'闻道百以为莫己若者。'我之谓也。"

"望洋兴叹"，这一河伯式的嗟叹，其实是庄子自己觉得这个世界实在难以把握，油然而生的嗟叹，非常典型。这不单是因为自然界的大小之辩是无法穷尽的，更是因为自然界从本性上看原本就是变动不居的："物之生也，若骤若驰，无动而不变，无时而不移。"(《庄子·秋水》)

而人生天地之间，就像白驹之过隙，忽然一闪而已。再问：人是什么？"人之生，气之聚也；聚则为生，散则为死。"(《庄子·知北游》)人也是气，所谓生命就是气的聚散。气聚集起来，就生出神奇，气破散开去，就化为腐朽。生命的神奇和腐朽就如此互相转化。[1] 何况，人生苦短，而知也无涯，因此，若要避免无穷尽地嗟叹下去，只有采用"齐物"的视点来看世界和看自己。

---

[1] 请看庄子对死亡的评论和态度："庄子妻死，惠子吊之，庄子则方箕踞鼓盆而歌。惠子曰：'与人居，长子老身，死不哭亦足矣，又鼓盆而歌，不亦甚乎！'庄子曰：'不然。是其始死也，我独何能无概然！察其始而本无生；非徒无生也，而本无形；非徒无形也，而本无气。杂乎芒芴之间，变而有气，气变而有形，形变而有生，今又变而之死，是相与为春秋冬夏四时行也。人且偃然寝于巨室，而我噭噭然随而哭之，自以为不通乎命，故止也。'"(《庄子·至乐》)

第四章 从"气"到"色"

> 昔者庄周梦为胡蝶，栩栩然胡蝶也。自喻适志与！不知周也。俄然觉，则蘧蘧然周也。不知周之梦为胡蝶与？胡蝶之梦为周与？周与胡蝶，则必有分矣。此之谓物化。(《庄子·齐物论》)

蝴蝶与庄周，明为两物，一者为物，一者为人。然而在梦境中，人与物是没有区别的，两者可以互相梦作对方，这叫"物化"。人可以像蝴蝶那样轻快地飞舞，充溢着自由感，快乐("适志")。在梦境当中，庄子化而为蝶，并不知道自己是庄子；而在觉境当中，庄子对自己的存在才有了真切的感受。那么到底梦境为真，抑或觉境为真呢？庄子显然钟情于前者。

从《秋水》篇中"庄子与惠子游于濠梁之上"寓言关于人是否知道鱼之快乐的辩论，可以进一步观察到庄子的态度。庄子观看水中之鱼从容而游，赞道：这是鱼的快乐。惠子设疑：你并非鱼，何以知晓鱼的快乐？庄子回答：你并非我，又何以知晓我不知道鱼的快乐？惠子进而运用逻辑进行推论：我并非你，本来不知道你想的是什么；同理，你并非鱼，本来不知道鱼的快乐。道理就是这样。庄子又答：好，我就依逻辑来推断。你说过"你怎么知道鱼的快乐"，可见你已经知道我知道鱼的快乐，这是明知故问。要问我怎么知道鱼的快乐，很简单，我就是在濠梁之上知道的。两人辩论所涉及的逻辑问题，我们并不关心。庄子与惠子辩来论去，尽管运用了逻辑推理，然而只有庄子最后一句话才是真正的回答："我知之濠上也。"这是什么意思呢？它无非是说，只有在濠梁之上，才能知道鱼的快乐。[①]"濠上"，就如"梦"，是庄子体认、同情游鱼和蝴蝶的自由的独特情境，这是一个感性的情境，庄子把它看作自己真实的生存或存在。在此情境中，庄子"齐物"了。

庄子书中描写了许多残疾人，它们对于社会而言是"畸人"，并不合群，然而"畸于人而侔于天"（《庄子·大宗师》）。"侔于天"即顺乎自然。大自然的造化固有着和谐，人应该"与物为春"，而人之"德"是"成和之修"，"德有所长，形有所忘"（《庄子·德充符》），是自然而必然的。在庄子看来，这些"齐物"的"畸人"才是真正的逍遥者。

庄子的逍遥是自然之中的自由。他以为，只需站在自然的立场上，对万物一视同仁，物我间的界限就可以消泯，主体就能体验到客体当下所处的那种自然状态，臻于"以天合天"（《庄子·达生》）的最高境界。

[①] 观鱼，是一种审美活动，在中国是有传统的，它也许就是源自庄子，而且观鱼或钓鱼是与从政为官相对而言的，就在《秋水》篇"濠梁之上观鱼"寓言前面，还有两段如下，可以与此段相对而读："庄子钓于濮水。楚王使大夫二人往先焉，曰：'愿以境内累矣！'庄子持竿不顾，曰：'吾闻楚有神龟，死已三千岁矣，王巾笥而藏之庙堂之上。此龟者，宁其死为留骨而贵乎？宁其生而曳尾于涂中乎？'二大夫曰：'宁生而曳尾涂中。'庄子曰：'往矣！吾将曳尾于涂中。'""惠子相梁，庄子往见之。或谓惠子曰：'庄子来，欲代子相。'于是惠子恐，搜于国中三日三夜。庄子往见之，曰：'南方有鸟，其名为鹓䲦，子知之乎？夫鹓䲦，发于南海而飞于北海，非梧桐不止，非练实不食，非醴泉不饮。于是鸱得腐鼠，鹓䲦过之，仰而视之曰：吓！今子欲以子之梁国而吓我邪？'"

第四章 从"气"到"色"

> 天地有大美而不言，四时有明法而不议，万物有成理而不说。圣人者，原天地之美而达万物之理，是故至人无为。(《庄子·知北游》)

一方面，主体似乎丧失了，他混同于万物，企求与万物一样的自然而然；另一方面，主体仍然保持着个性，与通常的视角相逆，他不是以道德伦理的或经验科学的态度来调解与客体的紧张关系或克服客体以缓解这种紧张关系，而是以一种超功利的关注来保持主体与客体的自然齐一关系和主体的不分化性。所以庄子的审美追求对象主要是自然，他力求把人也提高到（准确地讲是回复到）自然的水准。或者说，庄子的审美经验是关于人类如何才能达到自然而自由的感性经验。

原始儒家的自然

原始儒家的自然观，从美学角度看，其基本特点就是人与自然的比德。

> 子曰："知者乐水，仁者乐山。知者动，仁者静。知者乐，仁者寿。"(《论语·雍也》)

这就是孔子著名的君子比德说。比德是孔子鉴赏自然山水时发生类比联想的结果，知者好动、乐观，而水性活泼，所以乐水；仁者好静、长寿，而山体静厚，所以乐山。它提出了人格与自然的类比关系，蕴涵着儒家关于人的情感能从自然得到些什么的见解。它规定了人与自然的某种不那么紧密的逻辑联系,即人的情感与自然现象及其规律之间有一种相类似的关系,可以进行类比。中国早期思想认为,人性的某些部分例如善或恶,甚至人性的全部,是自然所赋予的,因而此种类比有其历史渊源。不过,作为主体的知者与仁者并不与作为客体的山水化而为一。比德的双方虽然处于和谐的状态,但毕竟还是对比着的,而且联想的重心是落在主体的德性之上的。因此,并非任何自然现象都可以与人的德性做类比,被选中的自然现象,是与比德(联想德性)的可能性密切相关的。如:

子在川上曰:"逝者如斯夫,不舍昼夜。"(《论语·子罕》)
子曰:"岁寒,然后知松柏之后凋也。"(同上)
君子之德风,小人之德草。草上之风,必偃。(《论语·颜渊》)

第一句感慨时间如河水无情流逝,颇富哲理意味;第二句赞叹松柏对抗严寒的品格,钦佩之情溢于言表;第三句把君子与小人对比为风与草的关系,以自然的形象来对人的德性做出价值评判。

儒家与道家一样,都有观水的传统。孔子以后,孟子和荀子都如此。

徐子曰:"仲尼亟称于水,曰'水哉,水哉!'何取于水也?"
孟子曰:"源泉混混,不舍昼夜,盈科(坎)而后进,放乎四海。有本者如是,是之取尔。苟为无本,七八月之间雨集,沟浍皆盈;其涸也,可立而待也。……"(《孟子·离娄下》)

这是把人的德性与水做了一个类比，比较的点是"源""本"的充盈。水有一个源头，是它向前涌流的"本"；同样，人的德性也是如此，须有内在的充盈的源头。在孟子看来，人之善端的扩充就如泉水涌流的行程，非常有内在的充实感（"混混"）和坚定的节奏感（"盈科而后进"），最终汇入大海，则有解放式的扩张弥满感（"放乎四海"）。而且，德性是要"养"的。所谓的"养气"，就是将人的意志力贯穿于一个具体的人格气质培养过程之中。他说："我善养吾浩然之气。"（《孟子·公孙丑上》）浩然之气是生理作用与心理作用兼而有之的一种精神力量和情感态度，它极端刚强、洪大。"其为气也，配义与道"（同上），如果以正义和直道来支持它、充实它，而且留心不去刻意地拔苗助长，那么它就如源泉滚滚般涌流不息，愈来愈充沛，以至若江河决堤无可阻挡，最终"上下与天地同流"，达到天人一体的境地。这时的主体，则是"万物皆备于我矣。反身而诚，乐莫大焉"的"君子"和"大丈夫"（《孟子·尽心上》）。这种人，既因为本源在内，又因为养气得法，就能够拥有"左右逢源"的"自得"（《孟子·离娄下》）。自得即人真正的心安理得，即人的道德自由及其不可分离的快乐。这种快乐，是人体内充的浩然之气之释放，它在孟子那里，时时与溪流、江河、大海、汪洋之水比拟着，最终又横塞于天地之间，给人以一种解放式的奔涌感和扩张弥满感。这是与自然不可分离的人的自由。

如果说孟子著名的善端还是源出于人的血缘之自然，那么他的浩然之气就是准审美之自然。这一方面，我们可以把孔孟稍作比较。君子比德，是孔子所创的传统。孔子将人格与自然现象做了类比，但基本还是静态的比照，人是人，物是物，各是一元，而且，他更多地将人格与水做比德，偏于柔性。而孟子则将人的情感世界与自然由气和水两概念做了深度的沟通。相对于自然，人格有了成长的环境和条件；相对于人格，自然则被升华了，两者是内在地沟通了的。人伦源于自然，超越而高于自然，又不可脱离自然。自然观念导入了人的精神现象之域，人的德性被赋予感性的品格，似乎成为某种活的东西，变得可以观照了，于是伦理学相应地也进入了美学之域。自然与人格静态地比照着，是静态的审美，自然与人格动态地交流着，是生动的审美。在后者，气是弥满着的张力，是自由与自然融汇之所在，是一个场。

荀子把"观水"的"比德"意义讲得更为具体和多方面：

> 孔子观于东流之水。子贡问于孔子曰："君子之所以见大水必观焉者，是何？"孔子曰："夫水，大遍与诸生（遍生万物）而无为也，似德。其流也埤下，裾拘（或方或曲）必循其理，似义。其洸洸乎不淈尽（浩浩不绝），似道。若有决行之，其应佚（迅疾）若声响，其赴百仞之谷不惧，似勇。主量（作为衡量地平的标准）必平，似法。盈不求概（满了不须刮平），似正。淖约微达（柔弱而无所不到），似察。以出以入，以就鲜洁（万物出入于水，必鲜洁），似善化。其万折也必东，似志。是故君子见大水必观焉。"（《荀子·宥坐》）

荀子指出，人的"德""义""道""勇""法""正""察""善化"和"志"等德性品格可以从水的各种形状得到观察，因此"君子见大水必观焉"。"水"被拟人化了，而"人"又被拟物化了，不过，"比德"

的重心始终落在人这一方面,这是不变的。

原始儒家的孔、孟、荀和原始道家的庄子都对自然表现了极大的兴趣,前者论观水和气,后者论水与气,两相比较,可以发现道家自然观与儒家自然观的相异。儒家的自然是人类的一面镜子,儒者观自然万物,总是戴着道德本质主义的眼镜,而且偏于静态的比拟,只有孟子既有动态的观察又有泛神论倾向。而且,关于人的德性起源于自然的原始观念在原始儒家那里显然是渐次地淡化了。而庄子的"齐物"的自然观把自然视为人类的家园,人与自然有血缘关系,人天然地与自然亲和。道德关怀在庄子的自然观中没有地位,同情自然是他的基本态度。

另外,我们也可以从庄子与先秦儒家不同的自然观中,看出他们在意象构成和想象力方面的不同。庄子对自然的想象汪洋恣肆,上天入水,横绝时空,有时如梦如幻,就像是演奏一曲宏大的交响乐。先秦儒家对自然的想象则范围于某些现象如水、气、风等等,基本是比拟和象征,多少显得拘谨和单薄,也缺乏力度,只有孟子似乎是例外。

先秦儒家的"比德"说,使我们联想到康德关于自然美的一个观点。

> 我却主张:对于自然的美具有一个直接的兴趣(不单具有评定它的鉴赏力)时时是一个良善灵魂的标志,并且,假使这兴趣是习惯性的,它至少表示一种有利于道德情绪的心意情调,如

果这兴趣乐于和自然的静观相结合着。①

对自然的静观兴趣,康德认为它与道德具有亲戚关系。就是说,这一类人在对自然产生兴趣以前,已经对道德具有更为稳固的兴趣了。道德兴趣在前,自然兴趣在后,两者形成亲戚关系。这正是原始儒家人与自然比德说的情形。

玄学的自然

玄学的自然观,主要谈王弼、嵇康和向秀、郭象对自然的看法。向、郭在《庄子注》中所表述的独化的自然观极为重要而有特色,已经在第一章做过论述,以下只做一提纲式的梳理。

王弼的自然观,受到老子学说的影响。他解释《老子》第四十章说:"天下之物,皆以有为生。有之所始,以无为本。将欲全有,必反于无也。"(《老子注》四十章)"无"就是"一",从无到有,不可尽数,但都以无为本,因此没有必要无穷无尽地推论下去。王弼的"以无为本"不同于老子的"有生于无",他推出了一个"无"的本体。哲学本体论是玄学对时代的新贡献。

王弼又依体用不二的原理把"道"看作一个内在于万物的原因:"道不违自然,乃得其性。法自然者,在方而法方,在圆而法圆,于自然无所违也。"(《老子注》二十五章)"道"是什么呢?就是"无"。我们从王弼对传统的物质概念"气"的重新解释来看一看这个"无"。老子说:"万物负阴而抱阳,冲气以为和。"(《老子》四十二章)意思

---

① [德]康德:《判断力批判》(上卷),宗白华译,商务印书馆1964年版,第143页。

是，物质性的"气"有阴阳两性，它的和谐是空虚的。"冲"即空虚。而王弼则不提"气"的阴阳，只是说"万物之生，吾知其主，虽有万形，冲气一焉"（《老子注》四十二章）。这个"冲气一焉"，强调"气"是空虚的，是"一"，也即"道"是"无"。"无"的本体，使自然之"气"虚化了，或者说是形而上学化了。王弼又说："天地虽大，富有万物，雷动风行，运化万变，寂然至无，是其本矣。"（《周易注·复卦》）"雷"和"风"，是"气"，是自然的存在形式，它们尽管万般运动变化，总是要归于"寂然"之"无"。王弼的意思是，世界万物何其多，但是它们的本质却是"无"，因此人们应该损之又损，由万归"一"，以至于"无"，这才算把握了终极之"道"。"道以无形无名始成万物"（《老子注》一章），"气"被理解为"冲虚"之气，"冲虚"（无）是比"气"更为本根的"体"，由此，物质性的"气"概念不再为王弼所重视，相应地，实体性的自然概念也不再受到重视。伴随着"无"的本体论的产生，自然被虚化了，这一运思方向，与后来佛教把自然看空倒是有着某种无意的一致。

嵇康的自然观，却似乎是又向传统的气论回复了。他通过他的音乐理论表述自己对自然的看法：

夫天地合德，万物贵生；寒暑代往，五行以成，故章为五色，发为五音。音声之作，其犹臭味在于天地之间。其善与不善，虽遭遇浊乱，其体自若，而不变也，岂以爱憎易操，哀乐改度哉？（《声无哀乐论》）

天地、万物、寒暑（春、夏、长夏、秋、冬）、五行（木、火、土、金、水)、五色(青、赤、黄、白、黑)、五音(角、徵、宫、商、羽)都是元气自然运行的产物。嵇康的这个观点,有两个理论来源。其一,秦汉以来各门自然科学所支持的气一元论。天文、历法、农学这些与农业生产有密切联系的科学,经过秦汉时期,有了长足的发展,医学和律学也是如此。它们均以气一元论为其理论基础。元气、阴阳、五行这一套体系就是从这些科学门类中概括出来的自然体系,甚至可以用数量关系来表示。

> 律吕分四时之气耳,时至而气动,律应而灰移,皆自然相待,不假人以为用也。上生下生,所以均五声之和,叙刚柔之分也。(《声无哀乐论》)

这是说,十二律吕间相互关系与一年中春夏秋冬四季的十二个月的自然运转相协调,时间到了,节气就变动,律管中的气也相应地活动起来,把放置在律管口内的灰吹散。可见,自然节气是可以科学地测量出来的。嵇康以为,乐律与自然律是一致的。

嵇康自然观的第二个理论来源是庄子的"天籁"说。庄子以为人的生命就是气的聚散,嵇康则说:"元气陶铄,众生禀焉。"(《明胆论》)"浩浩太素,阳曜阴凝,二仪陶化,人伦肇兴。"(《太师箴》)在庄子看来,音乐的演奏就是自然的运行,《庄子·天运》借黄帝在广漠之野演奏《咸池》之乐的寓言来形容天地的运行规律:四时、万物、阴阳、日月、星辰,它们运转、变化着,一盛一衰,一文一武,一清一浊,一死一生,一偾一起,能短能长,能柔能刚;运行有规律,但又不能穷尽其变化。嵇康接过庄子的思想,赞成自然的运行是一曲和

第四章 从"气"到"色"

谐的"天籁"的观念，赞同通过谛听音乐来了解自然规律（和谐）的审美方法。嵇康进而提出"自然之和"的观念："音声有自然之和，而无系于人情，克谐之音，成于金石，至和之声，得于管弦也。"（《声无哀乐论》）音乐的和谐其实更根本的是自然的和谐，它是一个哲学的本体。他把气论本体论化了。阮籍也主张"八音有本体，五声有自然"（《乐论》）。基于此，嵇康对社会和人格都有和谐的要求。①

向秀和郭象的《庄子注》，讲述了一种独特的自然观，既不同于庄子，也不同于王弼、嵇康。这个不同，主要表现在向、郭们没有本体论或泛神论的观点，而代之以具有现象学色彩的"独化"观。

《庄子注》以为自然界是许多个别的物"块然而自生"，除了自身，没有什么别的力量使它产生，这叫作"自为"或"独化"，但是又不否认世界上存在着普遍的联系，只不过以为这种联系是"彼此相因"，事物都是"对生""互有"的，质言之，事物互相为"缘"而非为"故"，缘是无形的联系，是"玄合"。玄合是看不到的，因而它是"无"，却不是像在王弼那儿是作为本体之"无"的。《庄子注》认为自然是"有"，这个"有"也可以称之为"气"："一气而万形，有变化而无死生也。"（《庄子·至乐》注）

王弼的"贵无"说提出，"无"或"道"是一个形式因，先于天地万物。《庄子注》否定了这一观点：

> 谁得先物者乎哉？吾以阴阳为先物，而阴阳者即所谓物耳。谁又先阴阳者乎？吾以自然为先之，而自然即物之自尔耳。吾

---

① 关于嵇康的思想，可参看拙著《嵇康美学》。

> 以至道为先之矣，而至道者乃至无也。既以无矣，又奚为先？然则先物者谁乎哉？而犹有物无已，明物之自然，非有使然也。（《庄子·知北游》注）

设以"阴阳""自然""至道"为存在于万物之先的东西，但推敲下来——都无法成立，于是结论是：不存在"先物者"，所有的只是"物"，即"物之自然"，事物是自己存在和运动的。这就是"独化"说的"无待""自为"的自然哲学。

"独化"说推论下去，就逻辑地引出"彼此相因"的自然关系。独化之物虽然独立自存，但却并非不与其他独化之物"对生"而"互有"。

> 天下莫不相与为彼我，而彼我皆欲自为，斯东西之相反也。然彼我相与为唇齿，唇齿者未尝相为，而唇亡则齿寒。故彼之自为，济我之功弘矣，斯相反而不可以相无者也。（《庄子·秋水》注）

《庄子注》列出种种对立统一的关系，如"唇齿相依""东西相反而不可相无""天地阴阳对生"等等，所有独立存在的事物都相因而不可相无，于是整个自然界无形中就构成一个互相联系之网。

《庄子注》中体现的自然观，可概括为"独化而相因"或"独化于玄冥之境"，具有现象学的色彩。它把庄子眼中大气磅礴的自然转化为个别的、片断的自然现象，这些个别只据有一段极短暂的时空。时空（广延和绵延）虽然还是一个整体，但却被无数个别的事物分割了，

第四章 从"气"到"色" 171

或者说，时空与存在开始间离了。这一变化在哲学上意味深长，它悄悄地侵蚀了人与自然亲和的哲学传统，而且其影响越来越大。

《世说新语》和诗论家的自然观

《世说新语》中的人们对自然的看法，值得研究。《世说新语》中人物品藻极为著名，品藻的方法经常是与美的自然做类比。略举如下：

> 王公目太尉，岩岩清峙，壁立千仞。(《赏誉》)
> 时人目王右军，飘如游云，矫若惊龙。(《容止》)
> 有人叹王恭形茂者，云："濯濯如春月柳。"（同上）
> 嵇康身长七尺八寸，风姿特秀。见者叹曰："萧萧肃肃，爽朗清举。"或云："肃肃如松下风，高而徐引。"山公曰："嵇叔夜之为人也，岩岩若孤松之独立；其醉也，傀俄若玉山之将崩。"（同上）

魏晋人做这种人物品藻，目的是把人与人所生存的社会区别开来，以凸显其超绝的品格。魏晋人看自然，取的是唯美主义的视角，他们眼中的自然只是美的。对被看好的人物，通过将之与自然类比，使他们的品格自然化，获得形象和美。这些人物经过品藻，被标举为"风尘外物"（《赏誉》）。"风尘"指世俗，"风尘外物"即是超越世俗的人物。可见，品藻旨在脱俗。当时的文人，对自然的鉴赏能力是必备的精神质素。《赏誉》篇中孙兴公（孙绰）就是据此表示对卫君长（卫永）的怀疑，发"此子神情都不关山水，而能作文"之问，把鉴赏自然的能力与写文章相扣合，是比较典型的。

以上所述，显然与儒家关于人格的比德传统有某种联系，但是，魏晋时的人物品藻重心不在人的道德品格而在人的审美品格,魏晋人更心仪人格的超越性,其倾向是唯美的。

与人物品藻相联系,可以进一步来了解一下魏晋人看自然的眼光。

> 桓公北征,经金城,见前为琅邪时种柳皆已十围,慨然曰:"木犹如此,人何以堪?"攀枝执条,泫然流泪。(《言语》)
>
> 简文入华林园,顾谓左右曰:"会心处不必在远。翳然林水,便自有濠濮间想也,觉鸟兽禽鱼,自来亲人。"(同上)
>
> 王司州至吴兴印渚中看。叹曰:"非唯使人情开涤,亦觉日月清朗。"(同上)
>
> 顾长康从会稽还。人问山川之美,顾云:"千岩竞秀,万壑争流,草木蒙笼其上,若云兴霞蔚。"(同上)
>
> 王子敬云:"从山阴道上行,山川自相映发,使人应接不暇,若秋冬之际,尤难为怀。"(同上)
>
> 公雅好所托,常在尘垢之外,虽柔心应世,蠖屈其迹,而方寸湛然,固以玄对山水。(《容止》引孙绰《庾亮碑文》)
>
> 王子猷尝暂寄人空宅住,便令种竹。或问:"暂住何烦尔?"王啸咏良久,直指竹曰:"何可一日无此君?"(《任诞》)

这里显然还有庄子的传统,上引第一句"翳然林水,便自有濠濮间想"云云,简直就是庄子观鱼的逍遥游。细读《世说新语》,似乎魏晋人看自然更重细部,但不喜繁复,突出其秀美,而不像庄子把自然看作磅礴的气和风,不可范围,具有崇高感。人与自然依然是亲和的，不过这种亲和还带有某种比德的性质，这是品藻的传统。这里，孙绰对庾亮的评价值得注意，庾亮所寄托之处，在世俗之外，虽然处世是小心谨慎，然而却有一颗"湛然"透亮之心，其所以然，是因为他能"以玄对山水"。这个"玄"，就是面对自然的审美心境和审美关注。人对自然的审美关系，可培养人的感性的心理品格。

汉魏晋南北朝以来，人们普遍以为自然的变迁足以感召人，这种观点表现在诗论上，就形成了著名的物感说。它以为自然现象对文人创作有触兴、起情的作用。西晋文学家陆机是诗文论上物感说的早期倡导者，他著名的《文赋》中云："遵四时以叹逝，瞻万物而思纷，悲落叶于劲秋，喜柔条于芳春。""叹""思""悲""喜"，种种情绪被春、夏、秋、冬四时及自然景观勾起。

我们读汉代的古诗，已经可以比较多地体会到诗思被自然所勾起，以及与此相联系着的对个体生存境状的忧思。

> 回车驾言迈，悠悠涉长道。四顾何茫茫，东风摇百草。所遇无故物，焉得不速老？盛衰各有时，立身苦不早。人生非金石，岂能长寿考？奄忽随物化，荣名以为宝。（《古诗十九首》之《回车驾言迈》）

诗中游子孤身一人，驾车行于悠悠长路，触目四顾，竟没有一物是似曾相识的，于是只能悲叹自然之盛衰并非随着人的意志而转移。"所遇无故物，焉得不速老"，触目惊心，但是，"立身"及"荣名"对个体的人是绝顶重要的，只有它们才不会随自然而变迁消失。汉诗尤其在后期普遍有着浓重的悲观情绪。

魏晋时期诗人笔下的自然，往往表现出很强的个体性和渊深的人生感慨。如建安七子之一刘桢的《赠从弟》：

亭亭山上松，瑟瑟谷中风。风声一何盛，松枝一何劲！冰霜正惨凄，终岁常端正。岂不罹凝寒，松柏有本性。

如阮籍《咏怀》：

夜中不能寐，起坐弹鸣琴。薄帷鉴明月，清风吹我襟。孤鸿号外野，翔鸟鸣北林。徘徊将何见？忧思独伤心。

如陆机《赴洛道中作》：

远游越山川，山川修且广。振策陟崇丘，案辔遵平莽。夕息抱影寐，朝徂衔思往。顿辔倚高岩，侧听悲风响。清露坠素辉，明月一何朗。抚枕不能寐，振衣独长想。

如陶渊明《归园田居》：

种豆南山下，草盛豆苗稀。晨兴理荒秽，带月荷锄归。道狭草木长，夕露沾我衣。衣沾不足惜，但使愿无违。

就是那位提出"以玄对山水"的东晋的孙绰，还提出了"物感"和"触兴"的观念：

情因所习而迁移，物触所遇而兴感。……闲步于林野，则辽落之志兴。……为复于暧昧之中，思萦拂之道，屡借山水以化其郁结，永一日之足，当百年之溢。(《三月三日兰亭诗序》)

很清楚，这里所谓的"物感"和"触兴"，是人的"所遇"（心中因自身境遇而积之情感，即下文所言之"郁结"）由与物相触而兴发为情感，所以人就可以"借山水以化其郁结"。"物感"和"触兴"，两者意思是一样的。

"物感"现象被诗学家们所普遍关注，上引西晋的陆机是较早的一位，齐梁间刘勰的名著《文心雕龙》为此专设《物色》一篇：

春秋代序，阴阳惨舒，物色之动，心亦摇焉。……是以献岁发春，悦豫之情畅；滔滔孟夏，郁陶之心凝；天高气清，阴沈之志远；霰雪无垠，矜肃之虑深；岁有其物，物有其容；情以物迁，辞以情发。……

是以诗人感物，联类不穷。流连万象之际，沈吟视听之区；写气图貌，既随物以宛转；属采附声，亦与心而徘徊。……

钟嵘《诗品序》也云：

气之动物，物之感人，故摇荡性情，形诸舞咏。

个人与自然之间，"气之动物，物之感人"，"情往似赠，兴来如答"（《文心雕龙·物色》），形成一种对话关系，而物感是双方对话展开的一个场。

"物感"及其"触兴",是魏晋南北朝时期文人们极为突出的感性经验,它并不表现为繁复的想象,而是十分简洁的联想和感悟,营构意象用的是白描手法。它们是感物、悲秋、咏怀,是神与物游、神用象通、情以物迁……我们重视它们,因为这种看自然的方法与禅宗看自然的方法有着某种联系。禅宗的悟,有许多是从自然现象得到触发,在刹那间获得的,叫"藉境悟心",它似乎是"触兴"方法的延伸,而且显得更为直接。所不同之处在于,尽管面对的自然现象相同,"触兴"是为了起情,似乎延伸了自然,而"藉境悟心"却是为了灭情,远离了自然,方向正好相反。当然,在禅宗纯然人与自然亲和的关系也不会再有了。

二、一切色是佛色,一切声是佛声

佛教以前,中国古人描绘自然往往是以形与声对举,如张衡《西京赋》:"众形殊声,不可胜论。"晋陆机《文赋》:"抱景者咸叩,怀响者毕弹。""暨音声之迭代,若五色之相宣。"[①]《文心雕龙·物色》:"流连万象之际,沈吟视听之区;写气图貌,既随物以宛转;属采附声,亦与心而徘徊。"这些都是在物感论影响下的议论。佛教看自然则更多地关注色与声,传统的"形"已为色取而代之。

慈照禅师这样教导他的学禅弟子:

---

① 此处之"五色"指彩绣中诸色彩的合理搭配以获得生动鲜明的视觉效果,仍是指形,与佛教的色不同。

上堂云:"朝朝击鼓,夜夜钟声。聚集禅流,复有何事?若言无事,屈延诸德。若言有事,埋没从上宗乘。开口动舌,总没交涉。虽然如是,初机后学,须藉言语显道。作么生是显道底?"良久云:"林中百鸟鸣,柴门闲不扃。"(《古尊宿语录》卷九《石门山慈照禅师凤岩集》)

早晨击鼓,晚上敲钟,是禅者生涯的标志。正是钟鼓声,把禅师们聚在了一起。然而聚在一起,到底为何事呢?慈照禅师苦恼的是如何开导、启发初学禅者悟道。佛的真谛很难用言语表诠。不过,他还是开口了,言语所描述的是一个意象:禅者所过的无非是悠闲无事的田园生活。"林中百鸟鸣,柴门闲不扃",就是佛的境界。这一境界与陶潜的田园诗何其相像!然而,它们却在本质上不同。

禅宗怎样看自然,禅者如何听声,如何观色?对这一问题的解答是打开通向禅宗美学之门的钥匙。本节试着通过对禅宗"色法"的个案剖析,来理论地展示禅宗的自然观,并揭示其现象空观的方法。①

---

① 现象空观,也可以表述为现象直观。现象空观即色空观,指在直观中把色(现象)看空的方法。这种方法用禅宗的语言表述为:色即是空,空不异色。经过仔细思考,我尝试以现象空观这个词来描述禅宗看世界和看自己的现象学倾向及其方法论特点,以求既保持禅宗的本色,又兼有某种现象学的思理。禅宗与胡塞尔所创造的现象学确实有某种相近之处,足以互相映照、启发,但是这样做决不意味着禅宗已经具有西方现象学的系统方法,相反,我倒是以为可以在纯粹的学理意义上把它称为宗教现象学。以我目前的学力,对西方现象学做出完整的把握,尚难以胜任,因此,也不可能在本书中展开禅宗与西方现象学的比较。不过,已经有许多学者对两者进行比较的前景做出较为乐观的展望。

《列子·汤问》中记有这样一则故事：

> 孔子东游，见两小儿辩斗（太阳），问其故。一儿曰："我以日始出时去人近，而日中时远也。"一儿以日初出远，而日中时近也。一儿曰："日初出大如车盖，及日中则如盘盂，此不为远者小而近者大乎？"一儿曰："日初出沧沧凉凉，及其日中如探汤，此不为近者热而远者凉乎？"孔子不能决也。两小儿笑曰："孰为汝多知乎？"

这一则关于太阳离人远近的争论，两小儿各以视觉与温觉为观测的视角，因而有相反的结论，而孔子却不能在两者间判定是非，受到了小儿的嘲笑。孔子在此论题上没有表现出哲学思维的能力，而且此论题所涉也仍拘于经验和常识的论域。

我们在引论中曾经讨论到《坛经》中著名的"风吹幡动"的公案，两个小和尚争论风动抑或幡动，就论题的性质而言，与《列子》中小儿辩日故事相同，但慧能得出的结论却完全逸出了经验和常识的论域。慧能否定风动和幡动，而论定是"仁者心动"。在这个语境当中，一切曾经有过的经验及其语言都失效了，存在的问题只是当下的。这说明，风吹幡动这样一个本来属于客观世界的物理问题，慧能却可以把它视作纯粹的视觉上的直观，并依"境随心转"的唯心思路，把它转移到禅宗的精神现象（意识）论域，把它视作自己当下心境的直观。禅宗自然观的美学品格，首先在于自然的心相化。我们可以这样看，禅宗开创者慧能的这一则早期公案为禅宗审美经验定下了基调。

《五灯会元》卷九《仰山慧寂禅师》记有这样一则公案：

第四章　从"气"到"色"

沩一日指田问师(仰山):"这丘田那头高,这头低。"师曰:"却是这头高,那头低。"沩曰:"你若不信,向中间立,看两头。"师曰:"不必立中间,亦莫住两头。"沩曰:"若如是,著水看,水能平物。"师曰:"水亦无定,但高处高平,低处低平。"沩便休。

此公案与风吹幡动公案有着异曲同工之妙。沩山是仰山的老师,沩山在田间劳作中随机设问,以启发仰山。从物理的观点看,田的两头高低是可以测量出来的。沩山就故意把它设为一个物理问题(常识)发问,好在仰山没有上当。仰山将沩山判定高的一头说成低,将低的一头说成高;于是沩山要仰山站到田的中央去看两头,仰山的回答更妙了,"不必立中间,亦莫住两头",意即不必有法执我执;沩山不罢休,进一步诱导,如果向田中灌水,"水能平物",则田的高低就自然看出来了;仰山不依不饶,水也是不一定的,"高处高平,低处低平"。高低是没有一定的,正如佛法是平等不二、无所不在的一样。仰山终于没有著相。于是,沩山之问穷尽了,仰山的回应也使他满意了。

可见,禅宗对客观的自然现象并没有多少兴趣,它更多的是对真如法身或佛理感兴趣。于是禅籍中出现以下问答:

人问:"般若大否?"师曰:"大。"曰:"几许大?"师曰:"无边际。"曰:"般若小否?"师曰:"小。"曰:"几许小?"师曰:"看不见。"曰:"何处是?"师曰:"何处不是。"(《大珠禅师语录》卷下《诸方门人参问语录》)

大珠慧海的意思是：般若无处不在，大到无边际，小到看不见，既然满世界都是般若，那么一切对象都是有意义的。此意义当然不在于对象的客观性，显然，诸如太阳的远近大小之类问题已经不再处于禅者的视域之中了，禅者的关注仅仅集中于这一点：直观下的自然对象是真如的顿然显现。①

我们从"老僧见山见水"的著名公案可以进一步见出这种看自然和看世界方式的转变。本书引论已经引用过此公案，这里不惮繁琐，将此公案再引一过：

> 老僧三十年前未参禅时，见山是山，见水是水。及至后来，亲见知识，有个入处，见山不是山，见水不是水。而今得个休歇处，依前见山只是山，见水只是水。（《五灯会元》卷十七《青原惟信禅师》）

青原惟信禅师对自然山水看法的三个转变，我们就其视觉上的意义论列如下：第一，"未参禅时"的"见山是山，见水是水"，那是一个客观的观物视角，正是孔子拿来与主体比德的那一种自然山水，

---

① 净觉《楞伽师资记》引诸佛经云："《大品经》云：'诸佛五眼，观众生心及一切法，毕竟不见。'《华严经》云：'无见乃能见。'《思益经》云：'非眼所见，非耳鼻舌身意识所知，但应随如相见，如眼如乃至意如，法位亦如是，若能如是见者，是名正见。'《禅决》曰：'蝙蝠角鸱，昼不见物，夜见物者，皆是妄想颠倒故也。所以者何？蝙蝠角鸱，见他暗为明，凡夫人，见他明为暗，皆为是妄想。以颠倒故，以业障故，不见真法。若然者，明不定明，暗不定暗。如是解者，不为颠倒惑乱，即入如来常乐我净中也。'"

第四章 从"气"到"色"　　181

当然也可以如庄子般与之"亲和",如"小儿辩日"将之作为认知的对象,大体仍然是传统哲学和美学的对象。第二,"亲见知识"以后的"见山不是山,见水不是水",开始做出一种感性的努力,其趋向是要在视觉上把同一个自然对象直观化,将之视为"色相"(不是山,不是水)。所谓的"亲见知识",就是作为"空观"的直观。这种直观把第一个意义上的山水从视觉上否定了,因而此"山水"再也不可能作为认知(科学或常识的视角)的或比德(道德本质主义的视角)的或"亲和"(纯粹自然主义的或庄子式审美主义的视角)的对象,它仅是一个过渡性的视觉中间物("入处"),这是因为观者还是有"我执"和"法执"——是"我"欲看空(我执),而不欲将山水视作山水(法执,即经验和世俗的视角),因而不可能真正把山水看空。就此而论,此时的"山水"还不是纯粹视觉意义上的直观。第三,当观者"得个休歇处"时,他"见山只是山,见水只是水",仿佛是向"未参禅时"的客观视角回归。然而,此时的"山水"只是一个纯粹的直观,即单纯的现象,它超离时空,没有任何背景、任何历史。例如,它既不能使庄子发出时间飞逝如"白驹过隙"而无从追赶、把捉的无奈之叹,也不能使孔子发出"逝者如斯夫"的生命迁逝之感[1],因为这里的时间和空间是静止不动的,山水处于永恒"寂"的状态。虽然从视觉上讲,它是观者之所见,具有感性细节的真实,但仅仅是观者当下之所见而已,除此之外没有其他的如认知的、比德的或"亲和"的联想或想象。作为参禅者的"休歇处","山水"必须是一个主体直觉的对象,以之为主体佛性的自证。而尽管它是主体佛性的自证,但此一自证从性

---

[1] 时间在儒道是生命和智慧的标志,它是真实的存在、永恒的运动。

质上看只是"空"而并非其他，因此说：它是一个纯粹的直观（"只是山，只是水"）。① 而且，就对空的觉悟而言，也许只有这种"山水"的纯粹直观才是真正有效的，因为作为本体的空，佛教是通过种种因缘来为之作解的。当因缘"山水"被当作纯粹现象进行直观时，"空"也就得到了确切无误的觉解了。质言之，"空"是通过"山水"而被领悟的。

"见山只是山，见水只是水"，句中的"只是"一词要注意领会，它表示所见只是一个纯粹直观。换言之，仅仅是这一次所见的山水，与以前或以后见的山水不可能重复。沩山与仰山的另一则公案可以进一步揭示这一道理：

> 师（仰山慧寂）在沩山时，雪下之日，仰山置问："除却这个色，还更有色也无？"沩山云："有。"师云："如何是色？"沩山指雪。仰山云："某甲则不与摩。"沩山云："是也理长则就。除却这个色，还更有色也无？"仰山云："有。"沩山云："如何是色？"仰山却指雪。②（《祖堂集》卷十八《仰山和尚》）

"这个色"是仰山所见雪之色，与沩山所见雪之色不同，因此沩山仍指雪以为答。当仰山表示自己的看法不与沩山相同，沩山就把仰

---

① 注意，此处的"只是……只是"的强调句式，只在比照着"是……是"和"不是……不是"句式时才是有意义的，就禅宗的觉解而言，强调句式不免也是有所"执"的。
② "见雪"，是禅宗觉悟的一个见证。《五灯会元》卷十《新兴齐禅师》云："师因雪谓众曰：'诸上座还见雪么？见即有眼，不见无眼。有眼即常，无眼即断。恁么会得，佛身充满。'"

第四章 从"气"到"色" 183

山之问重复了一遍。而仰山因为他与沩山所见雪之色不同,就亦指雪以为答。雪的颜色都是白,这是一个抽象的白的概念,为常识,然而"这个色"却只是一个直观,它在沩与仰之间是当下不同的,两人从各自的"这个色"所见的只是自己之所见,而所领悟的也是自己之所悟。这就是所谓"声前非声,色后非色"(《祖堂集》卷十六《沩山和尚》)。沩山主张"理事不二"和"见色便见心"(《祖堂集》卷十八《仰山和尚》),仰山主张"一月千江,体不分水"(《五灯会元》卷九《仰山慧寂禅师》)[1],如果前声与后声,前色与后色重复相同,那么理与事(体与用)就无法统一,心也无法从色见到了。

就是禅师们坐的禅床也可以视为色:

> 问:"古人道:见色便见心。禅床是色,请和尚离却色,指学人心。"师曰:"那个是禅床,指出来看。"僧无语。(《五灯会元》卷九《仰山慧寂禅师》)

学僧要求仰山离开禅床这个色(也可以称之为"境")而直指人心,大概是因为他于禅床无所领悟。仰山却反问"那个是禅床",其实在仰山的语境中,禅床并非禅床,而是禅床的直观,是色。这个色应该理解为纯粹现象,而非其他。很清楚,色不光是指色彩,还指任何物质性的东西,但是这些东西在禅宗的语境当中都作为纯粹现象而出场,因此,雪之色成为"这个色","那个禅床"并非禅床。

---

[1] 他们的理论受到了华严宗理事圆融观的很大影响,但其影响的结果却很难说是倒向了华严宗。请参看本书第五章第四节讨论法眼禅师《华严六相义颂》的内容。

以下，是我在本书引论中做出的结论：

> 此时，主体的觉悟已告完成（"得个休歇处"），山水被彻底地孤离于时空背景，认知的分析性视角已不复存在，然而山水的视觉表象依然如故，只是已经转化为悟者"休歇处"的证物。……这个完全孤离于具体时空背景的个体化的山水其实只是观者参悟的心相。这一直观的心相，保留了所有感性的细节，却又不是自然的简单模写，它是心对物象的"观"，是两者的统一，具有美学上的重要意义。

儒、道和玄学的心物关系在禅宗转换为心色关系，自然在禅宗被视为色，这个色又是悟的道场，无之则无由得悟。

"色"在禅宗的感性经验中具有极为重要的意义。"色"是什么？是感性，是现象。禅者通过空观观色，或通过色观空，色就成为纯粹现象，它于是可以成为心的证物。因此，佛教把"色"视为心相（心像），视为"境"。心与色总是联系在一起的。还是马祖道一那句话："凡所见色，皆是见心。心不自心，因色故有心。"

在上述结论以外，似乎还须做一个重要的补充：佛教把自然和人生看空，是基于它的因缘和合观，它认为，自然界和社会人生变动不居，是没有自性的。例如，某一片雪花的飘落是没有其必然性的，是偶然的，因此，它是没有本质的。但是，当某一位禅者对这一片偶然飘落的雪花作直观而获得了对空的觉悟的时候，这一片雪花却具有了意义和本质，它成为一个绝对之物。它在这一个禅者的精神生命历程中占据了一个固定的位置，不但标志着禅者的觉悟，而且还在此一

第四章 从"气"到"色" 185

觉悟的刹那与禅者的精神生命化而为一，成为一个境。因此，这一片雪花不再是相对的东西了，它被禅者的直观及其觉悟赋予了绝对的意义。尤其须注意的是，此直观过程中进行的并非象征。在象征的心理活动中，象征的双方是外在的，例如，菊花象征人格的高洁，菊花和高洁根本是两个东西，可以分开。菊花具有药用价值，而高洁则可以换由梅花或松树来象征。象征往往是在某种文化传统的语境之下进行的，它是联想的产物。而禅者对雪花的直观却与联想无关，它是在刹那间获得的觉悟，容不得联想作用存在其间，而且它还以清除联想为条件。①

"色"的这种由相对到绝对的转化，是在感性直观中完成的，因而非常值得重视。

"色"作为"法相"，它往往集中于听觉和视觉。以下先说听觉。

禅籍中记载着极多的论及钟声和其他声音的公案。如《楞伽师资记》中净觉所记神秀关于钟声的某些偈语：

　　汝闻打钟声，打时有，未打时有？声是何声？
　　打钟声，只在寺内有，十方世界亦有钟声不？

声音，如果把它当作某种物理现象，即关乎人的听觉的声波，那么它是无神秘可言的。然而，神秀对声音现象提出了值得深思的问题：钟声打响时固然听得见，那么未打时是否听得见呢？如果钟声只

---

① 禅宗的这种直观，我把它称为现象空观。它是否与胡塞尔现象学的本质直观有些相似，可以进行比较，值得思考。

月下赏梅图

南宋·马远　美国纽约大都会艺术博物馆藏

雪堂客话图
南宋·夏圭　故宫博物院藏

寒江独钓图

南宋·马远　日本东京国立博物馆藏

溪山雪意图 南宋·刘松年仿高克明 美国纽约大都会艺术博物馆藏

高克明

雪景待渡图
南宋·佚名　美国纽约大都会艺术博物馆藏

红衣罗汉图(局部)

元·赵孟頫　辽宁省博物馆藏

杂画图册之"无法可说"　明·陈洪绶　故宫博物院藏

是在寺内敲响而可听闻，那么整个宇宙（"十方世界"）是否也能听闻钟声呢？声音到底是什么呢？这些问题，显然具有形而上的意味。

我们且来看另一些关于声音的公案。

>　　师有时云："真空不坏有，真空不异色。"僧便问："作么生是真空？"师云："还闻钟声么？"僧云："此是钟声。"师云："驴年梦见么？"
>　　举"无情说法"。忽闻钟声，云："释迦老子说法也。"
>　　举生法师云："敲空作响，击木无声。"师以拄杖空中敲，云："阿耶耶。"又敲板头云："作声么？"僧云："作声。"师云："这俗汉！"又敲板头云："唤什么作声？"[《古尊宿语录》卷十六《云门（文偃）匡真禅师广录中》]

这几则公案中，云门文偃与众僧谈论的话题是"真空"和"法"，正在此时，寺中钟声飘然而至。于是云门借机发挥，问：听到钟声了吗？僧问答：听到了。错，"听到钟声"的肯定答语遭到云门的否定。[1] 钟声是一个物理现象，它用以报时，是时间的标志，它动听，是悦耳的对象，然而，也可以把它听为另一些东西，如把它听作释迦牟尼的说法。于是，"钟声"就成了"真空"或"法"的现象了。这样

---

[1] 在佛教看来，人的耳根对外界最灵敏，人入定时，眼、鼻、舌、身、意诸根都已关闭，闭眼，呼吸细微，不言语，跏趺而坐，思维受到抑制，唯有耳根依然虚通，外界的声响可以通过听觉而扰乱禅定。这可以解释和尚坐禅为什么往往找一个僻静之处。当然眼根也是极为灵敏的，但是和尚念经或坐禅却可以把眼睛闭起来，而与此同时却无法闭耳塞听。

一种听觉现象甚至还可以从空无出发，或相反，返归于空无："敲空作响，击木无声。"这里，钟声已经被从物理的时空背景剥离，而还原为纯粹的听觉现象。"朝朝击鼓，夜夜钟声"，它们并非世俗生活的标志。人们去寺庙，听到晨钟暮鼓，常常会有一种处身世外之感，就是因为人们已经不是也不能把它们当作动听的钟鼓声或时间的标志来听闻了。

举"法眼颂云：'山水君居好，城隍我亦论。静闻钟角响，闲对白云屯。'大众，法眼虽不拿云攫雾，争奈遍地清风。四面（即法演）今日试与法眼把手共行。静闻钟角响，且不是声；闲对白云屯，且不是色。既非声色，作么生商量？"乃云："洞里无云别有天，桃花似锦柳如烟。仙家不解论冬夏，石烂松枯不记年。"[《古尊宿语录》卷二十《舒州白云山海会（法）演和尚初住四面山语录》]

这里，法眼即是提出"若论佛法，一切见成"的清凉文益。法演禅师则说"静闻钟角响"的"响"不是声，"闲对白云屯"的"色"不是色，不是声色，那么又如何解释呢？法演吟出一首禅诗："洞里无云别有天，桃花似锦柳如烟。仙家不解论冬夏，石烂松枯不记年。"这是一个别有洞天的仙境，总是桃花似锦柳如烟，而没有冬夏、时间，因此，它是超越之境。

不光是听寺庙里晨钟暮鼓的声音，自然界其他许多声响也被禅师们拿来作为纯粹现象，以启迪学禅者觉悟。如下面这则公案：

因僧入室请益赵州和尚柏树子话,师云:"我不辞与汝说,还信么?"僧云:"和尚重言,争敢不信。"师云:"汝还闻檐头水滴声么?"其僧豁然,不觉失声云:"耶!"师云:"你见个什么道理?"僧便以颂对云:"檐头水滴,分明沥沥。打破乾坤,当下心息。"师为忻然。[《古尊宿语录》卷二十三《汝州叶县广教(归)省禅师语录》]

这也是听声的一个好例。学僧来,本为向归省禅师请教"赵州和尚柏树子"公案。赵州从谂是一位极有个性的禅宗大德,他有一句名言:"佛之一字,吾不喜闻。"(《祖堂集》卷十八《赵州和尚》)有学僧问:柏树子有否佛性?他答道:有。学僧接着问:几时成佛?他答道:待虚空落地。僧紧问不舍:虚空几时落地?他却答道:待柏树成佛。绕了一圈,又回到了柏树自身。又有学僧问:如何是祖师西来意?他答道:亭前柏树子。这时那学僧(不知是否与问柏树子佛性同为一人)警觉了,说:和尚勿要将境示人。他答道:并未将境示人。于是学僧又问:如何是祖师西来意?没承想,他仍答道:亭前柏树子。亭前柏树子,是一个自然之景,或者可以视为一个常境,因此学僧要求赵州不要将境示人。但是赵州的"亭前柏树子"却不是一个常境,而是一个纯粹现象、超越之境。

但是,当另一位学僧就"赵州和尚柏树子"公案向归省禅师请教时,未必是把它视作一个纯粹现象,反倒有可能视之为常境,因此,归省禅师也随机向学僧示了一境,问:听到屋檐上的水滴声否(此时必定正在下雨)?此僧即时觉悟:檐头水滴沥沥而下,其声打破了乾坤(时空),闻之使人烦恼顿除,当下心息。这说明,"亭前柏树子"

并非任何人于任何时空都可以把它领悟为纯粹现象的。也许它在禅宗话语中出现频率太高，一旦沦为老生常谈，则不免造成可怕的语言陷阱。宋代以主张"看话禅"而著名的大慧宗杲即反对从语言概念上来参"庭前柏树子"的话头，他说：

> 或问："如何是祖师西来意？""庭前柏树子。"即下语云："一枝南，一枝北。"或云："能为万象主，不逐四时凋。"已上尽在瞠眉努眼提撕处，然后下合头语，以为奇特。（《大慧普觉禅师语录》卷十四《普说》）

所谓"一枝南，一枝北"，是象征禅宗的南北两宗，"能为万象主，不逐四时凋"则是以柏树四季常青的本性喻自性圆满具足。所谓"瞠眉努眼提撕"是指从语言文字入手，"作道理会""向意根下思量卜度"，"下合头语"是指所下解语契合自己对"庭前柏树子"的理性揣测，力求"对号入座"，从而不免落入理性思维的圈套，称为"堕理趣"。如此作解，"庭前柏树子"就可能被赋予无穷个理念的象征，象征则非纯粹直观。这与"庭前柏树子"公案的禅学语境是相违异的。

由此，当可看到，归省禅师应机设境，避开对"亭前柏树子"的直接回答而代之以反问其是否听到檐头水滴声，以诱引学僧觉悟，实在是高明极了。这里的关键，是必须把屋檐上的水滴声直观为纯粹现象，否则无法超越常识，也无法超越"亭前柏树子"，自然就更无由启发学僧觉悟了。镜清道怤与学僧也有类似对答。镜清问学僧：外边是什么声？学僧答：雨滴声。雨滴声属于常识论域中的现象，但却

并非纯粹现象,难怪镜清判之曰:"众生迷己逐物。"①(《祖堂集》卷十《镜清和尚》)

那么,纯粹现象究竟作用于何?换言之,声音究竟如何通过人的听觉而使人觉悟呢?大珠慧海禅师如是解答:

> 问:"有声时,即有闻;无声时,还得闻否?"答:"亦闻。"问:"有声时,从有闻;无声时,云何得闻?"答:"今言闻者,不论有声无声,何以故?为闻性常故。有声时即闻,无声时亦闻。"问:"知是闻者是谁?"答:"是自性闻,亦名知者闻。"(《大珠禅师语录·顿悟入道要门论》)

声音当然须通过听觉起作用,但是佛教却以为声音不过是寂灭之境,寂灭本来是无声的即超乎声音的境界。《大般涅槃经》上说:"譬如山间响声,愚痴之人,谓之实声,有智之人,知其非真。"②能听(觉)寂灭的却是人自身的佛性——闻性。闻性是自性,闻(听声)也就是自性闻。正如归省禅师所诘问的:"闻钟声即寻声而来,如无钟声向甚处去即得。"(《古尊宿语录》卷二十三《汝州叶县广教(归)省禅师语录》)钟声是引人向佛境的向导,那么没有钟声作为向导,寻佛人又向什么处去呢?循声而来的未必能闻自性,闻自性则不必一定闻声。但是禅宗决不是要求禅者去作内省,仅就闻声而论,作为"常

---

① 中国传统诗词曲中多有描写雨打芭蕉的作品,为什么中国人那么专注于此?这一听声的现象颇值得研究。
② 《大般涅槃经》卷二〇《梵行品》。这里要注意的是,《大般涅槃经》是做了一个关于声音和听觉的譬喻,重点是讲声音的不真实,与禅宗听声的直观是很不相同的。

境"的声音是无常的(刹那间发生变化),如果循着这无常的声音去把握永恒的东西,就可能真正学会听声了。真正学会听声,在刹那间把它听为纯粹现象,即意味着闻性的觉醒。这时,就能做到"有声时即闻,无声时亦闻"。

唐代大诗人白居易居士有若干首论乐诗,其中有两首写到了音乐的空性:

> 本性好丝桐,尘机闻即空。一声来耳里,万事离心中。清畅堪销疾,恬和好养蒙。尤宜听三乐,安慰白头翁。(《白氏长庆集》卷五十三《好听琴》)

> 月出鸟栖尽,寂然坐空林。是时心境闲,可以弹素琴。清泠由木性,恬淡随人心。心积和平气,木应正始音。响余群动息,曲罢秋夜深。正声感元化,天地清沉沉。(《白氏长庆集》卷五《清夜琴兴》)

这样一种听琴及琴兴的审美经验,是对于音乐的空观。它出自一位居士诗人的诗歌,说明了唐代士大夫的音乐观受到佛教听声经验熏染后的变化。嵇康的"声无哀乐论"认为音乐只有"自然之和",是没有哀乐的情感的。白居易所谓听琴的"清畅"亦并非嵇康所谓的"哀乐",而是"尘机闻即空"的"清泠""恬淡"与"和平"。同是和谐,嵇康谓"自然之和",而白氏谓"空"。这固然是一种新的感性经验。

因此,禅宗的声音(包含音乐)不再是庄子"吹万不同,而使其自已也,咸其自取,怒者其谁"的"天籁",也不是嵇康的"自然之和",真实的风和气消失了,呈现的只是一种纯粹现象。"闻声悟道,见色明心"(《古尊宿语录》卷十六《云门（文偃）匡真禅师广录中》"室中语要"引古禅语），这才是声音的禅宗现象空观的解释。

以下说视觉。视觉有两个方面，即观之眼与所观之色。

关于视觉，《五灯会元》卷一载有这样一则故事：

> 世尊（释迦牟尼佛）一日示随色摩尼珠，问五方天王："此珠而作何色？"时五方天王互说异色。世尊复藏珠入袖，却抬手曰："此珠作何色？"天王曰："佛手中无珠，何处有色？"世尊叹曰："汝何迷倒之甚！吾将世珠示之，便各强说有青、黄、赤、白色；吾将真珠示之，便总不知。"时五方天王悉皆悟通。

摩尼宝珠自身没有色泽，它只是随着对方的颜色而现出颜色。摩尼宝珠所指示的佛理是：在佛教看来，各种色彩是世俗界的存在，它是相对的，真如只是随着它所处的境遇而随机显现出各种色相。当观者为色彩缤纷的世俗界所迷乱时，他对真如是没有觉知的。

大珠慧海这样与学僧答问见与见性：

> 问："对一切色像时，即名为见；不对色像时，亦名见否？"答："见。"问："对物时，从有见，不对物时，云何有见？"答："今言见者，不论对物与不对物，何以故？为见性常故。有物之时即见，无物之时亦见也。故知物自有去来，见性无来去也。诸根亦尔。"（《大珠禅师语录·顿悟入道要门论》）

与强调"闻性常"一样，慧海同样强调"见性常"，"闻性"是佛

第四章 从"气"到"色" 193

性,"见性"同样也是佛性。须注意的是,如果拘于物的色像(相)即"有",那么此"见"并非出于"见性"。因为万物处于永恒的流动之中,物像(色相)总是倏忽而变的,如果拘于物像之见,那么此"见"无非是法执。大珠慧海与学僧以下的对话更值得深思:

> 问:"正见物时,见中有物不?"答:"见中不立物。"问:"正见无物时,见中有无物否?"答:"见中不立无物。"(《大珠禅师语录·顿悟入道要门论》)

当视觉表象中映现了物时,"见中不立物",意思是不把"物"当作本真的存在来"立",即不肯认物在时空中的实际存在,但当下("正")"见物"的视觉表象并没有被否定掉;当视觉表象中并没有映现物时,却"见中不立无物",意思是不把"无物"当作本真的存在来"不立",因为否定判断("无物")其实是蕴涵着肯定判断("有物")的,同样,"见物"("不立无物")的视觉表象也没有被否定。"不立物"与"不立无物",两者都不否定视觉表象,而仅是否定客观之物的存在。真实的存在是空,而视觉表象与空并不矛盾。于是,视觉表象就脱离了变动不居的时空背景,失去了客观的真实性,仅仅是作为纯粹现象而为禅者所接受下来了。这就是典型的现象空观。

空观并不否定现象,这似乎出乎人们的意料。请看法眼和尚(清凉文益)的《三界唯心颂》:

> 三界唯心,万法唯识。唯识唯心,眼耳声色。色不到耳,声何触眼?眼色耳声,万法成办。万法匪缘,岂观如幻?山河

大地，谁坚谁变？(《五灯会元》卷十《清凉文益禅师》)

尽管本质上是唯识唯心，但是如果万法并非生起于因缘，那么又怎么去观空幻呢？所谓的空，其实就是说的万法都是因缘和合而成的；所谓的空观，就是通过观色相以了悟空幻。因此，法眼以为眼根不能与声通（"声何触眼"），耳根不能与色遇（"色不到耳"），只有眼与色遇，耳与声通，才能成就万法。这样一方面强调空观，另一方面又主张诸感官对诸现象的对应性，就对色即是空的道理做了不落空蹈虚的阐发。正如中塔和尚所言："满眼觑不见眼根昧，满耳听不闻耳根背。二途不晓，只是瞌睡汉。"(《祖堂集》卷十二《中塔和尚》)

法眼曾遇雪留住于桂琛的禅院，雪后临行，桂琛亲自送到门前。指着庭前一片石头问法眼：你常说三界唯心，万法唯识。那么这片石头是在心内还是在心外？法眼回答道：在心内。桂琛就反诘之："行脚人著甚么来由，安片石在心头？"这一问把法眼问倒了，于是法眼就留了下来，欲对佛理做出思考、抉择。后来，桂琛启发他："若论佛法，一切见成。"(《五灯会元》卷十《清凉文益禅师》)法眼终于恍然大悟。所谓的"一切见成"（"见成"有现成的意义，不过"见成"更有感性直观的意味），乃是那一片石头。那一片石头，不须把它看作什么，也不须把它不看作什么，无论在心内在心外，它都是佛法。"一切见成"的观点，就是一种把森罗万象都视作纯粹现象的看世界和看自己的方法。

值得注意的是，这种思维方法的培养成功，是与某种细小的机缘分不开的。如学僧听檐头滴水声而顿然觉悟，如法眼对一片石头的抉择，他们都面对着一种特定的真实自然的情景。学僧听归省禅师讲佛法时,下雨了,于是檐头有水滴而下,归省禅师及时把学僧的(听觉)注意力,从自己的讲佛法的声音引向了水滴的声音,在这样一个奇特的情景之下,通过水滴声而悟得的佛法变得极其生动、深刻,永远难忘。法眼是被庭前的一片石头难倒的,而"一切见成"的开悟,又是与石头难题联系在一起的,因此,法眼的觉悟也是一个奇特情景。

"一切见成"或"即色是空",是佛学空观的原理,然而此普遍原理与特定学僧的觉悟之间的联系却须借助于种种特定的机缘。沩山灵祐有一句名言:"从缘得入,永无退失。"(《古尊宿语录》卷二十五《筠州大愚(守)芝和尚语录》)这话什么意思呢?它是说:如果觉悟是通过因缘(缘起)的门径而获得的,那么这种觉悟就非常巩固,永远不会退失。

"缘"究竟是什么?这是一个颇值得沉思的问题。如果"缘"(对象或尘、境)总是给人以烦恼和惑,仅是空的觉悟(心)的障碍,那么就是应该否定。但是"缘"却可以因观者的特殊视角而成为觉悟的触媒,其前提即是"缘"须被视为纯粹现象或超越之境。因此,"从缘悟入"之"缘"应该理解为直观中刹那构成的现象,正因为它不可重复,所以才"一切见成",才"即色是空"。

法演和尚说:"山河大地是佛,草木丛林是佛。"(《古尊宿语录》卷二十《次住太平语录》)也是"一切见成"的意思。他认为禅者是"无为无事人,声色如聋瞽"(《古尊宿语录》卷二十一《舒州白云山海会(法)演和尚语录》),这话并不是说真的对声色全然聋全然盲,我们宁可用"视而不见""听而不闻"这类意义来为之做解。前引黄庭坚对桂花香气的嗅觉也是如此。"视而不见",并非是不"视","听而不闻",并非是不"听",因此,只要把声色(香)全然当作纯粹现象来听、视、闻,那么就是"一切见成"。从这当下现成的"一切"悟入,就是最牢靠的觉悟。

禅宗中有泛神论的一系,这一派主张:"青青翠竹,尽是真如;郁郁黄花,无非般若。"(《祖堂集》卷三《慧忠国师》)这一派的泛神论虽然被许多禅宗派别所否定,但他们对自然(声色)的看法却是有着代表意义的。慧忠国师引《华严经》"佛身充满于法界,普现一切群生前,随缘赴感靡不周,而恒处此菩提座",以证:翠竹既不出于法界,岂非法身乎!引《摩诃般若经》"色无边,故般若无边",以证:黄花既不越于色,岂非般若乎!他们的泛神论观点构成对禅学理学派的反拨。

传为牛头法融所作的《绝观论》上说:

> 问云:"何者是心?"答:"六根所观,并悉是心。"问:"心若为?"答:"心寂灭。"(延寿《宗镜录》卷九十七)

"六根所观,并悉是心",是什么意思呢?那是说,万法唯心,一切现象统一于佛心,一切感性都通向佛真如,通向涅槃之境。"虚空为道本"(牛头法融语,《宗镜录》卷七十七引),心的本质是寂灭,因此重要的是把所有的色相都作寂灭观。牛头法融又说:"行住坐卧,触目遇缘,总是佛之妙用。"(《祖堂集》卷三《牛头和尚》)空的寂灭与色的生动是一体的,所谓"妙用",即是体现出寂灭的生动。心寂灭而能以六根沟通感性,寂灭与生动融汇于纯粹现象,是作为审美经验的禅宗感性经验的本质所在。

长芦宗赜禅师就是如此看声色的:

> 上堂:"楼外紫金山色秀,门前甘露水声寒。古槐阴下清风里,试为诸人再指看。"拈拄杖曰:"还见么?"击香卓曰:"还闻么?"靠却拄杖曰:"眼耳若通随处足[①],水声山色自悠悠。"(《五灯会元》卷十六《长芦宗赜禅师》)

他以杖指,以杖击,问"还见么""还闻么",即是对眼耳两根的拷问:见色闻声是否已通透?自然本来"悠悠",执著地观,不是应取的姿态。

百丈怀海更有一句名言:"一切色是佛色,一切声是佛声。"(《古尊宿语录》卷二《大鉴下三世(百丈怀海大智禅师)语录之余》)[②] 有学僧问他:当今和尚都说自己依佛教,学一经一论、一禅一律、一知一解,应当受檀越四事供养,是否消受得起?怀海回答道:"但约如今照用,一声一色,一香一味,于一切有无诸法,一一境上,都无纤尘取染,亦不依住无取染,亦无不依住知解,者个人日食万两黄金,亦能消得。"(同上)一些和尚以为自己皈依佛教,就是学经论,习禅律,起知解,而怀海却强调"都无纤尘取染",不论有无,也不住于"无取染"和"不起知解"。他尤其关注感性的意义,"一声一色,一香一味",作为纯粹感性之境,都是佛法。只要各种意念、一切见闻

[①] 诗僧贯休诗云"六窗清净始通禅"(《酬王相公见赠》),"六窗"即是六根。眼、耳、鼻、舌、身、意六根为感通外界的六个窗口,只有窗口清净,才能到达禅的境界。

[②] 此处的色和声是指颜色和声音,但理解上完全可以扩而大之,指人的六根所对的一切现象,即色法。

觉知、一切尘垢祛除得尽,"但是一尘一色总是一佛,但起一念总是一佛"(同上)。这样,感性与佛法就统一了起来。他的弟子沩山灵祐对此亦有一个绝妙的解释:

> 夫道人之心,质直无伪,无背无面,无诈妄心。一切时中,视听寻常,更无委曲,亦不闭眼塞耳,但情不附物即得。从上诸圣,只说浊边过患,若无如许多恶觉情见想习之事,譬如秋水澄渟,清净无为,澹泞无碍。唤他作道人,亦名无事人。(《五灯会元》卷九《沩山灵祐禅师》)

沩山灵祐的"视听寻常",为禅宗观自然的一个重要条件,它对人的主观方面提出要求,即做一个"情不附物""无如许多恶觉情见想习之事"的"无事人",因此他看自然和世界,不起分别,不起情见,就能达到"秋水澄渟,清净无为,澹泞无碍"的境界,这个境界尽管是一个"视听寻常"的自然景致,然而因为看的人"情不附物"而"清净无为,澹泞无碍",它也就是一个纯粹的直观,即纯粹现象。

中国古代艺术向来重视色和声,如枚乘《七发》云:"练色娱目,流声悦耳。"魏晋六朝美学最著名的现象之一是"声色大开"。[①]诗人们"流连万象之际,沈吟视听之区"(刘勰《文心雕龙·物色》),"其为物也多姿,其为体也屡迁;其会意也尚巧,其遣言也贵妍。暨音声之迭代,若五色之相宣"(陆机《文赋》)。古代文论家们所使用的"视

[①] 沈德潜《说诗晬语》:"诗至于宋,性情渐隐,声色大开,诗运转关也。"请注意,此处"声色大开"是与"性情渐隐"对举而言的。

听""声色"这类词的组合，确乎宣告了美学上声色大开的局面，标志着人的感官和心灵对视听现象的高度敏感，和人对自然的审美经验极大的发达。在此过程中间，"物感"和"触兴"的审美经验形成了。对照着儒家的将自然与德性做比德式的比附，声色大开下的自然却是被真正客观或直观地观照着，例如，著名的"声无哀乐论"就是把声音（包括音乐）与哀乐（包括德性）区别开来了，声音本质上成为"自然之和"。"自然之和"是一个哲学本体，声音虽然是这个本体的现象，但它本身却也是和谐的，因此，现象与本体是统一的，然而，嵇康认为在和谐之外还有不和谐的。换言之，自然现象和艺术现象并非总是和谐的。因此在嵇康，纯粹现象的视角还不可能产生。尽管如此，嵇康的"自然之和"比之庄子的"天籁"，泛神论的成分已经极为淡薄了，因此，对"声无哀乐论"不能不说是已经可以从现象学的角度去体味了。再如，此时人们对声音和物色现象的审美感受也已经十分地细致，"异音同至听，殊响俱清越"（《夜宿石门诗》）、"空翠难强名"[①]，都是谢灵运独造的写景名句。

不过，纯粹现象意义上的声色，只有禅宗的观色听声方法才可能达到，"一切色是佛色，一切声是佛声"，这种声色才是真正地被视为纯粹现象的自然。

那么，魏晋开始的声色大开，到底能走多远呢？换言之，禅宗的空观是否断阻了声色大开的历史进程了呢？否。我以为，中国人的看自然，有比德的一路，方法上采用了类比法，如孔子的名言"智者乐水，仁者乐山""君子之德风，小人之德草"，如后来的将松竹梅尊

---

① 下一部分将论到。

为"岁寒三友",等等。还有自然主义和现象空观交融并渐次趋向后者的一路,泛神论的"天籁",是"气"的泛现象(气化的自然主义);只重和谐本体或尚拘于和谐不和谐之辩的"声无哀乐",以及独化于玄冥之境的哲学,是"无"的准现象(分化的自然主义);"一切色是佛色,一切声是佛声",是"空"的纯粹现象(空化的自然主义)。从"气"到"无"到"空",或许可以视为中国式现象学(尽管没有形成那样一种学术方法的体系)的看世界和看自己方法的历史进程。

中国人观自然的方式,一方面,愈来愈走向现象空观,变得纯粹;另一方面,自然主义方式愈来愈趋于虚化,两者是逆向而动的。这是中国古人观自然之感性经验的一个重要特点。

三、从陶潜的"化"到王维的"空"

本部分拟重点对东晋陶渊明到唐王维的诗歌中所用"化"和"空"两字的自然观背景做一研究和比较,并对汉以后唐以前古代诗歌中所用"空"字情况做一概要的分析。

陶渊明,东晋人,他"质性自然"(《归去来兮辞序》),不喜做官,只是在家乡种田、喝酒、写诗,做过短暂的小官吏,因为并非名士,当时无甚影响。他与庐山慧远和尚有交往,不免受到佛教思想的熏染,但细考其诗文,似仍以庄子和玄学的影响居多。

陶渊明的自然观是与他的社会观尤其是关于入仕做官的观念相对立的,他的《归田园居五首》之一极为典型地表达了这一立场:

> 少无适俗韵,性本爱丘山。误落尘网中,一去三十年。羁

鸟恋旧林,池鱼思故渊。开荒南野际,守拙归园田。方宅十余亩,草屋八九间。榆柳荫后檐,桃李罗堂前。暧暧远人村,依依墟里烟。狗吠深巷中,鸡鸣桑树颠。户庭无尘杂,虚室有余闲。久在樊笼里,复得返自然。

这首诗里,他把仕途视为"俗韵""尘网"和"樊笼"而贬斥之,这一关乎个体生存前景的仕途又是整个世俗社会的缩影,而"自然"是与世俗社会相对的另一个世界。陶诗中的"自然"并非单纯的自然景象,而是一个"田园",它们是"旧林""故渊""南野""方宅""草屋""远人村""墟里烟",等等。这是一个真实的小农社会,然而陶氏却是把它当作自己的"乌托邦"了,其中的人际关系全然不同于世俗的等级社会:

人生无根蒂,飘如陌上尘。分散逐风转,此已非常身。落地为兄弟,何必骨肉亲!得欢当作乐,斗酒聚比邻。盛年不重来,一日难再晨。及时当勉励,岁月不待人。(《杂诗十二首》之一)

这首诗里表达了这样一个理想:"落地为兄弟,何必骨肉亲",它源于《论语·颜渊》"四海之内皆兄弟"的儒家民主思想。这是一种平等博爱精神,但是又不由它激起孔子孟子们积极进取的勇气,而是将它安顿在汉代"古诗十九首"以来人生无常、得欢当作乐的思想背景之上,并演变而进入自己所营造的"桃花源"境界。所谓的"及时当勉励,岁月不待人",只能是他的理想社会的写照。"桃花源",那个地方有良田、美池、桑树、竹林等人类生产、生活所必需的自然环境。道路纵横交错，鸡犬之声相闻。从来来往往从事耕作的男男女女的装束打扮看来并非当世之人，问之，才道是避秦时乱而来，从不知晓世上已经历了汉、魏、晋诸代的更迭。那是一个自然社会，人们以农耕为生，没有王权，无须纳税，小孩子唱着歌，老人们互相串门问候，其乐融融。那是一个平等社会，人们知足常乐，不争不竞，各得其所，称为"素心人"。"桃花源"虽然是一个理想境界，却在很大程度上是陶潜自身归耕生活的写照。因此"桃花源"就是"田园"，也就是他诗中所称道的"自然"。置身在这个"自然"当中，他才可能实现自己的"乌托邦"小社会的理想，才获得了自由。

"化"，是陶氏诗歌中出现频度极高的一个词，共出现了15次，如：

> 甚念伤吾生，正宜委运去。纵浪大化中，不喜亦不惧。应尽更须尽，无复独多虑。(《神释》)
>
> 流幻百年中，寒暑日相推。常恐大化(生命)尽，气力不及衰。拨置且莫念，一觞聊可挥。(《还旧居》)
>
> 万化相寻绎，人生岂不劳！从古皆有没，念之中心焦。何以称我情，浊酒且自陶。千载非所知，聊以永今朝。(《己酉岁九月九日》)

他还说：

> 天地长不没，山川无改时。草木得常理，霜露荣悴之。谓人最灵智，独复不如兹！(《形赠影》)

第四章 从"气"到"色"

在陶渊明看来，宇宙、自然是永恒的存在（"长不没"），而其中的一切却在不断地随时间而变化，因而有春夏秋冬四季的循环往复，有生老病死的生命周期。可见，"化"大体就是指的庄子和玄学的自然，并突出其永恒变化的性质。陶氏尤其对生命的初萌和迁逝特别地敏感，他在农田中劳作，"晨兴理荒秽，带月荷锄归"（《归田园居五首》之三），关注着自然正在不断地"化"。于是他有"仲春遘时雨，始雷发东隅。众蛰各潜骇，草木纵横舒"（《拟古九首》之三），"平畴交远风，良苗亦怀新"（《癸卯岁始春怀古田舍二首》之二），"微雨从东来，好风与之俱"（《读〈山海经〉十三首》之一）等写景的诗句来表达自己对自然新变的欢欣。与此同时，他更感受到个体生命也正在不停地随"化"而逝去。"一生复能几，倏如流电惊"（《饮酒二十首》之三），"气变悟时易，不眠知夕永。……日月掷人去，有志不获骋"（《杂诗十二首》之二），"日月不肯迟，四时相催迫。寒风拂枯条，落叶掩长陌。弱质与运颓，玄鬓早已白"（《杂诗十二首》之七），这种对无情之"化"的敏感和痛苦已经到了触目惊心的地步。他对生命行将逝去的痛苦往往要超过他对新生命的欢欣，这是很值得注意的。

另外，他似乎也受了佛教空观的某些影响，如"人生似幻化，终当归空无"（《归田园居五首》之四），分别加在传统用语"化"和"无"之前的"幻"和"空"都是佛教的词语。般若学六家七宗之第五宗即为幻化宗，吉藏《中论疏》中说："壹法师云：'世谛之法皆如幻化。是故经云：从本已来，未始有也。'"可见陶诗中之"幻化"就是般若学的观念。不过，那只是陶渊明在传统的人生无常观念之外从佛教所获取的一个新的佐证而已，并不表明他已经转而接受了佛教空观。同是出现"幻"和"化"，《还旧居》中是这样写的："流幻百年中，寒暑日相推。常恐大化尽，气力不及衰。拨置且莫念，一觞聊可挥。"这是典型的纵浪大化、及时行乐的思想。

值得注意的是，早于陶潜的一些僧诗中也经常提到"化"。如康僧渊《代答张君祖诗》云："真朴运既判，万象森已形。精灵感冥会，变化靡不经。波浪生死徒，弥纶始无名。……逍遥众妙津，栖凝于玄冥。大慈顺变通，化育曷常停。……"（《广弘明集》卷三十）前一"变化"指自然的变化，后二句中"大慈"指佛，意谓佛能因顺变化，权宜变通地实施教化。

同样有意思的是庐山诸沙弥所作的《观化决疑诗》：

> 谋始创大业，问道叩玄篇。妙唱发幽蒙，观化悟自然。观化化已及，寻化无间然。生皆由化化，化化更相缠。宛转随化流，漂浪入化渊。五道化为海，孰为知化仙。万化同归尽，离化化乃玄。悲哉化中客，焉识化表年。（《古诗纪》卷四十七）

观化，是中国的传统，观化就对自然有了领悟。这里重要的是最后六句。五道生死轮回即是苦海，谁是深谙化之究竟的仙人呢？所有的化（万化）都归于消亡，离开轮回之化来观化之轮回，才知道化的终结是玄空。呜呼！身处化中之客，哪里识得化的究竟呢？

上面两个例子，非常典型地表现了佛教徒试图将中国原有的"化"概念转换而为佛教所用的努力。可以说，从"化"到"空"，是一个历史的转换。

王维所受禅宗影响，我将从分析他诗歌中所用的"空"字入手来加以了解，在此以前，先来大略地看一下汉以后唐以前诗歌中用

第四章 从"气"到"色" 205

"空"字的情况。

东汉秦嘉《赠妇诗三首》之一："遣车迎子还，空往复空返。省书情凄怆，临食不能饭。独坐空房中，谁与相劝勉。"

《古八变歌》："枯桑鸣中林，络纬响空阶。"

著名的"古诗十九首"只有一个"空"字，即《青青河畔草》中"倡家女"的自述："荡子行不归，空床难独守。"

魏曹丕《燕歌行》："贱妾茕茕守空房，忧来思君不敢忘。"

曹植《杂诗》："空室自生风，百鸟翔南征。"

晋左思《咏史八首》之四："寥寥空宇中，所讲在玄虚。"之八："落落穷巷士，抱影守空庐。"

以上数个"空"字，有三种涵义：其一，虚，如"空房"；其二，徒然，如"空往复空返"；其三，广大，如"寥寥空宇中"。三者意义都相当实，不仅与佛教因缘寂灭的思想了无关涉，即使与东汉以后人生无常的流行思想也是没有联系的。

佛教与玄学的融合，在诗歌方面是通过玄言诗进行的，其方式是在玄言诗中糅入佛理。这种情况表现在诗歌中，于是出现了玄言和佛语，如"玄""冥""虚""理""空""幻""自然""真""幽"，等等。

支道林《四月八日赞佛诗》有"慧泽融无外，空同忘化情"句，"慧"即般若智慧，"化"仍指自然造化，"情"即有情，指人。诗句意谓佛的智慧普照宇宙，世人同归于空而物我（化情）两忘。他还有"曾筌攀六净，空同浪七住"句，"六净"指六根清净，"七住"指七常住果：菩提、涅槃、真如、佛性、庵摩罗识、空如来藏、大圆镜智。显然，"空同"一词体现了般若空观的思想。《咏怀诗五首》之二有"廓矣千载事，消液归空无"句，"空无"一词是玄佛双涵的。支氏是即色

206　禅宗美学

宗的代表，倡"即色自然空"（《善思菩萨赞》），他并不丢弃老庄的自然以解空，是值得注意的。

鸠摩罗什《十喻诗》云："十喻以喻空，空必待此喻。"[①]（《艺文类聚》卷七十六）

慧远僧团成员王乔之作《奉和慧远游庐山诗》，有"众阜平寥廓，一岫独凌空。……事属天人界，常闻清吹空"。两个"空"字都是指天空，后一"空"可能另有所指。有意思的是，同游者讲"玄谷"而不讲"空谷"，如另一成员刘遗民《奉和慧远游庐山诗》有"冥冥玄谷里，响集自可闻"句（两首诗据陈舜俞《庐山记》卷四）。无独有偶，较早的康僧渊也不讲"空谷"而讲"丹谷"（见他的《又答张君祖诗》）。这里"玄""冥""丹"诸字都有从玄转到佛的意味。

《陶渊明集》收诗122首，其中"空"字出现15次，大约每8首有一个，大多涵义比较偏于实。如《九日闲居》："如何蓬庐士，空视时运倾。"《癸卯岁十二月中作与从弟敬远》："萧索空宇中，了无一可悦。"比较特殊的是前面已经提到的《归田园居五首》之四："人生似幻化，终当归空无。"[②] "空无"与"幻化"配成对，是将道家思想与佛教思想糅合在一起了。这样，"空"字就有了空幻的意思。从支道林、鸠摩罗什和慧远的诗歌中"空"字兼涵玄佛的用法来看，陶渊明正是处在从玄到佛的历史大转换之中。

谢灵运诗中的"空"字例举如下：

---

① 鸠氏此诗将在本书第五章详论。
② 《饮酒二十首》之八："吾生梦幻间，何事绁尘羁。"把人生比为做梦，是庄子梦蝶的传统。联想到《归田园居五首》之五"人生似幻化，终当归空无"之语，当可设想此诗有偏于空幻的倾向，也许是受到了佛教空观的影响。佛教十喻中有梦喻。

第四章 从"气"到"色" 207

徇禄反穷海,卧痾对空林。(《登池上楼》)

虚馆绝诤讼,空庭来鸟雀。(《斋中读书》)

空翠难强名,渔钓易为曲。(《过白岸亭诗》)

三江事多往,九派理空存。(《入彭蠡湖口》)

羽人绝仿佛,丹丘徒空筌。(《入华子冈是麻源第三谷》)

云日相辉映,空水共澄鲜。(《登江中孤屿》)

敬拟灵鹫山,尚想祇洹轨。绝溜飞庭前,高林映窗里。禅室栖空观,讲宇析妙理。(《石壁立招提精舍》)

务协华京想,讵存空谷期。(《酬从弟惠连》之四)

　　谢灵运的诗中,"空"字明显地加多了。涵义大体如下:其一,"空观",指大乘佛教的般若空观,其意义最虚,同于支道林的用法。其二,"空庭""空存""空筌",意义比较实,与前举"空"字的三种用法无甚不同。其三,"空水",此"空"指天空。其四,"空林""空翠",意义转虚;翠为青绿色,"空翠"是难以言语形容的,或可意会,因此谢氏只得"难名"而"强"名之。左思《蜀都赋》有"郁蓊蓊以翠微"句,《文选》注曰:"翠微,山气之轻缥也。"形容山气青翠氤氲,随风浮动,谢灵运《佛影铭》云"借空传翠",正是这个意思;成语"青翠欲滴",欲滴则有透明感,大概"空翠"也可以理解为绿得近乎透明。另外,翠为青绿色的玉,也叫翡翠,以全碧绿而透明者为佳。把三者综合起来,翠与青绿色、浮动的山气和通透的碧玉有关,古人正是把天空叫碧空。如果真是这样,那么就正如谢灵运所叹的"空翠难强名"了。

　　这里,要单独讲一讲"空林"。树林从视觉上看中间是空的,林中可能横着一条小径,也可能根本没有路穿越其间。不过,或许用"空林"一词是因为,即便有路却也人迹罕至,飞禽走兽亦远离了,使人体会到:人禽只是树林的过客,树林本来是"空"的。如果不是实体空间上的空虚,那么只能理解为是人把林看"空"了。[①] 如"高林映窗里",窗为禅室之窗,透过此窗望见高高的树林,树林也就成为禅的观想物了。谢灵运《过瞿溪山饭僧》云"清宵飏浮烟,空林响法鼓","空林"中回荡着法鼓声,两者间的联系也是循了同样的思路。空观与"空林"显然是有内在关联的。

佛祖释迦牟尼就是在菩提树下开悟成道的。永嘉玄觉的《永嘉证道歌》有云:

> 旃檀林,无杂树,郁密森沉师子住。境静林间独自游,走兽飞禽皆远去。师子儿,众随后,三岁便能大哮吼。

百丈怀海也道"林树庄严空无诸染"(《古尊宿语录》卷二《大鉴下三世(百丈怀海大智禅师)语录之余》)。静寂的树林原来是觉悟者的领地。阿兰若,梵语"arannya",是树林、森林的意思,因为那里荒无人烟,是空寂之地,僧人们喜欢到林中去修行。[②] 因此阿兰若又指修行的地方,在此修行,称为阿兰若行,在此修行的人,称为阿兰若迦。我们完全可以猜测,谢灵运的"空林"当与阿兰若有关。"空林

---

① 王维《送李太守赴上洛》有"行客响空林",杨素《山斋独坐赠薛内史二首》之一有"鸟散空林寂"。
② "丛林"在佛教指寺庙。《大智度论》卷二云:"僧伽,秦言众,多比丘一处和合,是名僧伽;譬如大树丛聚,是名为林。"可见树林与寺庙即和尚的修行之所紧密相关。

响法鼓",正是修行之地;"卧疴对空林"是在"徇禄反穷海"的几近流放的人生困境之后,他还说"持操岂独古,无闷征在今"(《登池上楼》),摆出避世的姿态。

唐代诗僧贯休《酬韦相公见寄》有"诗寄空林问讯多"[①],此"空林"即指自己所居之禅寺及周遭山林环境。作为自然环境的"空林""空山",根本不同于作为人的居所和用具的"空馆""空庭""空床",它们具有更为深长的佛教意蕴。与直接把瞿溪山拟想为灵鹫山相比,"空林响法鼓"却是通过感性的形象(空的树林)悄无声息地渲染、渗透大乘空观寂灭的思想,似乎更为成功。因此,我们可以把"空林""空山"和月、云等与禅寺、禅行、禅悟相关的自然景物称为禅观自然,围绕着这类自然之物的诗性关注将会尤为发展。[②]

谢朓《观朝雨》:"空蒙如薄雾,散漫似轻埃。"

宝月《行路难》:"空城客子心肠断,幽闺思妇气欲绝。"

[①] 贯休与韦庄交往唱酬颇多。此时韦庄已经做了前蜀王建的宰相,寄诗向贯休问讯,此诗乃贯休酬答诗。

[②] 禅宗言觉悟常注重"时节因缘",即要求"从缘悟入"。《五灯会元》卷十七《建隆昭庆禅师》所记有如下一段:"扬州建隆院昭庆禅师,上堂:'始见新岁倏忽,早是二月初一。天气和融,拟举个时节因缘与诸人商量,却被帝释梵王在门外柳眼中努出头来,先说偈言:袅袅飏轻絮,且逐风来去,相次走绵毬,休言道我絮。当时撞著阿修罗,把住云,任你絮,忽逢西风吹渭水,落叶满长安一句怎么生道?于是帝释缩头入柳眼中。'良久曰:'参。'"这一则公案极富诗意,颇有些寓言的意味。倡四大皆空的禅宗,尽管可以将芭蕉画在雪地里,说"昼入祇陀之苑,皓月当空;夜登灵鹫之山,太阳溢目。乌鸦似雪,孤雁成群。铁狗吠而凌霄,泥牛斗而入海"(《五灯会元》卷十四《芙蓉道楷禅师》),却并不妨碍它讲究什么"时节因缘",其用意即是要求在不断变化的、有规律而偶然的自然现象上取得悟解的机缘("机缘"一词是时机因缘的缩略语)。而此公案,又将禅偈与诗互相印证,可以说是把中国人的美学传统与佛教融会在一起了。

萧统《昭明太子集·讲解将毕赋三十韵》："意树登空花，心莲吐轻馥。"此"空花"为虚幻的花，《圆觉经》："譬彼病目，见空中华及第二月。"

何逊《赠诸游旧》："望乡空引领，极目泪沾衣。"《临行与故游夜别》："夜雨滴空阶，晓灯暗离室。"何氏诗用空字，以前一例为主，大体为徒然意。何氏对自然的视听观察已经极为细致，后一例夜雨滴落空阶的听觉描述即是。但无从判断是否与空观有联系。

江总《南还寻草市宅》："花落空难遍，莺啼静易喧。"诗句描写诗人寻访旧宅所见，花朵纷纷落地，但难以盖满庭院整个空间，莺的啼鸣声因为周遭静谧而显得喧闹。"空"与"静"对举而出，是诗人关注的中心，因此空的意义就不单单是指空间了，似乎还有般若空观的人文意义。

祖珽《挽歌》："荣华与歌笑，万里尽成空。"这明显是一个依空观看破红尘的例子。

薛道衡《昔昔盐》："暗牖悬蛛网，空梁落燕泥。"上句有出典，源于《诗经·东山》"伊威在室，蠨蛸在户"，而下句则为薛道衡独创。"空"与"暗"对举，和"空"与"静"对举一般。此"空"字表面看涵义似颇实，而其实甚虚。

王维，盛唐诗人，他给禅宗南宗创始人慧能写过碑铭，也给写《楞伽师资记》以维护北宗正统地位的净觉和尚以及其他禅师写过碑铭，并和许多与他同时代的禅师有过来往，如著名的马祖道一等。他为自己取字摩诘，而摩诘正是《维摩诘所说经》中的主人公。王维在自己的诗中，多次提到"安禅"，确实，读王维的许多诗，感觉他就像一位主定喜静的北宗禅师，长于以空的直观来感受这个世界。"五

第四章　从"气"到"色"　211

蕴本空，六尘非有"(《六祖能禅师碑铭》)，"眼界今无染，心空安可迷"(《青龙寺昙壁上人兄院集》)，他的诗中多用"空"字。笔者粗略统计了一下，《王右丞集》收古近体诗441首，共出现"空"字84次，平均每5首有一个，这个频率是相当的高了。

请读他著名的《山居秋暝》：

空山新雨后，天气晚来秋。明月松间照，清泉石上流。竹喧归浣女，莲动下渔舟。随意春芳歇，王孙自可留。

这首诗描述秋天诗人山居的见闻，是以声色对举和交替的方式进行的。看中间两联，明月照在松林，山中极为静谧，但见清清泉水在石头上流过，这句似乎是写色，其实暗含了声，一个"流"字，发出了声响，给整句诗灌注了生气。下一句与上句相反，似乎是为了与"流"字相呼应，先出来一个"喧"字，竹林在闹，浣纱女归来了，水面上绿的莲叶粉红的莲花浮动起来，渔舟也返回了。此一"动"字写色，其实也暗含了声，但因"喧"字在先，诗人有意将渔舟划过水面的声音弱化以强化莲动的视象。四句诗，首尾重于写形色，中间偏于写动静，声色相得益彰，节奏感极强。

王维诗中极喜写"空山"，除了《山居秋暝》的"空山新雨后，天气晚来秋"，还有：

空山不见人，但闻人语响。返景入深林，复照青苔上。(《鹿柴》)

人闲桂花落，夜静春山空。月出惊山鸟，时鸣春涧中。(《鸟

鸣涧》）

如果把此"空山"理解为《诗经·小雅·白驹》"皎皎白驹，在彼空谷"的大谷，或是深谷，其意义都变得十分的实，也十分的明确。而王维的"空山"却显得多义，有大、深、静、幽、净、虚诸义。显然，此"空"字与般若空观有着密切的联系。我们细细地品味他的这几首诗，都与人有关。《山居秋暝》中有生动活泼的浣女和渔舟。《鹿柴》说"空山不见人，但闻人语响"，以人语反衬山之空静。《鸟鸣涧》则以人之闲、夜之静来托出山之空。可以肯定地说，山之所以空，正是因为它闲和静。因此，山之空是人对它静观的结果，而不只是视觉上的大或深。①

王维诗中写"空"的还有许多，如"空林""空翠"：

> 清川兴悠悠，空林对偃蹇。青苔石上净，细草松下软。（《戏赠张五弟𬤇三首》）
>
> 鹊巢结空林，雊雏响幽谷。（《晦日游大理韦卿城南别业四

---

① 《诗经·小雅·白驹》："皎皎白驹，在彼空谷。"空谷与空山相比，要好理解得多，空谷指山谷的凹形，犹言大谷，引申而为深谷，而空山则并非指山的形状或不仅指山的形状。梁武帝《净业赋》："若空谷之应声，似游形之有影。"将空与游对举，已经有新的意味了。前引谢灵运"务协华京想，讵存空谷期"，即是将空谷作为避世逍遥之所。可见此时的空谷也并非单纯指山的形状。以后王维对着空林讲幽谷，也是这个意思。皎然《秋晚宿破山寺》："秋风落叶满空山，古寺残灯石壁间。昔日经行人去尽，寒云夜夜自飞还"，《新秋送卢判官》有"由来空山客，不怨离弦声"句，《于武原从送卢士举》有"落日独归客，空山匹马嘶"句，可见，空山、空谷与人（客）相关，为禅观自然。

首》之四）

　　荆溪白石出，天寒红叶稀。山路元无雨，空翠湿人衣。（《山中》）

前面分析谢灵运诗时已经讲到"空林"为禅观自然，与王维同时代略早的孟浩然有一首《题义公禅房》：

　　义公习禅寂，结宇依空林。户外一峰秀，阶前众壑深。夕阳连雨足，空翠落庭阴。看取莲花净，方知不染心。

这首禅诗中"空林"与"空翠"都出现了。"结宇依空林"一句似乎受到谢灵运"空林响法鼓"的影响，"空林"之空当为空寂无疑。王维《过感化寺昙兴上人山院》：

　　暮持筇竹杖，相待虎溪头。催客闻山响，归房逐水流。野花丛发好，谷鸟一声幽。夜坐空林寂，松风直似秋。

《与苏卢二员外期游方丈寺而苏不至因有是作》：

　　共仰头陀行，能忘世谛情。回看双凤阙，相去一牛鸣。法向空林说，心随宝地平。……[1]

---

[1] 又，王维《过乘如禅师萧居士嵩丘兰若》有"行踏空林落叶声，迸水定侵香案湿"句。

显然，诗风相近的孟浩然和王维的这三首描写禅寺的诗，更坐实了"空林"与禅观的联系。

那么，"空翠"到底是什么呢？谢灵运说"空翠难强名"，我们刚才已经做了一些猜测。读孟浩然的"夕阳连雨足，空翠落庭阴"，知当时正是雨后初晴，阳光下，风将一些雨丝吹送过来经过树林而落到庭院。皎然《集汤评事衡湖上望微雨》有"苍凉远景中，雨色缘山有"句，微雨中的雨色是青山给它渲染上的，即"空翠"。孟浩然的《夏日南亭怀辛大》有"荷风送香气，竹露滴清响"句，"空翠落庭阴"其实与"竹露滴清响"句意正相仿佛，表现出幽独之趣。王昌龄《同王维集青龙寺昙壁上人兄院五韵》："本来清净所，竹树引幽阴。檐外含山翠，人间出世心。"把青翠的山看作清净之所，其意义与孟浩然诗《题义公禅房》的"空翠"相同。

"空"的审美经验在王维手中迅速占领更多的地盘，"空林""空山""空翠"……还可以有许多的"空"。如：

雀噪荒村，鸡鸣空馆。（《酬诸公见过》）

荒城自萧索，万里山河空。（《奉寄韦太守陟》）

萧条人吏疏，鸟雀下空庭。（《赠房卢氏琯》）

空虚花聚散，烦恼树稀稠。（《与胡居士皆病寄此诗兼示学人二首》之二）

秋天万里净，日暮澄江空。（《送綦毋校书弃官还江东》）

铙吹发西江，秋空多清响。（《送宇文太守赴宣城》）

薄暮空潭曲，安禅制毒龙。（《过香积寺》）

空居法云外，观世得无生。（《登辨觉寺》）

第四章 从"气"到"色" 215

眼界今无染，心空安可迷。(《青龙寺昙壁上人兄院集》)①

诗歌中声色对举的写景手法，如前所引，在南北朝已经出现，谢灵运也用得较多，如："崖倾光难留，林深响易奔"(《石门新营所住四面高山回溪石濑茂林修竹》)，"鸟鸣识夜栖，木落知风发"(《夜宿石门诗》)。

到了唐代，声色对举的写法已然成熟，而王维诗中声色对举者所在极多：

> 声喧乱石中，色静深松里。(《青溪》)
>
> 树色分扬子，潮声满富春。(《送李判官赴江东》)
>
> 林下水声喧语笑，岩间树色隐房栊。(《敕借岐王九成宫避暑应教》)
>
> 谷静泉逾响，山深日易斜。(《奉和圣制幸玉真公主山庄因题石壁十韵之作应制》)

---

① 常建《题破山寺后禅院》："山光悦鸟性，潭影空人心。"此空为荡涤义，意谓潭中影是虚幻的，它可以唤醒人心，必须将一切看空。此一"空"字的涵义和用法非常值得重视。前所举之"空"字都是放在某一自然物之前或之后，对之进行形容。如"空林""空山""澄江空"，描述对象实际的空间之空，并渐渐有般若空观潜移默化地渗透进去，喻示人对自然的看空，而常建诗中之"空"很特殊，它反过来，以自然的意象——潭影之虚幻，来晓喻人心须看空自然的佛理。"空"字作为动词而不是形容词。还有，晚唐五代诗僧齐己《题东林白莲》有"大士生兜率，空池满白莲"。"大士"指莲花，兜率指兜率天，为欲界六天中的第四天。这个天的内院，为将来成佛的菩萨的住处，现在则有弥勒菩萨在其中说法。我们要注意的是后一句"空池满白莲"，池中既满是白莲，就谈不上空，于是这个"空"只能理解为是人把池看空了。

声连鸤鹊观，色暗凤凰原。(《和陈监四郎秋雨中思从弟据》)
细枝风响乱，疏影月光寒。(《沈十四拾遗新竹生读经处同诸公之作》)

以上对句都是很好的诗句，它们的出现当与禅宗对声色现象的重视有关。王维《大唐大安国寺故大德净觉禅师碑铭序》云："大块群籁，无弦出法化之声；恒沙众形，□□（阙二字）为宝严之色。"这话其实与"一切色是佛色，一切声是佛声"说的是同一个意思。

王维诗中多有"闲"字，如：

北窗桃李下，闲坐但焚香。(《春日上方即事》)
一悟寂为乐，此生闲有余。思归何必深，身世犹空虚。(《饭覆釜山僧》)

陶渊明诗中也多"闲"字，如：

形迹凭化往，灵府长独闲。……鼓腹无所思，朝起暮归眠。(《戊申岁六月中遇火》)
农务各自归，闲暇辄相思。相思则披衣，言笑无厌时。(《移居二首》之二)
息交游闲业，卧起弄书琴。园蔬有余滋，旧谷犹储今。营己良有极，过足非所钦。(《和郭主簿二首》之一)

陶渊明的"闲"是"闲暇"，与自己的农田劳作相联系着，耕种园

第四章　从"气"到"色"　　217

田只是为了满足自己有限的需求,一旦达到需求,则可以以"游"的态度享受闲暇生活的乐趣。他的"独闲"是"闲居离世纷"(《述酒》)、"鼓腹无所思"和"浊酒且自陶"(《己酉岁九月九日》)。而王维的"闲"也有同于陶渊明之处,如《渭川田家》:

> 斜光照墟落,穷巷牛羊归。野老念牧童,倚杖候荆扉。雉雊麦苗秀,蚕眠桑叶稀。田夫荷锄立,相见语依依。即此羡闲逸,怅然歌式微。

此诗的意味与陶渊明诗极其相似,其中的"闲"是"闲逸",也即陶的"闲暇"。

然而,王维诗中的"闲"更多地与寂静、空定同义,"闲"是焚香、禅诵、入定和悟空的意思。除了前引诗,还可以举出一些,如"终南有茅屋,前对终南山。终年无客长闭关,终日无心长自闲"(《答张五弟》),"闲"就是对着终南山,无客关门,专心坐禅而至于"无心",它表现为这样一个空观深入的过程:"爱染日已薄,禅寂日已固。"(《偶然作六首》之三)他的《苦热》也很有意思:

> 赤日满天地,火云成山岳。草木尽焦卷,川泽皆竭涸。轻纨觉衣重,密树苦阴薄。莞簟不可近,絺绤再三濯。思出宇宙外,旷然在寥廓。长风万里来,江海荡烦浊。却顾身为患,始知心未觉。忽入甘露门,宛然清凉乐。

可见，热与凉的转换在于心，在于人能否达到禅定的境界。①

从对自然的审美经验上看，"闲"的意义是把自然看空：

洒空深巷静，积素广庭闲。(《冬晚对雪忆胡居士家》)
寂寥天地暮，心与广川闲。(《登河北城楼作》)

前一句描写冬雪之夜，飞雪从天空（"空"）洒落，深巷一片寂静，雪花堆积于宽广的庭院，使人感受到"闲"。"闲"与"空""静"是相通的。后一句描写登城楼远望所见，天地间暮色寂寥，而诗人的心即与一望无际的平原化为一体，其感受也是"闲"。就是到达官贵人府上饮酒唱酬，也是带着静观的态度，如："杨子谈经所，淮王载酒过。兴阑啼鸟换，坐久落花多。"(《从岐王过杨氏别业应教》)"兴阑"两句是观察和描写落花的名句，读来总是透出"闲"的消息。他的《青龙寺昙壁上人兄院集序》云："以定力胜敌，以慧用解严。……不起而游览，不风而清凉。"坐禅入定了，就自然无染而"闲"，它是"游览"，是"清凉"，可以化解人生的烦恼和自然界的炎热。总之，空观下的自然所给予人的就是"闲"的感性心理经验，它使诗人对自然界的静谧（寂灭）具有极度的敏感，所创作的诗歌往往可以达到非常高的审美境界：

---

① 王维《夏日过青龙寺谒操禅师》也与《偶然作六首》之三同义："龙钟一老翁，徐步谒禅宫。欲问义心义，遥知空病空。山河天眼里，世界法身中。莫怪销炎热，能生大地风。"裴迪《同咏》："安禅一室内，左右竹亭幽。有法知不染，无言谁敢酬。鸟飞争向夕，蝉噪已先秋。烦暑自兹退，清凉何所求。"

第四章 从"气"到"色"

独坐幽篁里，弹琴复长啸。深林人不知，明月来相照。(《竹里馆》)

木末芙蓉花，山中发红萼。涧户寂无人，纷纷开且落。(《辛夷坞》)

不知香积寺，数里入云峰。古木无人径，深山何处钟。泉声咽危石，日色冷青松。薄暮空潭曲，安禅制毒龙。(《过香积寺》)

我们在本书引论中曾对王维《袁安卧雪图》将芭蕉画在雪中，使时序颠倒的画法做过积极的评价，认为它体现了佛教的美学趣味。其实，王维的这一画法是有其佛学出典的。《王右丞集》卷二十四《大唐大安国寺故大德净觉禅师碑铭序》："雪山童子，不顾芭蕉之身。云地比丘，欲成甘蔗之种。"这里前一句中包含了两个佛教典故：其一，雪山童子，佛入雪山修行，故称佛为雪山童子；其二，芭蕉之身，《大般涅槃经》云："是身不坚，犹如芦苇。伊兰水沫，芭蕉之树。"又云："譬如芭蕉，生实则枯。一切众生，身亦如是。"王维将两个典故合而为一，以雪中芭蕉的形象与卧雪之人形成某种内在的联系。据《宣和画谱》，当时御府藏王维画作126幅，其中以雪为名的有20幅之多，如《雪江诗意图》《雪川羁旅图》《雪景山居图》，等等。可见王维对雪景及处于雪中之人有其偏爱，不为无因。以后中国诗歌中大量出现雪的意象，与佛入雪山修行典故有着因缘关系。换言之，隐于诗歌意象的雪之后的是佛教的背景。王维将佛教典故融入所创造的艺术形象，几臻天衣无缝的境界。如他的诗《华子冈》[1]：

飞鸟去不穷，连山复秋色。上下华子冈，惆怅情何极。

"飞鸟"二字又见王维《六祖能禅师碑铭序》："犹怀渴鹿之想，尚求飞鸟之迹。"飞鸟是许多佛经中均可见的一个譬喻，有其出典。僧祐《出三藏记集》卷四著录有《飞鸟喻经》一卷。《增一阿含经》卷

---

[1] 参见《文学遗产》1998年第2期陈允吉《王维辋川〈华子冈〉诗与佛家"飞鸟喻"》一文。陈文成功地揭示了王维《华子冈》诗与佛教飞鸟之喻的关系，并罗列不少旁证，洵为创见。陈文指出："'飞鸟去不穷，连山复秋色'两句，俱不应被误解为泛泛的述景辞语，而有深邃的佛理含藏在其感性形象里面。诗人于兹所展示的高度结撰技巧，最突出的一点是，他极善抓住对自然现象的刹那感受妙思精撰，令难以求形之佛学义理从中得到象征性的显现。"这里存在的问题是，佛理不是藏在感性形象里面，诗中所描写的自然现象也并非佛学义理的象征。就王维的觉悟水平而论，他已经达到超越色空的境界，证据可见于他的《荐福寺光师房花药诗序》："心舍于有无，眼界于色空，皆幻也。离亦幻也。至人者，不舍幻而过于色空有无之际。"在王维色与空并非两个东西，飞鸟（色）即是空，空即是飞鸟。因此，飞鸟（色）对空没有象征的关系。张伯伟也有相似的见解，他说："佛教本来强调的是在幽静的自然环境中瞑想，是为了有助于摄心守念，而传入中国以后，由于玄学思想的影响，他们吸收了道家的观念，将山水自然视作'法身'的象征，这在自然观上无疑是起了重大的变化。这种自然观，影响了谢灵运，当然也影响了山水诗。"（张伯伟：《禅与诗学》，浙江人民出版社1992年版，第174页）把自然山水视为佛理的象征，不会没有，但是这种观点对禅宗自然观绝对是误解。例如支道林的即色是空，就不能把色理解为空的象征。因为虽然色不自色，但是也并非色外另有空，而是色即是空。再说，道家和玄学是否以为自然山水是他们的观念如玄理的象征呢？当然不是。因为在他们，自然主要是亲和的对象。亲和不是象征，托物言志或托兴也不是象征。中国的美学，有时很难以西方的哲学、美学或修辞学的观念来描述。这是研究国学的难度所在。再请参看本书第222页注①。

十五《高幢品》:"或结跏趺坐,满虚空中,如鸟飞空,无有挂碍。"《大般涅槃经》:"如鸟飞空,迹不可寻。"《华严经》:"了知诸法性寂灭,如鸟飞空无有迹。"神会评此喻说:"譬如鸟飞于空,若住空必有堕落之患。"(《神会和尚禅话录·南阳和上顿教解脱禅门直了性坛语》)《华子冈》是一首艺术水平极高的小诗,读者如果对诸佛经有所了解,则当可以将"飞鸟无迹"与空观发生联想,而若缺乏佛教修养,那他自然把飞鸟句读作一个直观意象,不会妨碍他欣赏诗的美感。孟浩然的《秋登万山寄张五》有"北山白云里,隐者自怡悦。相望始登高,心随雁飞灭"句。同样,"自幼好佛"而被韩愈指摘"嗜浮图言""与浮图游"的柳宗元的那首绝妙小诗《江雪》①"千山鸟飞绝,万径人踪灭。孤舟蓑笠翁,独钓寒江雪"也是以鸟飞(之迹)和人行之踪的绝灭("鸟飞绝""人踪灭",正是"空林"和"空山"的禅观条件)

---

① 请比较[德]W.顾彬的《中国文人的自然观》(马树德译,上海人民出版社1990年版,第215—223页)对柳诗和下引李诗的评论。顾氏认为《江雪》严格区分了自然和人这两个领域,此诗的深意在:人是万物之主,不像鸟那样屈服于大自然。李白诗也指示了:人不只与客观存在和平共处,人还是存在的主人。又云:山有坚实的根基,而风和云却无根可言。联系上文,我们明显可以看出,李白《独坐敬亭山》诗所受影响是来自禅宗;而顾氏的观点其实偏于道家和儒家,全然脱离了唐代的佛教文化背景,因而导致如此荒谬的结论。柳宗元《禅堂》又云"心境本同如,鸟飞无遗迹",与"千山鸟飞绝"同义。请比较陶渊明《饮酒五首》之五:"山气日夕佳,飞鸟相与还。"《归去来兮辞》:"云无心以出岫,鸟倦飞而知还。"陶诗中的飞鸟是结伴飞回窝的,而王维的《华子冈》和柳宗元的《江雪》中的"飞鸟"都是飞去无踪迹,刹那刹那变迁,飞去不飞回的。陶诗中的归鸟意象衬托了陶氏悠然脱俗的怀抱("心远地自偏"),但鸟结伴成群而归,显然仍是人间的,与自然是为一的、亲和的。王赞《杂诗》"人情怀旧乡,客鸟思故林",鲍照《日落望江赠荀丞》"林际无穷极,云边不可寻。惟见独飞鸟,千里一扬音。推其感物情,则知游子心"亦可为证。而王、柳诗中的飞鸟意象是超绝("无迹")的、寂灭的,它是自然之空性的直观。柳诗尤其如此。

来直观地表象自己的寂灭之感,这个自我就是诗歌后两句中孤独的钓者,就是诗中的雪,读者虽不妨把它与佛入雪山的典故做一联想,但它仍然是一个直观。对比之下,王维如下的诗句是无论如何不能算成功的:"……趺坐檐前日,焚香竹下烟。寒空法云地,秋色净居天。身逐因缘法,心过次第禅。不须愁日暮,自有一灯燃。"(《过卢员外宅看饭僧共题》)尽管诗作成功地渲染了佛教的精神,禅的氛围很浓重。李白著名的五言绝句《独坐敬亭山》:"众鸟高飞尽,孤云[①]独去闲。相看两不厌,只有敬亭山。"显然也是受到飞鸟之喻的影响,其诗的禅观意味是相当浓重的。

我们须注意,与诸佛经所记释迦牟尼及诸佛为向大众说佛法而广取譬喻的博喻[②]方式不同,禅宗往往沿用印度佛教的譬喻,它自己创制譬喻要少得多,也较少使用博喻,因为在大多数情况下,譬喻中喻体、喻意是可以分离的,那不适于禅宗的觉悟方式。如前引萧

---

① 葛兆光一方面以象征来界定"禅意的'云'",另一方面又表现出些许矛盾的心态。他说:"'云'这一语词被中晚唐诗人们用在诗里的时候,它已经是一种淡泊、清净生活与闲散、自由心境的象征了。"(《中国宗教与文学论集》第四章"禅意的'云':唐诗中一个语词的分析(个案研究之二)",清华大学出版社1998年版,第95—96页)他把心境与视境加以区分。分析王维的"行到水穷处,坐看云起时"云:"诗人静坐,伫望远处缓缓浮起的云,云与恬静的心灵相映,诗人将自己的心境投射在白云之中,因而视境中的'云'也变得宁静而闲逸。"(同上,第102页)这里似乎有些矛盾,静坐望浮云,到底是心境还是视境?其实葛先生的思路是先设定心境,然后以心境去"投射"视的对象,结果形成视境。在这里"投射"是一个重要的术语,文中还有一个术语"染",用意相同。可以判断,是"投射"造成了"象征"。"象征"是另一个重要术语。无论是"投射"还是"象征",都必须有两个不同的东西,一个是外在的自然物象,一个是充满闲适禅意的心灵。

② 晋葛洪《抱朴子》有《博喻》《广譬》两篇。这大概是"博喻"一词最早的出处。

统《讲解将毕赋三十韵》中的"意树登空花，心莲吐轻馥"，其诗歌意象的构造就是引入了佛教的譬喻方式，王维的"寒空法云地，秋色净居天"也是如此。而禅宗却有根本的不同，它说"一切色是佛色，一切声是佛声"，是把每一色每一声都当作独一无二的感性现象，当禅者看到或听到它时，刹那间产生了一个空的直观。如前引云门文偃与众僧讲"真空不坏有，真空不异色"时，有僧问：什么是真空？云门避而不答，却突然发问：听到钟声了吗？僧回答：听到钟声了。云门就斥之曰：做哪年的梦！这里的钟声是一个听觉上的直观，之所以突然中断谈话而发问，是欲借机引导学僧在刹那间把钟声直接听作真空，而决不容许将钟声与真空发生联想，因此钟声也并非隐喻。再如《华子冈》诗中的"飞鸟"，如果读者仅仅把它与经文中的飞鸟喻做联想，那么他也没有进入感性直观。只有当他把飞鸟看作纯粹的视觉现象时，他才是在进行空观。而且，我们也可以料想，王维吟出《华子冈》时，并没有发生一个将飞鸟之迹与经文有关内容进行联想的过程，如"寒空法云地，秋色净居天"那样将天空与法云、秋色与净居做联想。他之所见就如他诗中之所写，"飞鸟去不穷"仅是一个直观，"千山鸟飞绝"也一样。我们不妨将王维的《华子冈》、李白的《独坐敬亭山》、柳宗元的《江雪》和同是唐人的本净禅师的《见闻觉知偈》比较一下：

见闻觉知无障碍，声香味触常三昧。如鸟空中只么飞，无取无舍无憎爱。若会应处本无心，方得名为观自在。

本净的偈采取譬喻方式，对于理解飞鸟的喻意也许更有助益，飞鸟并非如在诗人笔下是直观的显现，因此自然缺少美感。因此，我们可以设想，禅师和后来的诗人把印度佛教的譬喻转换成直观了，这是一个基本的变化。[①]我们甚至可以进一步说，就诗歌而论，当空观与直观于刹那间融会在一起的时候，境界——意境就产生了。在意象的构成和使用上，禅宗与印度佛教之间存在着重直观与重博喻的区别，它反映到美学上，其意义尤为重大。

王维不仅是诗人，还是一位很出色的文人画家。苏东坡云："味摩诘之诗，诗中有画；观摩诘之画，画中有诗。"（《东坡题跋》下卷《书摩诘蓝田烟雨图》）王维的诗入画三昧，如"远树带行客，孤城当落晖"，如"江流天地外，山色有无中"等等，都是如此。诗与画的相通，其实更基本的是与王维感性直观的方法有关。当诗歌语言做出纯粹的意象组合即如画时，最是与中国诗歌的传统相吻合，并极容易受纳空观的渗透，从而产生境界——意境。因此，人们直觉式地鉴赏诗

[①] 葛兆光云："当禅宗式的体验出现后，人们的视境就发生了变化……在他们的视境中，郁郁黄花，青青翠竹，无一不有个禅心在，马祖道一云'凡所见色，皆是见心'，正是这个意思，因此他们并不分别物象与心灵的差异，而是寻求心物的合一。"（葛兆光：《中国宗教与文学论集》，清华大学出版社1998年版，第105—106页）细辨马祖道一的意思，色当不是心"投射"或"染"的对象。"不分别"是什么意思呢？象征作为方法，承认分别是它的前提，因此，象征也不可能造成"心物的合一"。在马祖道一看来，心境与视境本来是一个东西。因此，说它是一个浑然不可分割的直观或禅观，更为合适。当然，仅就语词分析而论，使用象征来说明也不错的，问题出在用来表述"禅意"，象征一词似乎不太合宜。更进一步的问题是，如果论及意境，象征也许更不相宜。意境是一个需顿然领悟的直观境界，如果读者不能在刹那间悟得所象征的"意"，那么就无所谓象征；即使读者经过稍许思索，明白了象征意义，诗歌意境的意味也荡然无存了。从读者接受心理分析，象征作用在时间上必然迟于顿悟式直观的刹那作用，这种延宕效应会阻碍意境的被接受，即使读者无法感悟到意境。

歌中的意象时,并不会意识到禅观已经渗透到其中,已经于不知不觉中促成了空观与直观的融会。

禅家常说的三种境界也是空观与直观融会极妙的例子。三种境界:"落叶满空山,何处寻行迹","空山无人,水流花开","万古长空,一朝风月"。每境中都有"空"字。第一境"落叶满空山,何处寻行迹",举目所见无非是铺满了落叶的空山,或是路为树叶所掩,或是根本就没有路,总之,山空的直观宣告此处没有人,没有人也即没有佛,因此"何处寻行迹"是有所执著之人所发的一个不当之问;第二境"空山无人,水流花开",山空而没有人,虽然佛尚未寻到(也寻不到),但"水流花开"却是一个生动的直观,它是一个无欲非人的声色之境,水正流、花正开,非静心谛听谛视无以观,观者正可以藉此境以悟心,喻示①了对我执法执已经有所破除的消息;第三境"万古长空,一朝风月",前一句是永恒,后一句是刹那,刹那间("一朝")的风月是一个直观,喻示时空被勘破,禅者于刹那间顿悟永恒的意义。在这三境中,空不光是讲空间,而且还透过空来看时间。因此,空观不是一个抽象的观念,空观是直观的灵魂(体),直观是空观的姿势(用)。虽然空观的对象是永恒之空,但是它实在却是无数个互不相关的刹那直观,没有一个永恒不变的姿势。尤其要注意的是,空观不是借着直观而实现,直观也不是空观的具体化,而应该是空观即直观,直观即空观。

---

① 这里,"喻示"这个词不可在象征或是隐喻的意义上被使用,它只在直观的意义上被使用。

第五章 说不可说之境

自从1908年《国粹学报》发表王国维的《人间词话》，标举"境界"一词作为词尤其是小词的评赏标准，对境界的诠释和理解就成为中国美学研究界的一项极其重要的课题。可以说，一时注家蜂起，然而不幸的是，大量争论也由之而起。目前的境况是，王氏境界概念正在辨析之中而尚未辨析清楚，然而境界或意境已经以其独特的话语魅力和丰满的文化涵蕴，极大地吸引着美学界、文艺理论界和艺术界人士，几乎成为他们评赏和研究差不多任何文艺作品的"口头禅"或通用话语。① 事实上，"境界"与"意境"这两个概念也还是长期纠缠不清，而研究家们对意境的兴趣要远远超过境界。就是"意境"一词，关注"意"也似乎更甚于关注"境"。存在着这样一个基本事实，关于前者，研究的触角可以远溯至先秦，历史能够提供更多的资源，而后者就没有这种幸运了。因此，在王氏境界概念尚未厘清前，意境的研

---

① 值得注意的是，冯友兰、熊十力、朱光潜和宗白华等哲学家和美学家都喜欢讲境界，尽管其含义有偏于真或善或美的相异，但是使用"境界"一词来表征人生经验及其价值的用法，却是有其不约而同之处。而且，这种现象也提示我们，"境界"这个词最好是从哲学的层面来加以把握。

第五章　说不可说之境　229

究已经悄悄取代了境界的研究，当人们提到境界，心里也是把它当作意境的。其结果不言而喻，就使得意境的历史经由魏晋的言意之辩远远地向周易的时代回溯过去。

这种现象固然与诗歌运用语言创造形象的方法有关，但事实是，禅宗至少在最初阶段是反语言的，其态度要比庄子和玄学更为激烈。换言之，禅宗比任何哲学学派都更看重直观和直觉，更具有现象学的倾向。因此，如果我们欲对由王国维引起的讼争做一彻底的清理，那么，第一不能简单化，以意境取代境界，第二要十分谨慎，不能把境界的历史无限地回溯。总之，须有史的定位意识。"境界"一词，是佛教的用语，这为研究界所公认。至少，早期禅宗典籍中只是使用境界，而没有用意境的。

那么，是否境加上言意之辩之"意"，就构成意境了呢？或者有没有可能，意境观念是从意象发展而来的呢？我以为事实并非如此。如果没有大乘佛教的般若空观，如果没有这个"空"，佛教的纯粹感性和关于这一感性的直观态度就不可能形成。如果没有"一切色是佛色，一切声是佛声"的命题，不是通过色以观空，藉境悟心，现象空观的视角就不可能形成。如果我们不从感性学和现象学的角度对境界进行真正的个案研究，那么就无法阻止把意境研究的触角向历史的远方延伸过去以至于把线索越搞越乱。既然如此，我们倒不如老老实实地从佛教教理最为基本的根境关系入手，或许能产生某种机缘，为厘清境界创造条件。例如，意境之意，与其说是言意之辩之意或者意象之意，还不如说是与六根中意根相对的思虑之意，而第六识即是依意根起作用而形成的意识。这在禅籍当中是有重要根据的。再如，王国维所讲的"隔"与"不隔"的问题，其来源就在禅宗的语录之中。我以为，境界在先，意境在后，最理想的是这样联结概念：境界—意境。

禅宗美学的核心问题是境界—意境。我们已经分别从美学角度考察了禅宗的心法和色法，而境界正是心与色的交汇点。探寻通向意境之路，这就是本书第五章和第六章的任务。

佛教的境界是什么？简言之，是人的六根及其所对之对象。这种对象可以称为法、尘、色、相、意，也可称为境。在这些名号之中，境是最虚灵的一个。作为人心的刹那逗留之地，它指心灵的某种非理性的状态，是直观或直觉。如果心灵觉悟，它就具有灵明鉴觉。灵明鉴觉与清净是同一个东西。只不过清净是人心的本然状态，而灵明鉴觉则是觉悟时的光明智慧。

一、从王国维说起

王国维30岁时写了这样一段后来非常出名的话：

> 哲学上之说，大都可爱者不可信，可信者不可爱。余知真理，而余又爱其谬误。伟大之形而上学，高严之伦理学，与纯粹之美学，此吾人所酷嗜也。然求其可信者，则宁在知识论上之实证论，伦理学上之快乐论，与美学上之经验论。知其可信而不能爱，觉其可爱而不能信。此近二三年中最大之烦闷。（《静安文集续编·自序二》）

王国维所谓"可爱者不可信"，就是指康德、叔本华的"伟大之形而上学，高严之伦理学，与纯粹之美学"。从西方引进"可爱而不可信"的美学,来研究中国的文艺现象,王国维是开山之祖,是一个启蒙者。正是他大胆地在比较中以德国美学来激活中国美学,引导了中国美学的近代化进程,并且使它的可爱之处更加凸显出来。

王国维美学上的境界说,其来源有两个,一个是叔本华,另一个是佛教。关于前者,没有异议,关于后者,则多被研究家们所忽视,因为在王国维看来对佛教讲得很少。按照王国维《人间词话》中评词的思路,研究者往往把境界说与严沧浪的兴趣说、王渔洋的神韵说相联系,做比较,而殊不知,影响了王国维的叔本华的思想却与印度佛教的涅槃学说有联系,而王国维正是从叔本华间接地受到了佛教的影响。[1]

叔本华研究过印度哲学,他厌恶基督教,却青睐佛教,因而,佛教成了叔本华美学思想的一个源头。他书斋里有两尊雕像,一个是释迦牟尼佛的铜像,另一个是康德的半身雕像。作为一个悲观主义者,叔本华受到印度佛教尤其是涅槃学说很大的影响,他把意志视为人和世界的本质,意志就是人生命的欲望,它永远得不到满足,就生出无穷的痛苦。他所谓的意志,与佛教所谓的由无明而起之念,是颇有些相像的,只是叔本华更加悲观罢了。

---

[1] 佛教在其发源地印度后来是不传了,而中国却成了佛教的重镇。叔本华所受佛教的影响来自印度,他的直观理论就与佛教的定的理论非常相像。他的美学理论,在相当程度上是建基于佛教的涅槃理论。然而,到王国维甚至到目前为止,中国人当中还没有人能够像叔本华那样从佛教的基础上创造出一种较为有体系的美学来,而王国维是从西方人那里接受了这样的美学,并成功地用之于研究中国的艺术现象。这样一种迂回的现象,是很值得深思的。是否因为佛教离我们太近,反而阻碍我们发现它的长处?另外,王国维虽然没有花很多精力专门研究佛教,但是并不能由此得出他未读过许多佛经、对佛教不甚了解的结论。

关于叔本华与美学有关的基本思想,我且从他的《作为意志和表象的世界》中引出如下一段:

> 如果人们由于精神之力而被提高了,放弃了对事物的习惯看法,不再按根据律诸形态的线索去追究事物的相互关系——这些事物的最后目的总是对自己意志的关系,即是说人们在事物上考察的已不再是"何处""何时""何以""何用",而仅仅只是"什么";也不是让抽象的思维、理性的概念盘踞着意识,而代替这一切的却是把人的全副精神能力献给直观,浸沉于直观,并使全部意识为宁静地观审恰在眼前的自然对象所充满,不管这对象是风景,是树木,是岩石,是建筑物或其他什么。人在这时,按一句有意味的德国成语来说,就是人们自失于对象之中了,也即是说人们忘记了他的个体,忘记了他的意志;他已仅仅只是作为纯粹的主体,作为客体的镜子而存在;好像仅仅只有对象的存在而没有觉知这对象的人了,所以人们也不能再把直观者(其人)和直观(本身)分开来了,而是两者已经合一了;这同时即是整个意识完全为一个单一的直观景象所充满,所占据。所以,客体如果是以这种方式走出了它对自身以外任何事物的一切关系,主体(也)摆脱了对意志的一切关系,那么,这所认识的就不再是如此这般的个别事物,而是理念,是永恒的形式,是意志在这一级别上的直接客体性。并且正是由于这一点,置身于这一直观中的同时也不再是个体的人了,因为个体的人已自失于这种直观之中了。他已是认识的主体,纯

粹的、无意志的、无痛苦的、无时间的主体。①

王国维《叔本华之哲学及其教育学说》一文再三揭明，叔氏哲学的基本方法即是直观主义："叔氏哲学全体之特质，亦有可言者。其最重要者，叔氏之出发点在直观（即知觉），而不在概念是也。"在直观当中，人摆脱了意志，也就是摆脱了欲念，同时也摆脱了作为意志主体生存方式的时间和空间。因此，这个直观是纯粹的直观，或者是如康德所云先验的直观。叔本华认为，处于这种直观之中的人，是离却了欲念之痛苦的，入于涅槃之境的。

反过来看王国维，他的《人间词话》等所提出的诸观念，大都与叔氏的直观概念有关，如：观、都在目前，遗其关系、限制之处，隔与不隔，诗人之眼、自然之眼、特别之眼，须臾之物，境界、有我之境、无我之境、感情亦境界，写境、造境，等等。以下略做引证并逐一分疏之。

隔与不隔，是指写景。《人间词话》第39条评姜夔"写景之作……如雾里看花，终隔一层"，又评史达祖、张炎诸家"写景之病，皆在一'隔'字"。第40条说"语语都在目前，便是不隔"，前半句王氏原稿作"语语可以直观"，可见"不隔"是指写景应达到如在目前的直观。此"直观"一词来自叔本华，王氏在修改中将它改为"目前"。用"不隔"和"目前"来讲直观，全然是中国化了，可见王氏在做比较美学时用心之良苦。本章第四节笔者还对"隔"与"不隔"的观念进行内

---

① ［德］叔本华:《作为意志和表象的世界》，石冲白译，商务印书馆1982年版，第249—250页。

证的逻辑分析,并举出外证的语言来源,指出此观念取自禅宗。

观,王氏常用之词语,即是直观,从美学上理解,则是纯粹的直观。《人间词话》第5条云:

> 自然中之物,互相关系,互相限制,故不能有完全之美。然其写之于文学及美术中也,必遗其关系、限制之处,故虽写实家亦理想家也。

"遗其关系、限制之处"是说人摆脱欲念的纠缠,摆脱时空的限制而趋于理想化的过程,是纯粹直观形成的条件。"观"之词源,一是叔本华的直观,二是佛教的观。

具眼:诗人之眼、自然之眼、特别之眼。纯粹直观的主体是人,是"具眼"的人。王国维云:

> 政治家之眼,域于一人一事。诗人之眼,则通古今而观之。词人观物,须用诗人之眼,不可用政治家之眼。(《人间词话》删稿第37条)

> 纳兰容若以自然之眼观物,以自然之舌言情。此由初入中原,未染汉人风气,故能真切如此。(《人间词话》第52条)

> 诗歌之题目,皆以描写自己深邃之感情为主。其写景物也,亦必以自己深邃之感情为之素地,而始得于特别之境遇中,用特别之眼观之。(《屈子文学之精神》)

"诗人之眼"不为政治利害关系所羁束,能以纯粹直观来观照历史，具有审美的超越感；"自然之眼"则是指天真的观照；"特别之眼"指只要诗人表现自己深邃的情感，那么他就能在特别的境遇中用特别的眼光来观察自然景物，并描写之。王氏所云这三种"眼"，指出了纯粹直观的主体的某些特点。须指出的是，与"观"相类，此种涵义之"眼"，其词源同样是来自佛教。

须臾之物，须臾的意味大致相当于佛教的刹那[①]。王国维《清真先生遗事·尚论三》云：

> 境界之呈于吾心而见于外物者，皆须臾之物。惟诗人能以此须臾之物，镌诸不朽之文字，使读者自得之。

纯粹直观的对象"都在目前"，是超越了时空和欲念的结果。这种超越只能在须臾刹那间发生，而被"具眼"之人所把捉得住。或者说，正因为发生于须臾刹那间，境界才纯粹。

以上诸条阐释，已经为境界做了多项注脚。

境界，是"具眼"者纯粹直观的对象，是"不隔"的景，是"遗其

---

① 须臾与刹那都是佛教的时间单位，指极其短促的时间。一须臾30腊缚（lava）。刹那（ksana），佛教认为一弹指有60刹那，又有说一念有90生灭，一刹那有900生灭。刹那所表示的时间之短是不能用语言表述的。佛教以为：刹那三世，一刹那间立三世的分别，现在的一刹那为现在，刚才的一刹那为过去，下一刹那为未来；刹那生灭，一刹那间已有生灭现象产生，无有暂住；刹那无常，一刹那间已有生、住、异、灭四相发生。佛教这一刹那的时间观念，在美学上的意义就在于它确立了顿悟的直观必然在极短的时间中发生。任何纯粹现象都是刹那间的直观，因此所有的顿悟直观（有点类似于胡塞尔的本质直观）都发生在不同的刹那。前一刹那与后一刹那不相接，因此所有的顿悟直观都不会相同或重复。这就是纯粹直观或纯粹现象。

关系、限制"之理想化，是"须臾之物"。

> 词以境界为最上。有境界则自成高格，自有名句。(《人间词话》第1条)
>
> 沧浪所谓兴趣，阮亭所谓神韵，犹不过道其面目；不若鄙人拈出"境界"二字，为探其本也。(《人间词话》第9条)

境界为王国维美学的核心观念，此一词来自佛教，用以阐发中国美学，当比直观一词更为适宜而贴切。

有我之境、无我之境，指两种境界：

> 有我之境，以我观物，故物皆著我之色彩。无我之境，以物观物，故不知何者为我，何者为物。(《人间词话》第3条)
>
> 无我之境，人惟于静中得之。有我之境，于由动之静时得之。故一优美，一宏壮也。(《人间词话》第4条)

这两条所述，受到康德和叔本华美学思想的影响，当属无疑。然王氏《孔子之美育主义》一文云："无空乏，无希望，无恐怖；其视外物也，不以为与我有利害之关系，而但视为纯粹之外物。此境界唯观美时有之。苏子瞻所谓'寓意于物'(《宝绘堂记》)；邵子曰：'圣人所以能一万物之情者，谓其能反观也。所以谓之反观者，不以我观物也。不以我观物者，以物观物之谓也。既能以物观物，又安有有我于其间哉？'(《皇极经世·观物内篇》七)"他引了邵雍的话来说明"无我之境"在本质上是"以物观物"，比之叔本华所云，纯粹客观的

第五章 说不可说之境　237

静观心境能够唤起一种幻觉，仿佛只有物而没有我存在的时候，物与我就完全融为一体之说，似乎更为妥切。因为"以物观物"的方法在古代中国儒、道、佛三家都习用，并非一定是幻觉。

感情亦境界：

> 境非独谓景物也，感情亦人心中之一境界。故能写真景物、真感情者谓之有境界，否则谓之无境界。(《人间词话》第6条)
>
> 感情真者，其观物亦真。(《文学小言》)

这一个定义非常重要，它不仅合于叔本华的美学思想，而且也合于佛教的境界概念。

造境、写境：

> 有造境，有写境。此理想与写实二派之所由分。然二者颇难分别。因大诗人所造之境，必合乎自然，所写之境，亦必邻于理想故也。(《人间词话》第2条)

造境与写境有别，但又难别，因为前者必须"合乎自然"，后者必须"邻于理想"。"合乎自然"者，是出于纯粹直观，因为它"都在目前"；"邻于理想"者，也是出于纯粹直观，因为它已经"遗其关系、限制之处"。

综合起来看，境界就是纯粹直观的对象，与王国维强调叔本华哲学的本质是直观完全相合。但是，王国维在运用直观概念分析中国美学时，十分注意运用本国的语言概念来表述，因此，他的《人间词话》仍然是充溢着中国风格的，是中国特色的美学。而且，我们还应看到，王氏把西方哲学美学引入中国美学的语境之中，确实给中国美学输入了活力。尤其值得提出的是，如果中国美学没有佛学的背景（这一背景从魏晋以后就形成了），如果叔本华美学与佛学没有内在的呼应，那么王国维也是难以完成他的境界说的。

王国维还有意境之说，似乎与境界说略有不同，仍须辨析一番。署名樊志厚的《人间词乙稿序》，据赵万里的看法，此实是出于王国维之手笔。

> 文学之事，其内足以摅己而外足以感人者，意与境二者而已。上焉者意与境浑，其次或以境胜，或以意胜。苟缺其一，不足以言文学。原夫文学之所以有意境者，以其能观也。出于观我者，意余于境。而出于观物者，境多于意。然非物无以见我，而观我之时，又自有我在。故二者常互相错综，能有所偏重，而不能有所偏废也。文学之工不工，亦视其意境之有无与其深浅而已。（《人间词乙稿序》）

这里所说的意与境，大致相当于情与景，意和情是"内足以摅己"之"内"，是"观我"，境和景是"外足以感人"之"外"，是"观物"。"意与境浑"则大致相当于情景交融。这种思路可以从他的《宋元戏曲考》中获得证实：

> 何谓之有意境？曰：写情则沁人心脾，写景则在人耳目，述事则如其口出是也。古诗词之佳者，无不如是。元曲亦然。

我们可以再将境界与意境做一比较。"境"与"界"二字，都是界域的意思，二者无甚分别，可以单独用境，也可以单独用界。王国维有时就单独用一境字代表境界，如《人间词话》第26条谓"樊抗夫谓余词……凿空而道，开词家未有之境"，这个境指"用意"而"力争第一义处"，它当然是境界；如写境与造境之别，有我之境与无我之境之别，都是。

而意与境，则很有不同，意是主观的，如用意、创意、命意，等等。《人间词话》多用意字，如：评周邦彦词"但恨创调之才多，创意之才少"（第33条），评张炎词"所以不及前人处，只在字句上著功夫，不肯换意"，"换意难"（第65条），自评作词"才不若古人，但于力争第一义处，古人亦不如我用意耳"（第26条）。意字可以单独使用，是指体现于创作中的主观意图，所谓"观我"。"第一义"即真谛，最高真理。《维摩诘所说经·佛国品第一》云："能善分别诸法相，于第一义而不动。"《坛经》中慧能向禅众说通过无念无相无住即可以把握真如时，也引了这句话。这个"第一义"不可思议，无可言说，其实就是空。王国维在此把它拿来譬喻词的登峰造极之境。但它指通过"用意"而达到"第一义"，当评词须强调主观之创意时，则不免要用意境，此时用意境比用境界更妥帖，也更方便。而境指景物或对象，所谓"观物"。显然，这个境与境界也不同，境界不仅指景物，也指情感。主观的情感被观之时，它就是境界。换言之，意境之意也可以是一个境界。而情感在意境中属意而非属境。境界必须用于称谓纯粹直观。如果境界是"须臾之物"，一个境界就是一个纯粹直观。纯粹直观是不可能如意与境分别而言之的。境界是文学作品的审美品格或本质，它不可分析。而意境一词只有当作境界即纯粹直观理解，才不可分析。也就是说，如果意境一词用于指纯粹直观，则不妨将之径直理解为境界。境界与意境之间存在着这样一种微妙而本质的区分，往往不为研究家所细察。

二、心·意·根·境

本节标题所列，是佛教中几个基本的观念。通过对它们的逐一清理，我们可以看到与境界—意境有关的基本佛学背景。同时，也有助于我们真实地体认到本章所要表述的一个基本观点：境界—意境的概念是处于佛学的语境之域的。

心，指佛心，是世界和自我的本体。关于心，我想以对禅宗影响较大的《大乘起信论》中的观点来加以说明。《大乘起信论》以为，大乘法体由心构成，所谓法，就是众生心，又称如来藏心。"依一心法有二种门"，谓依一如来藏心法而有二种门，一是心真如门，二是心生灭门。但是，二门又不相离，各自统摄一切法。先看心真如门：

> 心真如者，即是一法界大总相法门体。所谓心性不生不灭。一切诸法唯依妄念而有差别，若离心念，则无一切境界之相。是故一切法从本已来，离言说相，离名字相，离心缘相，毕竟平等，无有变异，不可破坏，唯是一心，故名真如。（《大乘起信论校释》，第17页）

这超绝无二的一心，不生不灭，平等不二，称为"一法界大总相法门体"，构成法的本体。它统摄一切世间法和出世间法。

再看心生灭门。

真如(如来藏)本来是恒常不变的,是为净法,但是忽然守持不住,无明念起,于是产生染法。真如似大海,本来平静,忽然被无明风吹动,就翻掀起波浪,进入生灭之境。真如为生灭之体,而生灭为真如之相,因此说:

> 心生灭者,依如来藏故有生灭心。所谓不生不灭与生灭和合,非一非异,名为阿黎耶识。此识有二种义,能摄一切法,生一切法。云何为二?一者觉义,二者不觉义。(《大乘起信论校释》,第25页)

这是《大乘起信论》的核心思想。它的特点是把"阿黎耶识"理解为具有生灭、不生灭两种属性,即如来藏自性清净心与诸染心和合在一起,两者"非一非异",既不同一,也不相异,而是含摄于同一个阿黎耶识。觉悟缘于这一识,不觉悟也缘于这一识。

意,分别、思量,指心的作用;又指意根,生起第六识意识;或指第七识末那识。《大乘起信论》中说:生灭现象的产生,有其一定之因缘,那是有情众生依止心、意、意识辗转而生起的。为什么这样说呢?因为依阿黎耶识自相心,而有无明。于是有"不觉而起"的"业识","能见"之"转识","能现"之"现识","能取境界"之"智识","起念相续"之"相续识"。"不觉而起""能见""能现""能取境界"和"起念相续",这五种辗转相生的相就是所谓"意"。"业识""转识""现识""智识"和"相续识"是"意"的五种名称,它们也是辗转相生的。业识,是就阿黎耶识的自体分而言的;转识,是就阿黎耶识的见分而言的；现识，是就阿黎耶识的相分而言的；智识，是就阿黎耶识的细微地分别染净之法而言的；相续识，是就阿黎耶识能连续不断地生起种种妄念而言的。

这里重点说一下现识和境界。

根据《楞伽经》，现识是三识之一，即阿黎耶识的异名，是说一切诸法均依阿黎耶识而显现。根据《大乘起信论》，现识则是阿黎耶识的相分。

> 所谓能现一切境界。犹如明镜现于色像。现识亦尔。随其五尘对至即现，无有前后。以一切时任运而起常在前故。(《大乘起信论校释》，第54页)

现识能现一切现象，就像明镜能现色像一般，可以毫发不爽。现识是转识的能见之相的变现之识，它的对象是五尘，而它所依托的是人的五根。

根，谓人的能生起感觉和意识作用的机能，如感官。眼、耳、鼻、舌、身五根，又称为色根，所观的五种境界，为色、声、香、味、触。眼能视色，耳能听声，鼻能嗅香，舌能辨味，身有所触。这样一种能现与所现的相对关系，就是五识。它们的产生"对至即现，无有前后"，只要根与境（尘）对上了，如眼对色，识境即刻就呈现，并无前后相生的关系，才叫现识。而且"以一切时任运而起常在前故"，那是说，境界的呈现可以在任何时间，无条件地、自然地"任运而起"，出现于诸法（净法染法）生起之前。因此，现识向人们呈现的是作为境界的相，即与五根相对的诸现象。接下来，智识就运用智

第五章 说不可说之境　243

慧去思量、分别现识所呈现的诸现象,细微地把它们分别为净法与染法。因此,现识所当下(刹那)呈现的诸境界,就是人们所直观的现象界。

那么意识是什么呢?就是相续识。

>一切法皆从心起妄念而生。一切分别,即分别自心,心不见心,无相可得。当知世间一切境界,皆依众生无明妄心而得住持。是故一切法,如镜中像,无体可得,唯心虚妄。以心生则种种法生,心灭则种种法灭故。复次,言意识者,即此相续识,依诸凡夫取著转深。计我、我所,种种妄执,随事攀缘,分别六尘,名为意识,亦名分离识。又复说名分别事识,此识依见、爱烦恼增长义故。(《大乘起信论校释》,第59页)

意识起于妄念,它的功能就是起分别,把"我"视为有自性的主体,以为"我所"("我"之认知对象。"我"与"我所"即认知与认知对象形成能所对待)也是真实的存在,区分色、声、香、味、触、法六境(尘),而起很深的执著,一念接着一念,连续不断,于是就有摆脱不掉的"见烦恼"和"爱烦恼"。意识是一条河流,其中流淌着无穷的妄念,而境界则是不觉相,是诸烦恼的见证。因此佛教把诸境界称为"妄境界",《大乘起信论》云:"妄境界,所谓六尘。""不了真如法故,不觉念起现妄境界。以有妄境界染法缘故,即熏习妄心,令其念著,造种种业,受于一切身心等苦。"(《大乘起信论校释》,第75、78页)无明为因,境界为缘,若是无明灭,心就无有起,因为心无有起,境界也就随即灭。因缘俱灭,心相皆尽,就叫作得涅槃,成就不待造作、不可思议的自然业。可以看出，因为境界起于诸无明妄心，佛教对意识和境界大体是持批判和反对的态度的。

但是，佛教又认为境界本来与妄念是分离的，只是众生以妄念去想境界，才产生分别的意识和种种烦恼。《楞伽经》云："大慧，有七种第一义，所谓心境界、慧境界、智境界、见境界、超二见境界、超子地境界、如来自到境界。大慧，此是过去、未来、现在诸如来应供等正觉性自性第一义心。"（《楞伽经》卷一《一切佛语心品》）《大乘起信论》云："一切境界，本来一心，离于想念。以众生妄见境界，故心有分齐。"（《大乘起信论校释》，第154页）真如的一心能够朗照世界，在所有境界之相，就好比金器都是金所造，本质是不变的，但是如果只见金器之器而不见金器之金，那么就进入虚妄之境了。看金器脱离了金的本质，是妄想所致，看境界脱离了真如，也是妄想所致。质言之，只要依据真如，则所有境界都不外是真如的相，可以由此悟断，也就无由进入虚妄之境。

《大乘起信论》把所有生灭相分为二种：一种称为"粗"，指生灭之相有外境与心相应，粗显可见；一种称为"细"，指生灭之相无有心王、心法和内外、能所的对待，其体微细，恒流不断。又把粗中之粗称为凡夫境界，即凡夫所悟断的境界；粗中之细和细中之粗称为菩萨境界，即初地以上菩萨所悟断的境界；细中之细称为佛境界，即佛陀所悟断的境界，也称为如来境界。凡夫境界、菩萨境界、佛境界，三者形成一个不断觉悟、人格上升的进阶。

以上主要集中依据《大乘起信论》来讨论心、根、意、境诸概念。下面来看禅宗诸大德的见解。

五祖弘忍说：

> 汝正在寺中坐禅时，山林树下，亦有汝身坐禅不？一切土木瓦石，亦能坐禅不？土木瓦石，亦能见色闻声、著衣持钵不？《楞伽经》云："境界法身"，是也。（《楞伽师资记》）

弘忍持《楞伽经》的看法，"境界"就是"法身"。任何现象尤其是自然现象，都可以视为"法身"。佛的法身遍在于一切境界，佛无所不在，佛是超时空的，正因为如此，佛可以在人当下所生活的时空境界中得到印证。

慧能临终向弟子传授三科法门阴、界、入，阴则色、受、想、行、识五阴，界则六尘、六门、六识十八界，入则外六尘、中六门。我们看十八界，六尘：色、声、香、味、触、法，尘即境；六门：眼、耳、鼻、舌、身、意；六识：眼识、耳识、鼻识、舌识、身识、意识。六尘对六门（根），产生六识。十八界是一个产生境界的界域。

慧能《坛经》讲到无念禅法时，虽然提出"于一切境上不染""于自念上离境"，要求在一切境界上都不起念想，但是他也提出"悟无念法者，见诸佛境界"，可见他也有把境界视为觉悟境界的。

境界是从诸根起的，又可称为诸根境界。神会论六根，说：

> 若眼见色，善分别一切色，不随分别起，色中得自在，色中得解脱色尘三昧足。
>
> 耳闻声，善分别一切声，不随分别起，声中得自在，声中得解脱声尘三昧足。
>
> 鼻闻香，善分别一切香，不随分别起，香中得自在，香中得解脱香尘三昧足。

> 舌尝味，善分别一切味，不随分别起，味中得自在，味中得解脱味尘三昧足。
>
> 身觉种种触，善能分别触，不随分别起，触中得自在，触中得解脱触尘三昧足。
>
> 意分别一切法，不随分别起，法中得自在，法中得解脱法尘三昧足。
>
> 如是诸根善分别，是本慧；不随分别起，是本定。(《神会和尚禅话录·南阳和上顿教解脱禅门直了性坛语》)

神会的意思是说，人的眼根善于分别各种颜色，对色进行分别、判断是眼根的功能。但是，当眼与色接触之时，视觉并不运用自己进行分别的能力，而是即色得定，于观色中获得自由（自在）。本来，色对于人的清净本性而言是尘，人能处于种种色之中而获得对色尘的解脱，这就叫"三昧足"。三昧即定。同理，耳根可以于一切声音中得解脱自在，鼻根可以于一切香味中得解脱自在，舌根可以于一切滋味中得解脱自在，身体可以在一切接触中得解脱自在，意根可以在一切法中得解脱自在，条件是六根在与诸色接触中做到不起分别。这是一些超绝的境界。神会的这一观点，与《维摩诘所说经》中的"不二法门"是相通的。《维摩诘所说经·入不二法门品》云：

> 喜见菩萨曰："色、色空为二，色即是空，非色灭空，色性自空，如是受想行识，识空为二。识即是空，非识灭空，识性自空，于其中而通达者，是为入不二法门。"
>
> 妙意菩萨曰："眼色为二，若知眼性于色，不贪不恚不痴，

是名寂灭,如是耳声、鼻香、舌味、身触、意法为二。若知意性于法,不贪不恚不痴,是名寂灭,安住其中,是为入不二法门。"

喜见菩萨说:色与空并不是两个东西,色就是空,并非要待到色灭坏然后才空。妙意菩萨说:人们都把眼根与外色(颜色,即眼识的对象)区分为二,然而如果知道眼性(与眼根不同,指眼识)对于色并不起贪、恚和痴,也即神会的"善分别"又"不随分别起",就可以称为寂灭。眼识于此寂灭之状态安处,那它与色也是不二的。与此相类似的看法,在禅宗诸大德的语录中是不少的。

百丈怀海云:"欲界灼然无禅,禅是色界。"又云:"于一一境不惑不乱不嗔不喜,于自己六根门头刮削并当得净洁,是无事人。"(《古尊宿语录》卷二《大鉴下三世(百丈怀海大智禅师)语录之余》)这是说,要把一切声色都当作佛的现象来对待。这就是境界。

从《黄檗(希运)断际禅师宛陵录》,可以考察黄檗禅法的两个方面,一是心空法空,他以为,心既然无为,法当然亦是无为。因为万法都是由心变现而来。所以我心空故诸法空,千品万类悉数皆同。二是法空心空。黄檗云:"且如瞥起一念,便是境。若无一念,便是境忘心自灭,无复可追寻。"这话什么意思呢?那是说,人心缘于所见而一起念,就会产生境界,如果不起念,就不会在所见之境上住念,把境忘了,心也就自然寂灭。"无明即是一切诸佛得道之处。所以缘起是道场,所见一尘一色,便合无边理性。"只要心空,"无明"就是得道之处,所以"缘起是道场"。心空法空,是没有境的,但若即心空而法空,则于法空可见心空。"一切法本空",从法见空,则可以产生境,即空境。换言之,如果心空,则一切境均是空境。在黄檗希运看来,空就是色,色就是空。这是纯粹的现象学。

问:"净名默然,文殊赞叹云:'是真入不二法门',如何?"师云:"不二法门即你本心也。说与不说,即有起灭。无言说时,无所显示,故文殊赞叹。"云:"净名不说,声有断灭否?"师云:"语即默,默即语,语默不二,故云声之实性,亦无断灭。文殊本闻,亦不断灭。所以如来常说,未曾有不说时。如来说即是法,法即是说,法说不二故。乃至报化二身、菩萨声闻、山河大地、水鸟树林,一时说法。所以语亦说,默亦说,终日说而未尝说。既若如是,但以默为本。"[《古尊宿语录》卷三《黄檗(希运)断际禅师宛陵录》]

这段对话中,我们最关心一句话:"声之实性,亦无断灭。"这是关于声音的佛教现象学。上一章考察禅宗对声、色现象的解释中曾经提到,云门文偃对僧讲"真空不坏有,真空不异色"的道理,有僧问:什么是真空?云门突然发问:"还闻钟声么?"僧答:听到钟声了。云门就斥道:"驴年梦见么?"我以为,这是云门的借机发挥。当时寺中必有钟声响起,而云门恰见学僧对真空与色不异的道理并不理解,就发此问,以启发学僧觉悟——此时听到的钟声就是真空。然学僧并未由此而顿悟,才被云门否定。这一公案说明,禅宗并不把钟声听作时间或别的什么物理经验或常识经验的声音,钟声就是真如,如果谁把它听作物理的声音,那只是表示他的痴愚。但是,对钟声的这种顿悟,其要点是须理解钟声不响时(即物理的声波并不存在),真空也

第五章 说不可说之境　　249

是无所不在的。"声之实性,亦无断灭",就是说的这个道理。

大珠慧海《顿悟入道要门论》阐发佛教的一个重要观点:人的听觉,不论有声无声,都能听,因为"闻性常"。这个闻性就是自性,所以又叫"自性闻"。我们如果把黄檗的"声之实性,亦无断灭"与大珠的"闻性常"联系起来看,就可以对禅宗的声音现象观有一个更为深刻的了解。一方面,依黄檗的见解,声音的实性是并不因物理声波的不存在而消失的,声音总是在响着,真如无所不在。另一方面,依大珠的见解,人的闻性也是不变的,并不会因为物理声波的不存在而消失,无论有声无声,人总是在倾听,或可以倾听(黄檗与大珠的意见并不矛盾,他们只是各强调了同一现象空观的不同侧面而已)。声音的不断与闻性的不变,两者都是真如(真空)的存在。而当声音与闻听相遇时,就产生了声音的现象,只是听者不能把所听简单地当作物理的声音,而是应该从中有所领悟,获得对寂静(真空或默)的真切体认。因此,可以总结说,声音是什么?声音就是境界。

临济义玄也云:

> 夫如佛六通者不然,入色界不被色惑,入声界不被声惑,入香界不被香惑,入味界不被味惑,入触界不被触惑,入法界不被法惑,所以达六种色声香味触法皆是空相,不能系缚。
> [(《古尊宿语录》卷四《镇州临济(义玄)慧照禅师语录》)]

三、名相之外

名相是什么？是佛教所谓的概念，即种种以语言或符号表征了的东西。佛教以为，名相是无明的现象，是妄念的寄托物。禅宗与佛教基本理论一致，对语言名相能否反映真如佛性是持怀疑和否定态度的，而且，这方面它在佛教诸宗表现得很特出。因此，禅宗力主守住自心，扫除语言名相，也持反诗的立场。

《大乘起信论》云：

> 以一切言说，假名无实，但随妄念，不可得故。言真如者，亦无有相。谓言说之极，因言遣言。此真如体无有可遣，以一切法悉皆真故。亦无可立，以一切法皆同如故。当知一切法不可说不可念，故名为真如。（《大乘起信论校释》，第17页）

《楞伽师资记》"原序"云：

> 一切法，唯因妄念，而有差别；若离心念，则无境界之相。是故一切法，从本已来，离言说相，离名字相，离心缘相，毕竟平等，无有变异，不可破坏，唯是一心，故名真如。（《大正藏》卷八十五）

慧能禅法的重要一条，就是"无住、无念、无相"。他解释"无念"说："无者，离二相诸尘劳；真如是念之体，念是真如之用。自性起念，虽即见闻觉知，不染万境，而常自在。"（《坛经校释》，第32

页）这里的"二相"，即是指生灭、有无、空有、人我、是非、染净、内外等对待的现象。所谓"离相"，并非要求人们远离种种现象，因为这实在是办不到的。而只是要求，对种种变幻不定的相（现象）不能执著而起妄念。这样就可以从自己的真如实性起念，即使仍然对外界进行感知而产生种种见闻觉知，也能做到不受"万境"之染污，保持自己的自由自在。正是在这个意义上，他说"但能离相，体性清净"。慧能论到什么是"坐禅"，表达了不同传统的见解。他认为坐禅这个法门能使人"一切无碍"，得到自由。他说，"坐"是"外于一切境界上念不起"，"禅"是"见本性不乱"。这无异于说，坐禅之"坐"并不须真的跏趺而坐，尽管可以身处一切境界之中，唯一要求的是"念不起"，"禅"则是在一切境界之中现出自己的本性而不为诸境界所干扰。他解释"禅定"也云："外离相即禅，内不乱即定。"人的本性自净自定，只是因为"触境"，"触"就乱，而离相不乱就定。

慧能认为，人"本性自有般若之智，自用智慧观照，不假文字"（《坛经校释》，第54页）。这个"不假文字"，就是禅宗不立文字的首次宣言。它的哲学上的依据，就是提出人的本性本来具有般若的智慧，若是觉悟，人自己就可以运用这个智慧来观照世界和自己，而用不着假借文字语言。慧能的逻辑是，万法均是因人而兴，一切经书，也是因人说有。

慧能自称不识字，也许未必一字不识，但"不识字"之说具有很大的宣传效果，它表明禅宗对语言文字能否把握真理的怀疑和否定态度，以及禅宗教外别传的性质。慧能提出"三十六对法"，又提出"离二相"，这里似乎有矛盾。《坛经》中说："举三科法门，动用三十六对，出没即离两边，说一切法，莫离于性相。"慧能教他的弟子，如果有人前来问法，要出语尽双，皆取法对。例如，设有人问："何名为暗？"就这样回答："明是因，暗是缘，明没即暗，以明显暗，以暗现明，来去相因，成中道义。余问，悉皆如此。"（兴圣寺本《坛经》第48节）这样回答，没有靠向两边的任何一边，也就不会形成执著的边见，成就了中道义。"成中道义"，就包含了"莫离于性相"的意思，它与"于相离相"的说法是不矛盾的。对法的意义在于，它运用名相的分析性来超越名相。名相的性质是分析的，或者名相是可以分析的，分析（辨析）的结果，就是产生两极，慧能正是借两极制造对法，来扫破名相。三十六对法中，言语与法相有十二对，可见正确地言语是慧能思考的一个重点。《坛经》中说："既言'不用文字'，人不合言语；言语即是文字！"言语是人的固有能力，问题不在是否一切禁绝言语，而在如何言语。

这一方面，百丈怀海说得更为激烈：

《大乘》《方等》犹如甘露，亦如毒药。消得去如甘露，消不去如毒药。读经看教，若不解他生死语，决定透他义句不过，莫读最第一。亦云须看教，亦须参善知识，第一须自有眼，须辩他生死语始得。若辩白不得，决定透不过，只是重增比丘绳索。所以教学玄旨人，不遣读文字。[《古尊宿语录》卷一《大鉴下三世（百丈怀海大智禅师）》]

因此怀海主张"说体不说相，说义不说文"，认为这样才是真说。如果单纯就文字说经，"皆是诽谤，是名邪说"。而菩萨说经，是如法说，这叫真说。他进而指出，应该让众生"持心不持事，持行不持法，说人不说字，说义不说文"。这个主张的要害是在人的生存的意义上说经，真正的言语是"如法"而说的，不会成为无生存意义的、概念的游戏。于是，这样的说法就不是运用语言普遍传达的功能，而是把文字语言当成个别、特殊来言说，即便是佛经也应如此看待。黄檗希运如是说：

> 三乘教纲只是应机之药，随宜所说，临时施设，各各不同。但能了知，即不被惑。第一不得于一机一教边守文作解。何以如此？实无有定法如来可说。[《古尊宿语录》卷二《大鉴下四世（黄檗希运断际禅师）》]

经书上写的文字，无非是智人（利根之人、觉悟者）为愚人（钝根之人、昏昧者）说法以开导他们觉悟而已。经书上所说，从现象上看仅是随宜临时的"一机一教"，具有特殊性，不可重复，无法依据概念普遍性地"守文作解"。因此我们可以看到，禅宗关于言语的看法带有某种存在主义和现象学的色彩。

不过，禅宗早期已经对语言现象进行了较为细致的区分，区分的目的是破除语言名相。如百丈怀海云：

> 须识了义教不了义教语，须识遮语不遮语，须识生死语，须识药病语，须识逆顺喻语，须识总别语。说道修行得佛，有修有证，是心是佛，即心即佛，是佛说，是不了义教语，是不遮语，是总语，是升合担语，是拣秽法边语，是顺喻语，是死语，是凡夫前语。不许修行得佛，无修无证，非心非佛，佛亦

是佛说，是了义教语，是遮语，是别语，是百石担语，是三乘教外语，是逆喻语，是拣净法边语，是生语，是地位人前语。……但有语句，尽属法尘垢。但有语句，尽属烦恼边收。但有语句，尽属不了义教。了义教是持，不了义教是犯。佛地无持犯，了义不了义教尽不许也。[《古尊宿语录》卷一《大鉴下三世（百丈怀海大智禅师）广录》]

以往的禅宗研究对语言概念讨论得多一些，以下想重点讨论一下较少涉及的譬喻问题。

中国美学的传统中，比兴是极为重要的，比是譬喻，朱熹说"比者，以彼物比此物也"；兴是起情，刘勰说"观夫兴之托谕，婉而成章，称名也小，取类也大"（《文心雕龙·比兴》），朱熹说"兴者，先言他物以引起所咏之词也"（《诗集传》）。兴其实也大体上属于譬喻，只是它更接近托喻或隐喻，所谓托物言志。但是兴的一个显著特点是以自然物起情，很直接、迅捷，所谓触兴。孔颖达引郑众说："诗文诸举草木鸟兽以见意者，皆兴辞也。"（《毛诗正义·关雎传》）魏晋美学形成了一个新的传统，即物感，它是指通过观察自然物的盛衰变迁以引起情感。物感，前提是必须观物，观物过程中观者的感性就非同寻常地发展起来了。物感当然与兴的传统有直接的关系，但是物感更讲究直观，譬喻和道德联想的成分大为减少了。我们细察禅宗美学，发现它的感性经验之形成，有一个逐渐脱离原始佛经中大量使用的譬喻而向禅观——空的直观的过渡。在禅宗的形成过程中，由于它初兴起时对语言名相的强烈否定态度，可以大胆地说，禅宗的现象空观在某种程度上取代了原始佛经中作为语言名相的譬喻而起到了觉悟的证物的作用。这个趋势,可以在早期禅籍中得到证明。

《五灯会元》卷一记:佛祖释迦牟尼在灵山会上,拈花示众。是时众皆默然,唯迦叶尊者破颜微笑。世尊就说:"吾有正法眼藏,涅槃妙心,实相无相,微妙法门,不立文字,教外别传,付嘱摩诃迦叶。"

这一段文字记录了传说中禅宗"教外别传"性质确立的故事。正法眼藏,又称清净法眼,是证得正法的智慧之宝藏,只可以心传心,其中重要的是直观内证方式。且不论传说是否实有其事,除了迦叶无言而应以微笑,就当时众尊者对佛祖不借助语言文字而取拈花姿势的无动于衷判断,在印度佛教,直观方式大约并非传教的常规方式。还可以举一个例子,《维摩诘所说经·入不二法门品》上记:维摩诘要三十二位菩萨各自说"入不二法门",于是自然形成三十二种不同的说法。各位说完,文殊师利要维摩诘说自己的见解,"时维摩诘默然无言"。文殊师利赞之曰:"善哉!善哉!乃至无有文字语言,是真入不二法门。"三十二比一,维摩诘的无言,毕竟是少数,可见"无言"的直觉(直观)方式在印度佛教并不常用。而禅宗受维摩诘的影响是很大的。因此,判禅宗属"教外别传"是无甚问题的。

我们且来看古印度逻辑学中的譬喻量,《正理经》[①]云:"所谓譬喻量,就是以共许极成的同喻去论证所立宗。"(《正理经》第一卷第一章第二节"量")"譬喻量是根据一般承认的共性来成立的……"(同上,第二卷第一章第七节"譬喻量的探讨")所谓的"共许极成",就是论战双方(或多方)认识上的一致,即共识;所谓的"宗","就是提出来加

[①] 参见沈剑英《因明学研究》附录《正理经》。本经为印度逻辑史上最早的经典。

以论证的命题"（同上，第八节"论式"）；所谓的"同喻"，就是论战双方共认的譬喻。因此，所谓的"譬喻量"，就是以论战双方（或多方）共认的譬喻来论证自己所要证明的论题。例如，对一个从不知水牛为何物的人，只要对他说"像牛那样"的譬喻，他便能明白何为水牛。这说明，在古印度譬喻其实是一种借助于形象的理性认识方法，属于逻辑学的范畴。这是我们讨论佛教譬喻必须事先明了的一个大背景。

譬喻，梵文"avadāna"，音译阿波陀那。印度佛教经典按内容和形式分为十二个部分，称为十二部经，阿波陀那即为其中一部，称为《譬喻经》。康法邃《譬喻经序》云：

> 《譬喻经》者，皆是如来随时方便四说之辞，敷演弘教训诱之要。牵物引类，转相证据，互明善恶罪福报应，皆可寤心，免彼三途。（《出三藏记集》卷九）[①]

不仅佛经中大量运用譬喻，有些经中还有"譬喻品"，如《妙法莲华经》卷二就有"譬喻品"。天竺僧人僧伽斯那还撰有《百喻经》[②]。印度佛教的诸经典，记如来及诸菩萨向世人讲解佛理，为了让人容易明白，较多使用譬喻，这就是有名的方便说法。

著名的盲人摸象故事出自佛经，多部佛经都讲这个故事，它也是譬喻。《大般涅槃经》记：有一位大王，叫大臣去牵来一头象让众

[①] 《大藏经》第四册中收有《旧杂譬喻经》和《法句譬喻经》。
[②] 此经《出三藏记集》称为《百句譬喻经》。收故事一百个，每个故事一般分两个部分，前一部分为喻体，往往以"譬如"开头，后一部分为喻意，借譬喻发挥佛的教诲。

盲人摸。然后大王问众盲人：你们看见象了吗？众盲人回答：已经看见。大王又问：象像什么东西？盲人中摸到象牙的，说象像萝卜；摸到耳朵的，说象像簸箕；摸到头的，说象像石头；摸到鼻子的，说象像杵杖；摸到脚的，说象像木臼……众盲人虽然未说出象的整体，但并非什么也没有说；如果说这些各不相同的相都不是象，那么离开这些相也就没有别的象了。于是师子吼菩萨总结道：这个故事中，大王譬喻具有全知的如来，大臣譬喻《大般涅槃经》，象譬喻佛性，盲人则譬喻一切无明众生。佛经中此类譬喻多到不可胜数。可以说印度佛教的诸大师大多也是譬喻大师，佛经中的譬喻则是文学故事的宝库。

大乘的十种譬喻，喻示万法幻化假有，虚而不实。《摩诃般若波罗蜜经·序品》云："解了诸法，如幻、如焰、如水中月、如虚空、如响、如犍闼婆城、如梦、如影、如镜中像、如化。"这即是著名的般若十喻。《维摩诘所说经》则以另外十种虚幻之事来譬喻人的身体，云：

是身如聚沫，不可撮摩；是身如泡，不可久立；是身如焰，从渴爱生；是身如芭蕉，中无有坚；是身如幻，从颠倒起；是身如梦，为虚妄见；是身如影，从业缘现；是身如响，属诸因缘；是身如浮云，须臾变灭；是身如电，念念不住。

印度佛教不光有"十喻"，以比况其运用譬喻之多、之广，而且将譬喻做了细致的分类。《大般涅槃经》罗列了八种譬喻：顺喻、逆喻、现喻、非喻、先喻、后喻、先后喻、遍喻。由此可见，运用譬喻是印度佛教的擅场。

玄奘《大唐西域记》卷十《龙猛与提婆》记：

> 时提婆菩萨自执师子国（斯里兰卡）来求论议，谓门者曰："幸为通谒！"时门者遂为白。龙猛雅知其名，盛满钵水，命弟子曰："汝持是水，示彼提婆。"提婆见水，默而投针。弟子持钵，怀疑而返。龙猛曰："彼何辞乎？"对曰："默无所说，但投针于水而已。"龙猛曰："智矣哉，若人也！知几其神，察微亚圣，盛德若此，宜速命入。"对曰："何谓也？无言妙辩，其在是欤！"曰："夫水也者，随器方圆，逐物清浊，弥漫无间，澄湛莫测。满而示之，比我学之智周也。彼乃投针，遂穷其极。此非常人，宜速召进。"

本来，提婆前来与龙树辩论，但结果却没有辩起来。满钵水，在龙树是一个喻意丰满的意象，在提婆是一个简单的直观。面对此水，提婆必须立即应对，他不假思索地将一根针投入水中，没有言语。龙树于是断定对手是一位智者，满钵之水，隐喻自己智慧的丰满周密精深，而提婆投之以针，直沉水底，喻示对手具有破解自己智慧的智慧。这里出现的水与针的直观，虽然双方在心理上把它们设为两个譬喻，但是却并非以语言为载体，无论用何种语言加以诠释，都无法把它的底蕴说透。因此，最好的领悟状态是保持对此直观的直觉。然而龙树自己却把它解开了[①]，这在禅宗是不可以的，因为禅宗的原

[①] 龙树似乎对语言的作用颇为首肯，他的《中论》说："若不依俗谛，不得第一义。"他的《大智度论》则认为"语言能持义"，如果不借助于语言，那么意义就难以把握。如此看来，他把满钵水的直观以语言加以阐明，就可以理解了。

则是不说破。

再看一位从西域来华的译经大师鸠摩罗什。他出生于天竺国，晋时在长安译经三百余卷，我们现在仍可以读到他译的《成实论》《妙法莲华经》《维摩诘所说经》等重要佛经。他七岁就从师读佛经，每天唱诵佛偈千首。他自己也作佛偈，有《十喻诗》：

> 十喻以喻空，空必待此喻。借言以会意，意尽无会处。既得出长罗，住此无所住。若能映斯照，万象无来去。（《艺文类聚》卷七六）

诗中的"十喻"即大乘十喻。所谓的十喻，其实就是博喻。诗中的"空必待此喻"，意思是说，要想了知空，必须借助譬喻，这叫"借言以会意"。看来他是譬喻解经方式的推重者。他为僧法和作颂："心山育明德，流薰万由延。哀鸾孤桐上，清音彻九天。"（《高僧传》卷二《鸠摩罗什传》）此诗后二句用中国传统的凤凰栖止于梧桐树的典故来譬喻法和孤高洁清的品格，从方法上看，即是沿用了儒家的君子比德传统。《高僧传》称鸠摩罗什"凡为十偈，辞喻皆尔"，可见他作偈颂主要是运用譬喻方式。这种方式与中国颂诗的传统是相通的。《高僧传》又记，有人送他十位妓女，他也接受下来，而且从此不住僧舍，另建别馆，每次讲经，常先说一个譬喻："如臭泥中生莲花，但采莲花，勿取臭泥也。"鸠摩罗什是一位譬喻大师。

大乘佛教的"空"是极难领会的，四大皆空，万法皆空究竟说的是什么道理呢？有时会出现极其拙劣的譬喻。《高僧传》中说，鸠摩罗什广诵大乘经论，洞其秘奥，他过去的老师盘头达多就赶来向他讨教。盘氏对他的旧弟子曰：你如此推崇大乘，到底有何高明见解呢？鸠氏曰：大乘佛法深净广大，可以明"有法皆空"的道理，而小乘佛法偏颇，局面狭小，滞于名相，多有失误。盘氏曰：你说一切皆空，真是可畏，哪有舍去有法而偏爱空法的道理呢！我说个故事给你听。过去有一个狂人，要求纺绩匠为他纺极细的线。纺绩匠使出浑身解数，纺出来的线细得像微细的尘粒。可是狂人还是嫌其粗。于是纺绩匠大怒，指着空中说：这就是细线。狂人问：为什么看不见呢？纺绩匠回答道：此线极细，吾身为良匠，尤且看不见，何况他人呢。于是，狂人大喜，就叫纺绩匠继续纺下去。就这样，纺绩匠赚了狂人许多钱。讲完故事，盘氏对鸠氏说：我看你的空法也不过如此。

盘头达多的这一譬喻囿于小乘见解，把空误读为空间之空（也可能是有意的误读），正是鸠摩罗什所批评的滞于名相。不过，也可以从中看出，空的本质确实很难用譬喻来说明。盘头达多以如此拙劣的譬喻来嘲戏善于举譬的鸠摩罗什，不为无因。《高僧传》接着说，鸠摩罗什"乃连类而陈之，往复苦至，经一月余日，方乃信服"，看来说服盘氏接受空观十分困难，其方法仍然是大量运用譬喻（"连类而陈"）。禅宗师徒之间决不会发生这种艰难说服一月有余的尴尬局面，因为禅者的觉悟往往在顿然间获得，并非经由譬喻或博喻的启发和说服。鸠摩罗什《十喻诗》还说"借言以会意，意尽无会处"，就是庄玄得鱼忘筌的意思，然而看他说服其师的过程却并不像他诗中写的那样轻松。于是，可以设疑：使用譬喻来解说空，也许会不知不觉随名逐相起来，落入名相的陷阱。

当然，譬喻也有贴切而巧妙的，如《大乘起信论》中以大海水譬喻人的真如佛性，它的湿性是永远不变的；以风吹过海掀起波浪譬喻无明偶然而起，无关于海的湿性。佛经中出现频率最高的譬喻是：把金与金器的关系譬做真如（体）与它的具体存在形式（用）。华严宗的创始人法藏的《华严金师子章》，是他为武则天讲《新华严经》，后者觉得难以理解，他就指镇殿金狮子为喻，以譬喻为方便，使武则天开悟。

谓金无自性，随工巧匠缘，遂有师子相起。（《明缘起第一》）

若看师子，唯师子无金，即师子显金隐。若看金，唯金无师子，即金显师子隐。若两处看，俱隐俱显。（《勒十玄第七》）

第一句说，如果金守不住自性，由巧匠施以加工制作，于是就有狮子的塑像出现。这里，金是真如，巧匠是因缘，狮子是事物。狮子是没自性的，只是金与巧匠因缘和合而产生狮子。这个譬喻中，金喻本质，狮子喻现象。第二句说，如果观看狮子，就只是看到狮子而看不到金，狮子显而金隐。如果观察金，就只是看到金而看不到狮子，金显而狮子隐。如果两者都观察，则金与狮子同时隐显，即本质与现象并存。

这些譬喻相当贴切，富于哲理，也能形象地说明佛理。不过，这两则譬喻也有与众不同的地方，它们虽是譬喻，却是进行了相的分析。如海水与风浪，虽然同是水，但它们其实是两个不同的相。海水的相是湿性所决定，而风浪的相则是风所决定，风与湿绝然是两个东西。而金与狮子之喻则相反，意在说明本质与现象的同一性，即实相与假相是统一的。

再看《坛经》中慧能的譬喻：定与慧是等同的，两者好比灯光，有灯就有光，反之则无光。灯是光的体，光是灯的用。"名即有二，体无两般"，从名份上看，是两个东西，而实际却是一体的。这是以体用观念来理解定与慧的关系，譬喻的作用仅是帮助理解而已，它本身并不生动；可以说是学理上的分析与综合。

牛头法融的龟毛兔角之喻①也是如此。牛头以为，凡人与圣人的区别仅在于有所得与无所得。于是学僧问：若是凡圣无异，那么圣人的名称因何而立呢？牛头回答：凡与圣二者均是假名，假名之中无二，就无有异（同是假名，没有不同）。这就如说龟毛兔角。学僧进而问：圣人如果同于龟毛兔角，则应该也是无。那么让人去学什么呢？牛头于是回答道：我说的是龟毛，不是龟。学僧再进而问：龟譬喻什么，毛譬喻什么？牛头答道：龟譬喻道，毛譬喻我。所以圣人无我（毛）而有道（龟），凡夫无道（龟）而有我（毛）。所以把执我者譬为龟毛兔角。这一则譬喻，将圣人与凡人拉得很近了。但是，此譬喻却有一些问题，如果依凡圣区别只在于有所得与无所得的道理，那么圣人与凡人并非龟与毛的区别，而应该是龟与龟毛的区别，圣人只是不去执求龟的毛或兔的角而已。

临济义玄做过一个极高明的譬喻：

---

① 龟毛兔角的譬喻出于印度佛教，《楞严经》卷一云："世间虚空，水陆飞行，诸所物象，名为一切，汝不著者，为在为无，无则同于龟毛兔角。"

第五章 说不可说之境　263

但有来求者,我即便出看渠。渠不识我,我便著数般衣,学人生解,一向入我言句,苦哉!瞎秃子无眼人,把我著底衣认青黄赤白。我脱却入清净境中,学人一见便生忻欲。我又脱却,学人失心,茫然狂走,言我无衣。我即向渠道:"你识我著衣底人否?"忽尔回头认我了也。大德,你莫认衣,衣不能动,人能著衣。有个清净衣,有个无生衣、菩提衣、涅槃衣,有祖衣有佛衣。大德,但有声名文句,皆悉是衣变。从脐轮气海中鼓激,牙齿敲磕成其句义,明知是幻化。大德,外发声语业,内表心所法,以思有念,皆悉是衣。你只么认他著底衣为实解,纵经尘劫,只是衣通,三界循环,轮回生死。(《古尊宿语录》卷四《镇州临济(义玄)慧照禅师语录》)

这是一个衣喻。衣是人的幻化,是种种境,如清净、菩提、涅槃可能成为衣,因此,衣是假象,而非实解。不过,此一段妙语本身也是譬喻,它能助人解脱,但不能使人解脱。[①]

且不说譬喻本身的当与否,好的譬喻难求,毕竟譬喻仅是譬喻,它只能把佛性与无明之关系等佛学原理加以形象地说明,进行辨相的分别。而譬喻一旦进入到辨相的层次,就不再是简单地讲究形象的譬喻,它其实是学理的分疏,须归入佛教因明学的领域。按之因明学,喻构成因明三支宗、因、喻之一支,所谓譬喻就是由已知推断未知。《正理经》云:"所谓譬喻量,就是以共许极成的同喻去论证所立

[①] 请注意,临济代表了与印度佛教相反的一个趋向,即印度佛教主张佛有十八种好、三十二种相,作为普度众生的方便,而禅宗却努力去破除种种"衣"相,以至呵佛骂祖。

宗。""譬喻量是根据一般承认的共性来成立的。"①唐窥基《因明入正理论疏》云:"喻者,譬也,况也,晓也。由此譬况,晓明所宗,故名为喻。""宗"是什么?是譬喻所要晓明的结论,即普遍之理。显然,这种譬喻是论证,它的目标是对人进行理性说服,无助于人的真正觉悟解脱。这是因为,譬喻以意象别类的方式赋予人以普遍的义理而非个体特殊的觉悟,因此,尽管它是形象,却不是现象空观,也不是禅观。

《楞伽师资记》为神秀的再传弟子净觉所撰,可以看作北宗禅史,其中讲到两个禅观方法。一是"就事而征",一是"指事问义"。求那跋陀罗是禅宗早期经典《楞伽经》的译者,他自称"从师而学,悟不由师"。净觉说他开启人的智慧,都不通过说法,而是"就事而征"。方法极其简单:指树叶是何物。"征"是证,即证悟。请读下面一段:

> 又云:汝能入瓶入柱,及能入火穴山,杖能说法不?又云:汝身入心入。又云:屋内有瓶,屋外亦有瓶不?瓶中有水不?水中有瓶不?乃至天下诸水,一一中皆有瓶不?又云:此水是何物?又云:树叶能说法,瓶能说法,柱能说法,屋能说法,

---

① 印度哲学中共有十种"量",其中有我们熟知的现量、比量,还有譬喻量等。可见,譬喻在印度思想中是被当作一种认知方法的。以下录印度逻辑史最早的经典《正理经》第一卷第一章第八节"论式",以明譬喻在因明逻辑中的地位:"论式分宗、因、喻、合、结五部分。宗就是提出来加以论证的命题(即所立)。因就是基于与譬喻具有共同的性质来论证所立的。即使从异喻上来看也是同样的。喻是根据与所立相同的同喻,是具有宾辞的实例。或者是根据其相反的一面而具有相反的事例。合就是根据譬喻说它是这样的或者不是这样的,再次成立宗。结就是根据所叙述的理由将宗重述一遍。"

第五章 说不可说之境 265

及地水火风皆能说法，土木瓦石，亦能说法者，何也？（《楞伽师资记》卷一）

这里所列诸问，都并非譬喻。瓶、柱、火穴山、杖、屋、树叶，以及地水火风、土木瓦石，触目所见，一切都能说法，因此，可以就瓶等而一一发问。发问是环环相扣，一连串的，例如，问：屋内有瓶，屋外也有瓶吗？这一问完全在常识范围之内。又问：瓶中有水吗？这也是一个常识之问，但又紧接着问一个相反的问题：水中有瓶吗？这是就瓶中的水而问，问题开始变得怪异。

再进一步问：瓶中的水中是否有瓶？这一问几乎不可思议。从这一问开始，常识被打破进而被超越。

接下去问题变得开阔了：天下之所有水中是否都有瓶？这一问因为是不可思议的前一问的延续，尽管就它本身来看是一个常识之问，但其实却是一个深刻的禅理之问，它要追问的是：必有一物无所不在。

于是又进而问：此水是何物？答案应该是：此水是说法的物。

但是，也不能如此简单地下结论，结论却是就其他事物发的又一设问："树叶能说法……土木瓦石，亦能说法者，何也？"

"就事而征"方法的原理是"境智无二，理事俱融"，凡物都会说法，佛法就是这么简单而不可思议。这是上面一连串"就事而征"之问的答案。不过，理性之结论是不能代替具体之发问的。

菩提达摩也有一法，曰"指事问义"："但指一物，唤作何物？众物皆问之，回换物名，变易问之。"这一方法，大致与"就事而征"相仿佛。弘忍的问法就是如此：

有佛（应为佛有）三十二相，瓶亦有三十二相不？住亦有三十二相不？乃至土木瓦石，亦有三十二相不？

汝正在寺中坐禅时，山林树下，亦有汝身坐禅不？一切土木瓦石，亦能坐禅不？土木瓦石，亦能见色闻声、著衣持钵不？《楞伽经》云："境界法身"，是也。（《楞伽师资记》）

上一问应答：一切物都有三十二相。下一问则由所引《楞伽经》答了：境界法身。一切境界都是法身。"就事而征""指事问义"的方法，其实就是"境界法身"的意思。正所谓"不造不作，物物皆是大般涅槃也"（《楞伽师资记》）。

北宗禅所倡导的这种禅法，既非比（譬喻）也非感兴也非象征，它是一种空的直观，即禅观。尽管《楞伽师资记》中还记载了一些譬喻，如道信讲于静处坐禅，"直观身心"，要达到这样的境界："即知自身犹如水中月，如镜中像，如热时炎，如空谷响，若言是有，处处求之不可见；若言是无，了了恒在眼前。诸佛法身，皆亦如是。"这是运用了博喻。而"就事而征"与"指事问义"虽然也是扣住诸事物一一问来，却并非博喻。譬喻、博喻是印度佛教的方便说经法，而禅宗虽然也使用它们，但是它自己的发展、创造却是"就事而征"与"指事问义"一类禅观方法。这样一种禅观与譬喻有根本的不同。

印度佛教所大量运用的譬喻，构成了其运用语言的一大特点，我把它称为譬喻方式。而禅宗则回避譬喻而发展禅观，它更多地依照即色是空的原理，运用禅的空观，以直观世界和自己。正所谓"拟心即差，动念即乖。有人解者，不离目前"[《古尊宿语录》卷四《镇州临济（义玄）慧照禅师语录》]。这是禅宗的突出特点，我把它称为禅

第五章　说不可说之境　267

观方式。禅籍为什么文字上明白如话,而其意义却那么难于拷问、把捉,回避譬喻是一大原因,尽管仍然使用着许多的譬喻。①

现在我们从运用譬喻的角度来分析一下禅宗传法中慧能偈与神秀偈的分歧与得失高下。六祖的遴选,是禅宗产生的关键。根据《坛经》中的记载,五祖弘忍为把衣法传承下去,采用了让各位门人呈心偈的办法,也许是出于无奈的一种策略。弘忍要众门人呈偈,目的是看一看门人中有否"悟大意者"(了悟佛法大意的人),而众门人向五祖所呈者称为"呈心偈"。简言之,从偈语可以了解写偈之人的觉悟程度。据《坛经》(惠昕本等)和《祖堂集》记载,神秀的偈是:

身是菩提树,心如明镜台。时时勤拂拭,莫使有尘埃。

这一偈用了两个譬喻,把身体譬喻为菩提树,心体譬喻为明镜台。这里,喻体和喻依判为二物,所以,须勤奋拂拭才能使明镜免于蒙上灰尘。弘忍认为此偈见解未到,只在门前,尚未进入,寻觅无上菩提还谈不上,要他重作一偈呈来。慧能偶听童子唱此偈,也判断神秀未见性。于是他自己作了一偈:

菩提本无树,明镜亦非台。本来无一物,何处有尘埃!

慧能偈针对神秀偈反其意而作,其方法是,打破神会的譬喻之喻体,依空观立意,说菩提本来就并非树,明镜亦不是台。菩提、明

---

① 禅宗的譬喻有许多是从印度佛经中沿用而来的,如金与金器之喻就是如此。

镜只是觉悟的直观喻象，即智慧，但是如果把它们引入譬喻身心的解脱，就有法执了。因此，慧能要把这一喻体破坏，说"本来无一物"。与此相类，《祖堂集》此二句作"身非菩提树，心镜亦非台"，直接针对神秀偈，说身体并非菩提树，心体也不是明镜台，因此并不存在构成譬喻的双方，结论自然也是"本来无一物"。从逻辑上讲，神秀用的是表诠法，譬喻就是肯定，慧能用的是遮诠法，破神秀的譬喻就是否定。同是否定，惠昕本《坛经》等是否定菩提与树、明镜与台的譬喻关系，《祖堂集》是否定身、心与菩提树、明镜台的譬喻关系，这是两者的不同。不过，慧能切断身、心与菩提树、明镜台的语言联系，并没有否定神秀譬喻所运用的这些喻象。因此，"本来无一物"的悟解其实是与菩提（树）和明镜（台）的意象有关的，应该了悟菩提（树）和明镜（台）本来是空，仅是一个心境而已。怀让云"说似一物即不中"。空是一个直观，没有办法做譬喻的。换言之，从一个好的譬喻无法判断做譬喻者是否真的觉悟，从一个坏的譬喻却可以判断譬喻者尚未觉悟，如弘忍已经否定了神秀的偈，以为他尚未入门。

从譬喻的角度看，神秀的偈可以说比较忠实地继承了印度佛教的譬喻传统。禅宗四祖道信就是这样做的，他以著名的镜喻来证空。他在讲到《维摩经》"是身如浮云，须臾变灭"时引入了镜喻：

> 常观自身，空净如影……如眼见物时，眼中无有物，如镜照面像，了了极分明，空中现形影，镜中亦无物。当知人面不来入镜中，镜亦不往入人面，如此委曲，知镜之与面，从本已来，不出不入，不去不来，即是如来之义。如此细分判，眼中与镜中，本来常空寂，镜照眼照同，是故将为比，鼻舌诸根等，

其义亦复然。(《楞伽师资记》)

此镜喻是以人面照镜喻人眼观物,镜中空无物,眼中亦空无物。这种观空法其实还是印度佛教的譬喻方法,尽管非常形象生动,但是无法使人产生空的直观。它并非我前面所描述的禅宗自己发明的现象空观。因此,道信把眼所见色称为"他色",就不足为怪了。从纯粹直观的角度看,这个譬喻显然是有严重缺陷的。而神秀的"时时勤拂拭,莫使有尘埃"仅是道信镜喻的延伸,两喻在本质上是如出一辙的。

《坛经》上记,法达读《法华经》七年,仍认为"经上有疑"而不知正法之处,慧能开导他说,《法华经》无多语,七卷尽是譬喻因缘。如来广说三乘,只是因为世人根性迟钝,经文上分明只说了一佛乘。一佛乘是什么呢?就是"本源空寂,离却邪见"八字。如果执著于经中所讲的譬喻因缘,那就要"外迷著相,内迷著空",于是"心行转《法华》,不行《法华》转;心正转《法华》,心邪《法华》转"。经是外在的,譬喻因缘也是外在的。

明与暗是佛教的一个著名譬喻,《祖堂集》记唐中宗派中使薛简去迎接慧能进京,慧能谢而不去。薛简就请慧能指示心要,以回复朝廷,称此举"譬如一灯照百千灯,冥者皆明,明明无尽"。这里,明、暗分别譬喻智慧、烦恼,灯譬喻明,一灯照百千灯,就可以明明无尽。慧能则云:道无明暗,明暗就是代谢的意思;明明无尽,也是有尽,因为明与暗是相待而立名的。说明就有暗,称暗就有明,明暗的代谢或明明无尽(一灯照百千灯)的前提都是明与暗的相待,相待就不是绝对。因此经书上说:"法无有比,无相待故。"佛法只有一个,是没有任何东西可以与之相比的绝对之物，为什么？是因为佛法没有任何东西与之相待。薛简仍然起疑，云：明譬喻智慧，暗譬喻烦恼。学道之人如果不以智慧来照生死烦恼，又怎么能得到解脱呢？慧能继续道：烦恼即是菩提，是因为二者无二无别的缘故。以智慧去照烦恼，是小乘的见解，有智慧的人是不那么理会的。他进而提出"住烦恼而不乱，居禅定而不寂"，"涅槃不远，触目菩提"。这些话的意思，与"境界法身"（《楞伽经》）是相同的。

慧能教法达读《法华经》的故事，慧能给薛简说"明暗是代谢之义"，倡"触目菩提"，两者都说明经书是外在的，譬喻是外在而相待的，而佛法是唯一的，无待的。本净禅师也说"道无相似，道无比并，道无譬喻，道无对治"（《祖堂集》卷三《司空山本净和尚》），此道即真如，真如是不可以做譬喻的。这些见解，代表了禅宗对譬喻的基本看法。

以下看临济义玄如何破凤林禅师诗中譬喻：

> 到凤林，林问："有事相借问得么？"师云："何得剜肉作疮！"林云："海月澄无影，游鱼独自迷。"师云："海月既无影，游鱼何得迷？"林云："观风知浪起，玩水野帆飘。"师云："孤轮独照江山静，自笑一声天地惊。"林云："任将三寸辉天地，一句临机试道看！"师云："路逢剑客须呈剑，不是诗人莫献诗。"凤林便休。[《古尊宿语录》卷五《临济（义玄慧照）禅师语录之余》]

凤林禅师似乎颇有语言修养，虚以相问：向您献疑一二，可

第五章 说不可说之境

否？义玄应以一个意象：不须剜肉作疮！于是凤林吟诗一句发问："海月澄无影，游鱼独自迷。"似乎是说：虽然四大皆空，而我还是迷惑得很。这其实是一个隐喻，前一句喻一切皆空，后一句喻自己却尚有迷惑之处。义玄就势破之：月亮映照着海面，既然清澄无影，那么游鱼又从何得迷呢？言下之意：既然已经识得四大皆空，缘何尚有迷惑之处呢？从空观的角度看，凤林的两句诗所喻正自相矛盾。凤林仍借诗发问："观风知浪起，玩水野帆飘。"仍是以水为喻。这是一组动态的意象：风吹过水面掀起波浪，而船帆凭借风势正好玩水。也许认为凤林的诗句纯是文字游戏，此时义玄的应答绕开而返回到凤林第一问之诗句中的意象：月亮。月轮孤独朗照，江山一切静寂，此中有一人——觉悟者，此人独自发出一声笑，天地的静寂被打破了。这是一组直观，没有譬喻。凤林大概很不满意，就使出激将法：请说一句临机语我听听。义玄对云：你还不是剑客、诗人，我亦无须呈剑、献诗。凤林于是不得不罢休。①

古灵禅师启发其师觉悟的故事也许能比较贴切地说明譬喻方式在禅宗的真实地位。古灵禅师于福州大中寺出家，离开本师游参百丈怀海而契悟。后来回到大中寺，欲设法使师傅觉悟，以报其恩，但须等待"方便"之时。一天，禅房新糊了窗纸，阳光透照进来，异常明亮。师傅于窗下看经，有一只蝇子没头没脑地向透亮的窗纸上撞，"求觅出路"，想要飞出去。古灵侍立在旁，见此情景，就道："多少世界，如许多广阔，而不肯出头，撞故纸

---

① 禅宗公案如此做解甚是无味，也极容易落入语言的陷阱，笔者这样做只不过是为了更明白地解释一下临济禅师是如何破譬喻的。

里，驴年解得出么？"师傅听了，终于觉悟，仅靠读经是没有出头之日的。(《祖堂集》卷十六《古灵和尚》)我们更关心古灵禅师应机而设的"方便"——蝇欲从窗纸而出去追逐光明。这是禅宗语境中一个典型的直观，它是一个视觉之境，并非譬喻。窗纸与经书都用纸，这也是直观，有助于触发觉悟。只是被作为公案记载进了禅籍如《祖堂集》中，它才因为失去了当下性而可能被人视为譬喻。同理，《坛经》中著名的幡动、风动或心动公案也不是譬喻而是直观之境。

从以上可以看出，禅宗的对话大都是不直接回答对方所问，而是绕路说禅，往往是甲以一个直观意象发问，乙又以另一直观意象来应答(除非对方的直观意象本身有逻辑上的矛盾之处，可以直接破之)，这样以譬喻方式的对话就往往进行不下去了。我们读禅宗语录，总是觉得很难懂，其原因简单地说，就是因为禅师们的对话往往呈现为一个一个独立而非连续的直观，它们或是语义的或是意象的，不像世俗的对话那样流畅，明白可懂。我们读禅籍，经常可以读到学僧要求禅师"离却目前机""勿要将境示人"而直接回答"如何是祖师西来意"等问题，那是什么意思呢？一机一境，往往是禅师随手拈来启发学僧觉悟的直观。这种直观虽然近在眼前身边，却必须远离禅者当时所处的佛学语境(禅僧们正在讨论的问题，如"祖师西来意")，而赫然成为纯粹现象，成为直观的对象，才可能产生触发觉悟的效果。它们往往不是譬喻、象征，因为譬喻或象征由两个东西组成，需要借助

第五章 说不可说之境 273

于联想作用将两者联系在一起，联想的过程并不利于顿悟的产生。[1]
《坛经》立"无念为宗，无相为体，无住为本"，认为人的思想是前念、今念、后念，念念相续无有断绝的。思想是一股不停息的意识之流，但是不能"住"在"法"（现象）上，"一念若住，念念即住，名系缚"，"著境生灭起"。住相就是有所执。仅就对话语境而言，对话中禅师的思维是无住不定的，其言语和意象也就跳跃或飘忽、空灵或离奇而极难把捉。而"一念断即死"，意识是不可中断的，只能任其跳跃、迁移。最好的办法，是把对话本身理解为一个一个分离的刹那、刹那的直观意象或语象。临济形容自己禅法的风格是"石火莫及，电光罔通"，那是非常迅捷的思维。显然，譬喻或象征的运用在这种对话语境中不免显得迂缓、迟钝。即使是譬喻或象征，也须在刹那间去领悟它，否则就可能落入概念思维，于是固定的譬喻或象征也就被刹

---

[1] 如果从顿悟的角度来看譬喻，明喻显然不如隐喻。明喻中须同时出现两个东西，而隐喻中只出现了一个东西，即一个意象。隐喻在不同的语境中或者可以被看作譬喻，或者可以被看作直观。我们仔细观察禅宗的顿悟个案，那种看似隐喻的东西，其实仅仅是直观而已。质言之，禅宗顿悟的语境中没有隐喻而只有直观。值得注意的是，叶维廉这样说："庄子和郭象所开拓出来的'山水即天理'，使得喻依和喻旨融合为一：喻依即喻旨，或喻依含喻旨，即物即意即真，所以很多的中国诗是不依赖隐喻不借重象征而求物象原样兴现的，由于喻依喻旨的不分，所以也无需人的知性的介入去调停。"（《中国古典诗中山水美感意识的演变》）叶氏此说重在论述庄与玄（郭象）对山水诗美感的影响，"不依赖隐喻不借重象征"之说极具见地，有其合理的一面。但是他所说的"物象原样兴现"其实是循了现象学的思路，我以为不依赖隐喻和象征以及寓言的景况须待禅宗，只有现象空观才真正是那样的。庄子的整个哲学都是以寓言的形式展开，它具有浓重的泛神论色彩，庄子还不可能产生纯粹直观。至于郭象讲"独化"，是比庄子更进了一步，但是纯粹直观还是没有产生，读一下《世说新语》即可明了这一点。因此，只能说庄子和玄学为"不依赖隐喻不借重象征"做了准备，禅宗才真正达到了这一步。

那间还原为直观。例如王维小诗中的飞鸟不同于印度佛教飞鸟喻中的飞鸟，它只是一个刹那的直观，不容人对之做飞鸟去无迹的联想（审美直观都是当下的，事后的联想或许可以给飞鸟意象加添一些喻义，但它却并非审美直观本身）。飞鸟即空，即色是空，不必借助于譬喻以沟通二者。可以说禅宗用的是减法，而印度佛教用的是加法。马祖道一有"三句语"：其一，即心即佛；其二，非心非佛；其三，不是心，不是佛，不是物。宗密《禅源诸诠集都序》上说，他所集的"诸家禅述，多是随问反质，旋立旋破，无斯纶绪，不见始终"[①]。"非""不是""反质""破""无斯纶绪""不见始终"等等，都是否定，可见，禅宗更多地使用遮诠法。而慧能的对法，则是以两两相对的方法来破除迷执，其精神与遮诠法是相通的。其实禅宗的对话语境都是基于慧能的对法。尤其须注意，禅宗不断地使用遮诠，以回避因个别的否定而蕴含着的个别的肯定，即宗密所云"随问反质，旋立旋破"。因此，譬喻方式因其表诠居多而为禅宗所回避，是可以理解的。说破了，譬喻亦是名相。只是譬喻因其相对固定的组合而有可能把名相转为法执。

佛教因明学有比量、现量之分，宗密说：

> 量有三种勘契须同者，西域诸贤圣所解法义，皆以三量为定：一比量，二现量，三佛言量。量者，如度量升斗，量物知定也。比量者，以因由譬喻比度也。如远见烟，必知有火，虽不见火，亦非虚妄。现量者，亲自现见，不假推度，自然定也。

---

① 宗密《禅源诸诠集都序》对此有具体解释："有问修道，即答以无修；有求解脱，即反质谁缚；有问成佛之路，即云本无凡夫；有问临终安心，即云本来无事。"

第五章　说不可说之境　275

> 佛言量者，以诸经为定也。(《禅源诸诠集都序》)

比量方法，就是推理、类比，宗密称为"推度"；现量方法，则"不假推度"而是"亲自现见"，就是所谓亲证或直观、直觉，它是不可思议的，与本书所用概念"现象空观"相同。所谓的禅观，基本就是现量。从逻辑上看，比量与表诠方法有更紧密的关系，因为它是通过比类来实现肯定判断；现量无须推度，任何一个现象空观必然都与类比推理无关，也即与表诠方法无关，而且，现量固然未必尽是遮诠，但是遮诠法的——否定其实是为了把对方引向某一个（随机随境的）未知的顿悟。也就是说，否定并非遮诠的目的，遮诠的真正目的是把人引诱或是逼迫到不可思议的现象空观。

在譬喻的问题上，禅宗的思考也许比印度佛教更为深刻。就禅的觉悟方式来看，以禅观取代譬喻有其必然性，而禅宗的特色也从中体现了出来。从感性经验的角度看，中国人的审美之眼迅速地从类比方式向直观方式跃迁。这是禅宗带给中国美学的一个极其基本而且影响极其深远的变化。

四、法眼和"隔"与"不隔"

禅宗对人的五根（感官）尤其是其中最主要的两个根——眼根和耳根的看法及其延伸，是本书美学研讨的重点所在。笔者已在别的章节有所涉论，讲耳更多些。本节对佛教、禅宗关于"眼"的见解做一简要描述，并根据法眼宗尤其是清凉文益的"一切见成"理论，探讨后来王国维所提出的"具眼"（"诗人之眼""自然之眼"和"特别之眼")和"隔"与"不隔"理论的禅学渊源。

眼根,五根或六根之一,是眼的感觉生起的依据。佛教认为,眼根由地、火、水、风四大要素所造。它分成两部分:(一)扶尘根,即眼球,肉眼可见;(二)胜义根,在扶尘根的基础上发生作用,它体质清净,肉眼是看不到的。盲人有扶尘根而没有胜义根,就无法产生视知觉,看不见东西。大珠慧海所谓的"见性常",即是指胜义根所具有的清净本质,它不会因扶尘根之所见而起执著。

佛教把眼分得很细,有肉眼、天眼、慧眼、法眼、佛眼的五眼之说。

肉眼,观粗近之色,感官所见,眼力最为有限。

天眼,观细远之色,为"神通"所见,可隔障见色,透视众生的未来与生死,可依禅定而修得。

慧眼,二乘者所具的眼,智慧能观照对象,见诸法皆空。

法眼,菩萨的眼,能透观一切法的分别相,即见一切苦、无常等生灭法数及见众生根欲性等,具有法力广度众生。

佛眼,能了知一切的智慧眼光,既能察知事物普遍的空性,也能察知事物个别的殊相。

佛教把各种眼分别得如此细致,是前所未见的,可见,佛教体系观察世界一定是十分仔细、周全。肉眼是物质的眼,即通常所说的眼根。天眼、慧眼、法眼和佛眼,都不是物质的眼。这里存在神异的成分,如天眼是神通之眼。而慧眼、法眼和佛眼,则是指不同的智慧,但它们都能观,而且能观真如。因此,可以说它们乃是视觉向智慧的延伸。所谓的观,是佛教一种很特殊的姿势。五眼中,除了天眼带有更为浓重的佛教神话的色彩,肉眼、慧眼、法眼和佛眼的区分则富于哲理。我们且看佛教经典对诸眼的论述:

实不实为二,实见者尚不见实,何况非实,所以者何?非肉眼所见,慧眼乃能见,而此慧眼无见无不见,是为入不二法门。(《维摩诘所说经·入不二法门品》)

肉眼见一切色,慧眼见一切众生诸根境界。(《华严经》)

二乘之人,虽有慧眼,名为肉眼;学大乘者,虽有肉眼,名为佛眼。(《大般涅槃经》)

肉眼与慧眼,一是肉身之眼,只能见一切颜色,一是智慧之眼,无见无不见,无分别。慧眼能看破一切相之空,法眼则运用看空的智慧而观察分别相,具有法力。二乘即声闻乘和缘觉乘[①],是小乘的教法,修小乘者,即使具有慧眼,也只能称作肉眼;如果是修了大乘,六根清净,已观中道,见佛性,即使是肉眼,也可以称作佛眼。肉眼与慧眼、法眼或佛眼的这种互相沟通非常有价值,感官的肉眼而又具有非理性的高度的智慧(灵明鉴觉),为佛教直观方法及理论的实践和展开奠定了基础。

禅宗继承了印度佛教对眼的重视,而且做出了某些重要的发展。禅籍中记载,佛祖释迦牟尼在灵山会上,拈花示众。众皆默然,唯迦叶尊者破颜微笑。世尊就说:"吾有正法眼藏,涅槃妙心,实相无相,微妙法门,不立文字,教外别传,付嘱摩诃迦叶。"(《五灯会元》卷一《释迦牟尼佛》)这一段文字记录了传说中确立禅宗"教外别传"性质的故事。正法眼藏,又可称大法眼藏,指体会正法的智慧之宝藏;

[①] 缘觉乘是指,通过观十二因缘而能断惑证理的人;还有一种说法是,因观天地自然变化之缘而觉悟的人。二乘之人称为独觉之人。

眼即智慧。佛祖将正法眼藏付嘱迦叶，迦叶又将法眼付嘱阿难，阿难又付嘱给商那和修……如此不断地将大法眼付嘱给后来的觉悟者，可见法眼在禅宗兴起历史的传说中所扮演的重要角色。

四祖道信论法眼云："真得心者，自识分明，久后法眼自开，善别虚之与伪。"（《楞伽师资记》）主张色性是空的道信如何看待肉眼呢？他以为：眼性本来就空，凡是所见之色，须知是"他色"。如此来觉知色，就称为观空寂。换言之，看见了色却并不把色当作色来觉知，就是空。这种观空法，他做了一个譬喻：

> 恒如中夜时，昼日所见闻，皆是身外事，身中常空净，守一不移者，以此空净眼，注意看一物，无问昼夜时，专精常不动，其心欲驰散，急手还摄来，如绳系鸟足，欲飞还掣取，终日看不已，泯然心自定。（《楞伽师资记》）

这里其实有两个譬喻，其一是如夜半清净，白天之见闻为身外事，而有"空净眼"；其二是以"空净眼"观注一物以使心灵专精，无动摇旁骛，就像绳系鸟足，可随时把欲飞的它牵回来。可以说，这是禅宗空观的开端，不过，这"空净眼"虽然观"色性是空"，但是并没有达到"色即是空"的纯粹直观，因此色还是"他色"，色与空尚未真正统一。

大珠慧海重新解释了五眼：

> 见色清净，名为肉眼；见体清净，名为天眼；于诸色境，乃至善恶悉能微细分之，无所染著，于中自在，名为慧眼；见无所见，名为法眼；无见无所见，名为佛眼。（《大珠禅师语录》

卷上《顿悟入道要门论》）

这一新的解释，已经没有神秘的成分了，这是一个重要的变化。[1]值得注意的有两处，一是他对肉眼的解释：见色清净，已经有空观的因素了。二是关于法眼与佛眼。

> 问："云何是正见？"答："见无所见，即名正见。"问："云何名见无所见？"答："见一切色时，不起染著；不染著者，不起爱憎心，即名见无所见也。若得见无所见时，即名佛眼，更无别眼。若见一切色时，起爱憎者，即名有所见。有所见者，即是众生眼，更无别眼作众生眼。乃至诸根，亦复如是。"（《大珠禅师语录》卷上《顿悟入道要门论》）

这里，他回答第一问的"见无所见"之"正见"，就是上面所说的法眼。法眼见一切色，不起染著，不起爱憎心，所以称为"见无所见"；而所谓"众生眼"则相反，起染著，起爱憎心，是"有所见"。值得注意的是，众生眼与肉眼不同，众生眼完全是世俗的眼，而肉眼却见色清净，具有某种超越的性质。他又把"见无所见"称为佛眼，与他自己论五眼时说佛眼"无见无所见"不同。也许此处原文有阙漏，也许他自己也不想把二者清晰地加以区分。其实，"见无所见"并非真的无所见，它亦是"无见无所见"，这是空观所要求的。他的同门

---

[1] 参见杜继文、魏道儒《中国禅宗通史》（江苏古籍出版社1993年版）第250—251页相关文字。

百丈怀海就是这样论视觉和听觉的："都无一切有无等见，亦无无见，名正见。无一切闻，亦无无闻，名正闻。"(《古尊宿语录》卷二《大鉴下三世（百丈怀海大智禅师）语录之余》)大珠慧海论域中的慧眼、法眼和佛眼，三者已经没有多少区别了。例如，他讲五眼中的慧眼其所对的是诸色境，另一处讲法眼所对的也是一切色；而按传统的说法，慧眼主要是能对色观空，法眼则进而能辨相，他却定义慧眼具有"微细分之"的辨相能力，法眼为"见无所见"，而"见无所见"其实说的是观空的能力，它主要是慧眼的功能，《维摩诘所说经》上就是这样说的。大珠慧海几乎把二者混为一谈。这同样也显示着一个重要的变化。神秘成分的淡化与诸眼区别的虚化，表明禅宗关于五眼的观念已经趋于简化，其趋向大致是：一方面突出关注空观，另一方面将肉眼与慧眼、法眼、佛眼的界限缩小，功能融合，二者是同趋的。于是，对观的眼来讲，色与空已经可以统一于直观了。

百丈怀海论五眼云：

所谓不漏六根者，亦名庄严空无诸漏，林树庄严空无诸染，华果庄严空无佛眼，约修行人法眼，辩清浊亦不作辩清浊知解，是名乃至无眼。《宝积经》云：法身不可以见闻觉知求。非肉眼所见，以无色故。非天眼所见，以无妄故。非慧眼所见，以离相故。非法眼所见，以离诸行故。非佛眼所见，以离诸识故。若不作如是见，是名佛见。同色非形色，名真色。同空非太虚，名真空。[《古尊宿语录》卷二《大鉴下三世（百丈怀海大智禅师）语录之余》]

怀海主张，观者需要具备"不漏六根"，最重要的是观一切声色对象都不能以见闻觉知求：从否定的角度看，五眼所见分别为"无色""无妄""离相""离诸行"和"离诸识"；从肯定的角度看，五眼正因为不作"色""妄""相""诸行"和"诸识"见，才称为佛见。他最后两句话"同色非形色，名真色。同空非太虚，名真空"，是说见色但不把它视为形色，观空但并不执著于虚空。这话其实和他著名的观点"一切色是佛色，一切声是佛声"说的是同一个意思。如欲不作、不起见闻觉知，问题还在观者自己："只如今于一一境不惑不乱不嗔不喜，于自己六根门头刮削并当得净洁，是无事人，胜一切知解头陀精进，是名天眼，亦名了照为眼，是名法界性，是作车载因果。"（同上）

仰山也论五眼：

> 入人如无受，即法眼三昧起，离外取受；入性如无受，即佛眼三昧起，即离内取受。入一体如无受，即智眼三昧起，即离中间取受。亦云：不著无取受，自入上来所解三昧，一切悉空，即慧眼所起；入无无三昧，即道眼所起，即玄通碍也。譬如虚空，诸眼不立，绝无眼翳，赞如上三昧。毕竟清净无依住，即净明三昧也。（《祖堂集》卷十八《仰山和尚》）

这是从诸眼即观的角度论三昧，他讲了法眼、佛眼、智眼、慧眼、道眼，与传统的说法略有不同。他的意思其实也同于怀海，主张"清净无依住"，诸眼可以不立，就达到"净明三昧"。值得注意的是他所说的"道眼"，以前已有临济义玄说过，后来玄沙师备讲了一连串的眼，如"金刚眼睛""沙门眼""法眼"等，其中也有"道眼"。玄

三教图 明·丁云鹏 台北故宫博物院藏

上　销闲清课图卷之"礼佛"　明·孙克弘　台北故宫博物院藏
下　销闲清课图卷之"烹茗"　明·孙克弘　台北故宫博物院藏

罗汉图册　明·宋旭　美国纽约大都会艺术博物馆藏

东坡题竹图

明·杜堇 故宫博物院藏

月下渔夫

明·叶广 美国纽约大都会艺术博物馆藏

山水册　明·普荷　四川博物院藏

左　香林扫塔图轴　清·金农　苏州博物馆藏
右　镜影水月图轴　清·汪士慎　广东省博物馆藏

西海千峰图　清·梅清　天津博物馆藏

沙的弟子罗汉桂琛则是法眼的老师，正是他启示法眼以超越见闻觉知的"一切见成"的禅观。尽管眼睛有许多，禅宗其实是要突出自己本有的佛性，这叫"识取自己眼"（《五灯会元》卷十《龙华慧居禅师》）或"衲僧眼睛"（同上，《定山惟素山主》），这才是根本。

从禅宗对"眼"的极度重视，可以见出其对理性认知及其思维的极度轻忽，对直观、直觉的极度倚重。而从它不再看重五眼的功能区分，也可以见出其归向直观式的禅观的趋向。禅宗之"眼"深刻地影响了唐以后的诗学，如较为典型的有宋代惠洪，他说：

> 诗者，妙观逸想之所寓也，岂可限以绳墨哉？如王维作《画雪中芭蕉》，自法眼观之，知其神情寄寓于物，俗论则讥以为不知寒暑。（《冷斋夜话》卷四《诗忌》）

"法眼观之"说的意义就在于超越俗论之见闻觉知的常识。值得注意的是，惠洪所论正是唐代的王维，而王维可以说是中国艺术意境最早的创造者之一。

《祖堂集》记石霜庆诸回答一位生病的禅僧"病与不病相去几何"之问曰："悟即无分寸，迷则隔山歧。"此是以迷悟来界分隔与不隔的，显然，这是一个精神境界的问题，而非关视觉上物理的障碍。同书又记，石霜病重时，有新来的二百余僧人未能参见到他，惆怅失望之余，不禁出声啼哭。石霜听到哭声，就问是什么人在哭。回云如是这般而哭。石霜于是道："唤他来隔窗相看。"来者就隔窗礼拜，问："咫尺之间为什么不睹尊颜？"他们觉得石霜此举实在不可思议。石霜回说："遍界不曾藏。"（《祖堂集》卷六《石霜和尚》）石霜虽然临终，

第五章　说不可说之境　283

但他还是不忘随时设机启发弟子。他的意思是,看到了人未必觉悟,看不到人未必不觉悟,真如、般若之智是无所不在的。

法眼宗清凉文益(法眼)禅师一系谈"隔""不隔"比较多一些,以下笔者主要从心物关系角度对这一系的见解加以剖析。

先从瑞鹿本先禅师的一段话来看法眼宗是如何提出问题的:

"诸法所生,唯心所现。"如是言语,好个入底门户。且问你等诸人,眼见一切色,耳闻一切声,鼻嗅一切香,舌了一切味,身触一切软滑,意分别一切诸法,只如眼耳鼻舌身意所对之物,为复唯是你等心,为复非是你等心。若道唯是你等心,何不与你等身都作一块了休,为甚么所对之物,却在你等眼耳鼻舌身意外?你等若道眼耳鼻舌身意所对之物非是你等心,又争奈"诸法所生,唯心所现",言语留在世间,何人不举著?(《五灯会元》卷十《瑞鹿本先禅师》)

这一通议论,是对人的六根及其所对之物的关系起了疑心,疑即疑在"诸法所生,唯心所现"一语。因为在此心物关系中,心与其所对之物最终并没有和合为一体。试比较道信的说法:

知眼本来空,凡所见色者,须知是他色。耳闻声时,知是他声;鼻闻香时,知是他香;舌别味时,知是他味;意对法时,知是他法;身受触时,知是他触。如此观察知,是为观空寂。见色知是不受色,不受色即是空,空即无相,无相即无作,此是解脱门。学者得解脱,诸根例如此。不复须重言说,常念六根空寂,尔无闻见。(《楞伽师资记》)

在道信看来，六根在接触各自所对的对象时，须以空观判定对象没有自性，为"他色""他声""他香""他味""他法"和"他触"，因此，禅者见色时了知自己并不受色，而是无闻见。如此的观，才是观空寂。显然，按道信"六根空寂，尔无闻见"的说法，刹那间并没有发生空的直观。这里其实对色空关系已经有所执著了。瑞鹿却怀疑：如果唯心所现，为何对象并没有与你为一体？为什么所对之物却存在于你的六根之外？

我们面临的难题是：观与所观是一是二，所观是否为观所生，所观有否自性？这并非主观与客观的关系问题，佛教唯心的前提是不能否定的，在此论域中，主观与客观的区分没有意义。对"诸法所生，唯心所现"的观念不能执著地来看。六根接触对象时，如果执著于对象，那就可能不自觉地以为对象有自性，而随着对象转移。不过可以设想另一种情况，如果并不执著于对象，在直观中也未必必须判定对象是"他"，在刹那的直观中其实不可能发生如此的判定。依佛教唯心的基本思想，人的感性经验必然被否定，依"六根空寂，尔无闻见"的观点，即色是空的直观也不可能发生。换言之，人的审美经验与佛教无关。事实并非如此。

对这些疑义，法眼宗是以"一切见成"来回答的。以下笔者将结合王国维所提出的"隔"与"不隔"来讨论法眼宗关于心物关系的理论。①

师（文益）问宝资长老："古人道：山河无隔碍，光明处处透。且作么生是处处透底光明？"资曰："东畔打罗声。"（原文

---

① 此论域中的心物关系与唯心唯物无关，严格说来与主观客观也无关。

小字注：归宗柔别云："和尚拟隔碍。"）师指竹问僧："还见么？"曰："见。"师曰："竹来眼里？眼到竹边？"①（《五灯会元》卷十《清凉文益禅师》）

前一问，重点是"隔碍"二字，"光明处处透"是一个直观，无法对之做出解释，而法眼却着意要问"作么生"，显然是有意设圈套，所以后人判断他"拟隔碍"，而宝资以"东畔打罗声"答之，没有落入圈套。后一问，重点在"竹来眼里？眼到竹边"一句，竹是眼之所观，即对象。僧回答师：已经见到竹。直观论域就此确立。在眼对竹的直观中，到底是竹来到眼里，还是眼去到竹边呢？显然，法眼的问题是刚才瑞鹿本先禅师的问题之所本。②

法眼作有《华严六相义颂》："华严六相义，同中还有异。异若异

---

① 《世说新语·文学》记："殷、谢诸人共集。谢因问殷：'眼往属万形，万形来入眼不？'"请参见本书第一章有关内容。
② 这是一个美学问题，苏东坡曾经总结文与可画竹为"成竹在胸"，他说："今画者乃节节而为之，叶叶而累之，岂复有竹乎！故画竹必先得成竹于胸中，执笔熟视，乃见其所欲画者，急起从之，振笔直遂，以追其所见，如兔起鹘落，少纵即逝矣。"（《苏东坡集》前集卷三十二《文与可画筼筜谷偃竹记》）苏东坡所谓的"成竹在胸"是一个直观意象，它当然是观察的结果，但"执笔熟视，乃见其所欲画者"并非面对真实之竹的写生，其实是下笔的刹那间形成的一个竹的直观，它"兔起鹘落，少纵即逝"。我们与法眼一样，要问的是：苏氏所论创作状态下的竹，是竹来眼里，还是眼到竹边呢？我的意见是，"成竹在胸"的直观与"急起从之，振笔直遂"的直观或许略有相异之处，但是它们都是感性直观，是没有"节节而为之，叶叶而累之"的分别的细节的。苏氏《大悲阁记》这样描述自己坐禅的情景："及吾燕坐寂然，心念凝默，湛然如大明镜，人鬼鸟兽杂陈乎吾前，色声香味交遘乎吾体，心虽不起，而物无不接。"这是纯粹的感性直观，它是前艺术、前技法的。苏氏《送参寥师》也表达了同一个意思："欲令诗语妙，无厌空且静。静故了群动，空故纳万境。"因此，苏东坡的问题与法眼的问题在本质上是相同的。

于同，全非诸佛意。诸佛意总别，何曾有同异？……不留意，绝名字，万象明明无理事。"华严宗的六相义，区分为六种相，即总别、同异、成坏，三对六相。六相，是华严宗用以说明其法界缘起、本体界与现象界诸关系学说的重要内容。我们来看一看华严宗法藏是如何论阐发他的六相圆融观念的：

> 师子是总相，五根差别是别相；共从一缘起是同相，眼、耳等不相滥是异相；诸根合会有师子是成相，诸根各住自位是坏相。（《华严金师子章·括六相第八》）

法藏以殿前金狮子为喻而展开他的六相："师子是总相"，即整体，狮子的眼、耳、鼻、舌、身五根是别相，为组成整体的部分，这是整体与部分之关系；诸别相（眼、耳等）同一缘起而组成整体（狮子），称为同相，然而各别相互相之间还是有差别（不相滥），这是同一与差异之关系；诸根和合成狮子相，为成相，诸根各自独立而不和合，狮子不能成立，则为坏相，这是对立面相互依存、转化之关系。法藏认为，诸事物都处于"总别相即""同异相印""成坏相即"的圆融状态。

法藏对"六相圆融"的道理还有一个总的譬喻：

> 总即一舍，别即诸缘；同即互不相违，异即诸缘各别；成即诸缘办果，坏即各住自法。（《五教章》）

这是说，总相就好比是一座房舍，别相好比是椽子、瓦片等；

第五章　说不可说之境

同相就好比椽子、瓦片等和合成房舍,异相就好比椽子、瓦片各不相同;成相就好比椽子、瓦片共同组成房舍,坏相就好比椽子、瓦片各自独立。这也是一个譬喻。我们注意到,法藏阐发他的六相圆融理论非常依赖譬喻,这种譬喻的作用并非启发觉悟,而是用于辨相,即做一般理论的分析与综合。因此,无论是狮子之喻还是房舍之喻,虽则都具有形象化的特色,但是却并非刹那间发生的纯粹直观。

佛学研究界有些专家大概以为法眼在认真研究华严宗以后吸收了其理事六相圆融的观念,但我们细读他的《华严六相义颂》,却似乎读出了别的意思。他主要就同异、理事两对范畴而发表议论,说同中有异,异如果异于同,那并非佛的主张。[1] 又说万象明明无理事。那是什么意思呢?他其实是把同异与理事联系起来考虑,同即理,异即事,考之万象,同异(理事)关系并不真实或确切,真实的只是总别关系。就华严宗的理事关系来看,无非是理事不二罢了。但与其说理事不二,还不如干脆说无理事。这里,其实存在着法眼对华严宗的有意误读。[2] 而他自己是发展了"一切见成"的观念。

《五灯会元》上记,道潜禅师初谒法眼,法眼问他看什么经,答曰:《华严经》。于是师徒谈论起经中总别、同异、成坏六相的理论。

---

[1] 《古尊宿语录》卷三《黄檗(希运)断际禅师宛陵录》上记有这样一段对话:问:"佛性与众生性,为同为别?"师云:"性无同异。若约三乘教,即说有佛性有众生性,遂有三乘因果,即有同异。若约佛乘及祖师相传,即不说如是事,唯指一心,非同非异,非因非果。所以云:'唯此一乘道,无二亦无三,除佛方便说。'"可参考。

[2] 日本忽滑谷快天《中国禅学思想史》第三编第二十九章"法眼文益之禅风"之第五节即题为"法眼之活用华严"。此节引法眼的《华严六相义颂》和《三界唯心颂》,无文字评论,唯标题中"活用"二字有深意。

道潜据经文,说:世出世间一切法,皆具六相。法眼问:那么空是否也具六相? 道潜不能答对。法眼要道潜反过来问他:空是否也具六相? 法眼答曰:空。道潜于是开悟,踊跃谢礼。[①] 总别、同异、成坏六相的区分是辨相,而空其实是无法辨相的,反过来也可以说,一切相都是空,无须分辨。

法藏还说:

> 师子诸根,一一毛头,皆以金收师子尽。一一彻遍师子眼,眼即耳,耳即鼻,鼻即舌,舌即身。自在成立,无障无碍,名诸法相即自在门。(《华严金师子章·勒十玄第七》)

这是论金狮子眼、耳、鼻、舌、身诸根之关系。狮子诸根诸毛都是金,即狮子的各种相都是金体的显现;狮子的每一根每一相全都遍布狮子眼,即狮子眼遍布全身,于是狮子眼即狮子耳,耳即鼻,鼻即舌,舌即身。不过,诸根又彼此分别,自在成立,互无障碍,这就叫"诸法相即自在门"。这一门是论现象与现象之相即而又相异的关系。

我们看法眼如何说。他作《三界唯心颂》:

> 三界唯心,万法唯识。唯识唯心,眼声耳色。色不到耳,声何触眼? 眼色耳声,万法成办。万法匪缘,岂观如幻。山河大地,谁坚谁变?

---

① 见《五灯会元》卷十《永明道潜禅师》。

法藏说，诸根相即，眼即耳……又说，诸根相异，眼非耳。但他其实更倾向于前者，以为相即更重要。法眼问：依唯识唯心的思路，是否可以设想眼与声（即眼与耳）沟通，耳与色（即耳与眼）沟通呢？这其实是法藏的理论，依华严宗的六相圆融理论及其神异倾向，是可以的。不过法眼却又问：色不到耳，声何触眼？只有眼与色通，耳与声通，万法才能成立。万法如果并非出于因缘，那么也许连幻相也看不到。显然，法眼并不同意法藏的诸根相即，而是主张诸根相异的。因为只有这样，诸根才可能对色进行真正的纯粹的直观，才能通过万法的时节因缘获得觉悟。

　　于是，我们可以看到，法眼宗所面对的一个大难题，是如何解释"诸法所生，唯心所现"的佛理。正如瑞鹿本先禅师所疑：如果一切唯心，那么所对之物为何反而存在于眼、耳、鼻、舌、身、意之外？显然，佛教唯心观可能导致心物二元的困境，但是，这在禅宗是以直观的现象方式妥善地加以解决了。① 我们且看法眼宗人如何解决这个难题。《五灯会元》记，灵隐清耸初参法眼，正下着雨，法眼随机指雨对清耸说："滴滴落在上座眼里。"清耸起初并不领悟，后来读《华严经》感悟，遂为法眼所印可。那么他从《华严经》究竟悟到了什么呢？也许是悟到了理事不二，也许是悟到了根本无须分辨理事。我

---

① 禅宗常说的"三界唯心，万法唯识"其实不过是一个构陷困顿于唯物论与唯心论之间的后人的圈套而已。唯心与唯识至少有语义上的矛盾，而两者的统一其实就是现象空观。禅宗看世界和看自己的方法基本是直观、直觉，是现象空观，主客观的对立在它并不是一个重要的问题。而把禅宗之直观误读为譬喻、象征之类具有二元倾向的方法，倒真是有可能将它归到主观唯心主义阵营中去。但是这样的归类对于读解禅宗并无益处。

们且细考法眼的话：滴滴落在上座眼里。雨滴是一个直观，可以喻示万象，它没有滴落到清耸禅师的心里，而是滴落到了他眼里。眼喻示诸根。这是说，心与物（按华严宗的说法是理与事，或总与别）通过眼这扇窗户获得了直观式的统一或融汇。值得注意的是，灵隐清耸也提出了心物关系问题。

又曰："见色便见心，且唤甚么作心？山河大地，万象森罗，青黄赤白，男女等相，是心不是心？若是心，为甚么却成物象去？若不是心，又道见色便见心。还会么？只为迷此而成颠倒，种种不同，于无同异中强生同异。且如今直下承当，顿豁本心，皎然无一物可作见闻。若离心别求解脱者，古人唤作迷波讨源，卒难晓悟。"（《五灯会元》卷十《灵隐清耸禅师》）

清耸禅师对"见色便见心"加以阐释。这里的关键是，在"见色便见心"的语境当中，引进华严宗的同异关系是否合理、恰切。清耸认为，不必"于无同异中强生同异"，心与色（物象）本不相异，如果"直下承当，顿豁本心"，那么就"皎然无一物可作见闻"，色（物象）并非见闻觉知的分析理知对象，而是顿悟的境，也就是"皎然"的"本心"，而不必如道信那样把所见之色判为"他色"。因此，他问："牛头未见四祖时如何？"曰"青山绿水"，问"见后如何？"，曰"绿水青山"，只是把"绿水"与"青山"换了个位置而已。

天台德韶曾经作一偈："通玄峰顶，不是人间。心外无法，满目青山。"[1]法眼对此偈评价极高,赞道:"即此一偈,可起吾宗。"德韶还说:"法身无相,触目皆形;般若无知,对缘而照。"(《五灯会元》卷十《天台德韶国师》)"心外无法""法身无相""般若无知",无法无相无知,是否定了诸现象,因为如果心(法身、般若)与对象之关系对应固定了,也就把本体给否定了;但是,心(法身、般若)却应机随缘地(对缘)通过诸根(触目)与法、相、知相遇,形成"满目青山"的直观。

心与物之间,还隔着眼、耳、鼻、舌、身诸根;诸根是人与外界沟通的门户,所谓"见色便见心",须"见"才有觉悟的可能。沩仰宗的两位大德沩山曾与仰山讨论"见色便见心":

> 因沩山与师游山,说话次,云:"见色便见心。"仰山云:"承和尚有言:'见色便见心。'树子是色,阿那个是和尚色上见底心?"沩山云:"汝若见心,云何见色?见色即是汝心。"仰山云:"若与摩,但言先见心,然后见色。"云:"何见色了见心?"(《祖堂集》卷十八《仰山和尚》)

这一段对话极可深究。沩山提出"见色便见心"。仰山不解的是:只有树的色可见,如果说见色即可见心,那么哪个是你色上见的心呢?这一问颇为刁钻,仰山意在引诱沩山把心与色区分开来。沩山以为,你如果已见了心,就不用谈见色,因为所见色就是你的心。沩山

---

[1] "心外无法,满目青山"一句,见于《古尊宿语录》卷三《黄檗(希运)断际禅师宛陵录》。

这一解释颇为勉强，仍有区分心与色之嫌，被仰山抓住破绽：如果说先见心，然后见色，那么如何是"见色了见心"呢？请注意，沩山的"见色即是汝心"和仰山的"见色了见心"都是"见色便见心"的同语反复，而先见色抑或先见心之辩，却是仰山为了故意把问题搅糊涂而设的语言陷阱。"见色便见心"的真实含义是这样的：只要见了色，便是见了心。换个说法，"心外无法，满目青山"，一样是同语反复。可见，"见色便见心"是不可思议的，先于概念思维的，只有把它视为纯粹直观，才是正当的。

如此，再回来看法眼的问题：究竟是竹来眼里，还是眼到竹边？[①]法眼做此问，并非要求学僧分辨孰来孰到，而是借此问启发学僧领悟通过诸根作空的直观。报慈行言禅师云："法尔无偏正，随相应现，唤作对现色身。"(《五灯会元》卷十《报慈行言导师》)法是"随相应现"的，并不能理解为法从另一处所投现于此一处所，而是说法普遍地体现于一切现象，而人所作的空观则是随机的、偶然的。所谓"对现色身"即是现象空观，它非同非异，非心非相。

定山惟素禅师被其徒赞为"临机不答旧时禅"，他谈自己的酬对经验云：

> 若论家风与境，不易酬对。多见指定处所，教他不得自在。曾有僧问大随："如何是和尚家风？"随曰："赤土画簸箕。"又

[①] 禅宗经常会提出类似的问题，如《祖堂集·百丈政和尚》记："有老宿见日影透过窗，问：'为复窗就日，为复日就窗？'师云：'长老房内有客，且归去好。'"这一类的思考都具有如下的特点：针对直观之对象而发问。其实它们是《坛经》中风幡公案的翻版。正如慧能否定风动和幡动，百丈也对分辨窗与日之关系无兴趣。

曰："肚上不贴榜。"且问诸人作么生会？更有夹山、云门、临济、风穴皆有此话，播于诸方。各各施设不同，又作么生会？法无异辙，殊途同归。若要省力易会，但识取自家桑梓，便能绍得家业，随处解脱，应用现前，天地同根，万物一体，唤作衲僧眼睛，绵绵不漏丝发。(《五灯会元》卷十《定山惟素山主》)

这一则关于"临机不答旧时禅"的禅话值得仔细推敲领会。每一系的禅都有自己的"家风""境"或"话头"，如著名的"庭前柏树子""祖师西来意"，等等。这些家风、境和话头往往"指定处所"，使学僧不能自由想象、发挥。定山认为如大随"赤土画簸箕""肚上不贴榜"之类话头很难让人领会，而且各家的具体"施设"又不同，更难领会。所以，他主张"识取自家桑梓"，"随处解脱，应用现前，天地同根，万物一体"，这其实就是法眼"一切见成"的意思。定山称之为"衲僧眼睛"。禅宗对"眼睛"的重视非同寻常，法眼所谓"滴滴落在上座眼里"极有深意。《景德传灯录》上说，法眼初见老师桂琛，老师问他："行脚事作么生？"他回答："不知。"老师即首肯之，云："不知最亲切。"最亲切的是不知，它是"皎然无一物可作见闻"。"衲僧眼睛"就是直观之眼，它不形成见闻觉知，而是观"一切见成"之眼，是智慧眼。以这个智慧眼去观世界和自己，产生"对现色身"，就不会"隔"。

王国维的"隔"与"不隔"，专就写景而论。"写景之作……如雾里看花，终隔一层"，"写景之病，皆在一'隔'字"，"语语都在目前，便是不隔"。显然，这是心物关系论域中的问题。王国维之使用"隔"与"不隔"的词语，显得颇为突兀。为什么他会选择这个"隔"字来作为写景好坏的判断标准呢？我以为，对此一问题做追根寻源的探究，于把握王国维的美学思想是极其必要的。

以上，我已经尝试着从法眼一系"一切见成"的禅法为"隔"的理论找寻内证，虽然不敢说就是如此，但是却有几分把握。所谓的"隔"，决不是单纯指观看不清楚、描写不清晰、意象迷糊，或是细节不真实，而是达不到"语语都在目前"的境界。"语语都在目前"即是作感性直观。欧阳修《六一诗话》引梅尧臣语云："状难写之景，如在目前；含不尽之意，见于言外。"梅氏、欧氏要求写景"如在目前"，王氏"语语都在目前"显然有本于此。不过，我还可以从禅宗语录中找出若干证据，以证明"目前"的提法其实来自禅宗。

"目前"一词的原意是眼前。《后汉书》卷五十一《陈龟传》上疏云："且牧守不良，或出中官，惧逆上旨，取过目前。"《列子·杨朱》："目前之事，或存或废，千不识一。"禅宗的"目前"也有眼前的涵义，不同的是，又多了直观的涵义。

《坛经》中记，慧能论到世俗之众以为佛在西方，就愿往生西方的误解，对使君说："慧能与使君移西方刹那间，目前便见，使君愿见否？"（《坛经校释》，第66页）慧能的意思是，只要人"自心地上觉性如来，放大智慧光明，照耀六门清净……"就能觉悟，在东方不异西方而在"目前"。因此，"目前"是一个清净的觉悟之境。

禅宗有"目前法""目前意""目前机"诸说。"目前法"指在目前可以觅到的佛法，"目前意"指当下的智慧，"目前机"指作为觉悟机缘的禅境。石头希迁《参同契》云："色本殊质象，声元异乐苦。……眼色耳音声，鼻香舌咸醋。……触目不会道，运足焉知路？进步非近远，迷隔山河固。"他认为眼对色、耳对声、鼻对香、舌对味，因此

第五章　说不可说之境　295

"触目会道"，如果"迷"则智慧之光就无从透过山河而形成"隔碍"。强调觉悟中根境相对相应，触目会道，其实是对"目前法""目前意"和"目前机"做了诠释。临济义玄也云："拟心即差，动念即乖。有人解者，不离目前"；又云："心法无形，通贯十方，目前现用。"即烦恼而菩提，觉悟不离目前，境与智相应，是禅宗的基本信念。所谓"隔"与"不隔"的问题，即是针对着"目前"而形成的。

"目前无法，意在目前。他不是目前法，非耳目之所到。"（《祖堂集》卷七《夹山和尚》）这是船子与夹山师徒应对中所作的一首颂。后来，"目前无法"就作为夹山门下的宗风了（《祖堂集》卷九《落浦和尚》）。夹山认为："无法本来是道，无一法当情。"（《祖堂集》卷七《夹山和尚》）"目前法"之"法"是指佛法、祖训，夹山说："三乘十二分教是老僧坐具，祖师玄旨是破草鞋，宁可赤脚不著最好。"（同上引）他以为，把佛法作为所依之法，识性就没有自由分。"今时学人触目有滞，盖为依他数量作解，被他数量该括得定，分寸不能移易。所以见不逾色，听不越声。鼻香、舌味、身触、意法亦然。"（《祖堂集》卷九《落浦和尚》）夹山把这种"触目有滞""被他数量该括得定""见不逾色，听不越声"的人称为"无眼狂人"。因此，人须有眼目，方可"永脱虚谬之见，不堕幻惑之法"。"法"作为所依之法，却是使人失去自由分的死法，而活的却是"意"，它在目前，可以称为"目前意"。这个"目前意"不是"目前法"，它"非耳目所到"，而是智慧的对象。对"目前意"的自由把握，就是有"眼目"。注意，这里所说的"非耳目所到"，说的是"目前意"并非见闻觉知的对象。因此，"目前法"与"目前意""目前机"正好相反，前者为拟心思量的对象，是死的，后二者为智慧直观的对象，是活的。

黄龙祖心禅师也论到"目前"，他说："若也单明自己，不悟目前，此人有眼无足。若悟目前，不明自己，此人有足无眼。"[①]（《五灯会元》卷十七《黄龙祖心禅师》）这里，"目前"其实是一个境或机，如果在"自己"（"眼"）与"目前"（"足"）之间单明其一，那么他并未真正觉悟。这种对举还可以表述为"心"与"境"的对举："愚人除境不忘心，智者忘心不除境。不知心境本如如，触目遇缘无障碍。"（《五灯会元》卷十七《黄龙祖心禅师》）真正的觉悟者应该是这样的智者，在他，"心"与"境"是统一于当下之直观的。"心境如如"即是"目前意"。

传为王维所作《山水诀》云：

> 夫画道之中，水墨最为上。肇自然之性，成造化之功。或咫尺之图，写百千里之景。东西南北，宛尔目前；春夏秋冬，生于笔下。

王维所论水墨画的功能，并非简单的写实，而是对时空作直观，因此可以使"东西南北，宛尔目前；春夏秋冬，生于笔下"。例如，他可以把雪与芭蕉画在一起，呈现于"目前"，就是这样一种特殊的直观使然。

如果以一双法眼、慧眼、道眼或佛眼，将对象作空观，就能观

---

① 处微禅师与仰山有这样一段对话："师问仰山：'汝名什么？'对曰：'慧寂。'师曰：'阿那个是慧？阿那个是寂？'对云：'只在目前。'师曰：'你犹有前后在？'对曰：'前后则且置，和尚还曾见未？'师曰：'吃茶去。'"（《祖堂集》卷十七《处微和尚》）

"一切色是佛色，一切声是佛声"，观"一切见成"，产生"对现色身"。这里的声色并非单纯的听觉或视觉之对象；它们是这样一种对象，心通过诸根对之作空观。除了上举内证，我想还可以找到若干外证，即禅籍中具体出现的"隔"与"不隔"。以下逐一列举。

1. 慧远《五言游庐山》：

> 崇岩吐清气，幽岫栖神迹。希声奏群籁，响出山溜滴。有客独冥游，径然忘所适。挥手抚云门，灵关安足辟。流心叩玄听，感至理弗隔。孰是腾九霄，不奋冲天翮。妙同趣自均，一悟超三益。（《庐山记》，载《大正藏》第51册）

这一个"隔"字用于游览庐山中对山水所体现之佛理的感悟。那是说，佛理与自然万象之间并无隔碍，两者是一体的。

2. 百丈怀海云：

> 眼耳鼻舌各各不贪染一切有无诸法，是名受持四句偈，亦名四果六入无迹，亦名六通。只如今但不被一切有无诸法阂（音hé，阻隔的意思），亦不依住不阂，亦无不依住知解，是名神通。[《古尊宿语录》卷二《大鉴下三世（百丈怀海大智禅师）语录之余》]

这里出现了"阂"与"不阂"成对使用的情况。意思是，眼、耳、鼻、舌不贪染于一切有无诸法，即不会被法"阂"，但也不能对"不阂"执著，执著就是"隔"，这样，人就有了神通。他又说："自无眼，依他作眼，教中唤作比量智。""隔"与"不隔"的问题与"眼"是联系在一起的，自己没有"眼"，借了别人的"眼"来看世界和自己，就只能称作"比量智"。比量是推理、算计、比较、譬喻的意思，它不同于现量，后者是直观、直觉、当下、顿悟的意思。因此，"隔"往往是陷入了比量，而"不隔"则是现量。"隔"或"不隔"与智慧和观的姿势有关。

3. 丹霞天然有颂云：

> 丹霞有一宝，藏之岁月久。从来人不识，余自独防守。山河无隔碍，光明处处透。体寂常湛然，莹彻无尘垢。……（《祖堂集》卷四《丹霞和尚》）

上引法眼云古人语，即是源于丹霞。这是一颗无状非大小的宝珠，其实是他自己的真如佛性。

4. 黄檗希运以为情是知解的产物，说："情生则智隔。"[《古尊宿语录》卷二《大鉴下四世（黄檗希运断际禅师）》]他又云"多知多解翻成壅塞"，"空你情解知量，但消融表里情尽，都无依执，是无事人"（同上），"有之与无，尽是情见，犹如幻翳。所以云：'见闻如幻翳，知觉乃众生。祖宗门中，只论息机忘见。所以忘机则佛道隆，分别则魔军炽。'"[《古尊宿语录》卷三《黄檗（希运）断际禅师宛陵录》]以上诸语可为他"隔"字注解。他论"见色便见心"也与"隔物""隔碍"有关，他说：

> 性即是见，见即是性，不可以性更见性。闻即是性，不可

第五章 说不可说之境　　299

以性更闻性。只你作性见、能闻能见性，便有一异法生。（同上）

于是有僧起疑：既然说性即见，见即性，就意味着性自无障碍、无极限，那么为何隔物就看不见？在虚空中近可见，远就看不见？他答道：那是你妄生异见。

若言隔物不见、无物言见，便谓性有隔碍者，全无交涉。性且非见非不见，法亦非见非不见。若见性人，何处不是我之本性！所以六道四生、山河大地，总是我之性净明体。故云：见色便见心，色心不异故。只为取相作见闻觉知，去却前物始拟得见者，即堕二乘人中依通见解也。（同上）

正如黄檗所说"性即是见，见即是性"，那是不会有"隔"的。所谓的"见性人"，所见者均是"我之本性"，因此"见色便见心，色心不异故"。这其实就是后来法眼禅师"一切见成"的同一个意思，也是他不同意区分同异的原因。其实，心色关系也是色空关系，《祖堂集》卷十七《岑和尚》记：

问："教中有言：'色不异空，空不异色。'未审教意如何？"师以偈答曰："碍处无墙壁，通处勿虚空。若能如是解，心色本来同。"

注意"碍"与"通"二词，"碍处"肯定有所隔，"墙壁"可以指任何色相，"通处"也并非虚无所有之顽空，心与色本来是同一的。因此，可以料想，如果遵循"色心不异"的思路，那么一切所见都是空观，就不存在"隔碍"了。必须指出，"隔碍"并非指视觉的障碍，而是指不能见性，只是因为"取相作见闻觉知"，就会造成有东西隔着而不能见性的困境，因此，"隔"与"不隔"的关键是须以法眼作现象空观。

5. 临济义玄云：

> 是什么解说法听法？是你目前历历底，勿一个形段孤明，是这个解说法听法。若如是见得，便与祖佛不别。但一切时中更莫间断，触目皆是。只为情生智隔，想变体殊，所以轮回三界，受种种苦。……一心既无，随处解脱。[《古尊宿语录》卷四《镇州临济（义玄）慧照禅师语录》]

他的意见是，"目前历历底""触目皆是"，这些就是"解说法听法"者，也是法眼禅师"一切见成"的意思。所谓"情生智隔，想变体殊"，是说情见生起就隔障了智慧，想象变幻就转移了心的本体。简言之，"情见"为隔，而"触目皆是"的"目前"却不隔。尤其值得注意的是，他将"目前"与"隔"直接联系了起来。

沩山也有相同的意思，而且说得更为透彻，他说：

> 一切时中，视听寻常，更无委曲，亦不闭眼塞耳，但情不附物即得。（《五灯会元》卷九《沩山灵祐禅师》）

他认为不必"闭眼塞耳"，只是做到"情不附物即得"。反之，如果"情附物",就是"取相作见闻觉知",就是起"情见"。

6. 汾阳善昭"五位颂"云:

正中偏,霹雳锋机着眼看,石火电光犹是钝,思量拟议隔千山。[《古尊宿语录》卷十《汾阳(善)昭禅师语录》]

这里的"思量拟议"即是概念思维,而禅悟的机锋迅如霹雳,两者根本不相容。一旦落入概念的窠臼,思量拟议起来,形成见闻觉知之相,禅悟就不可能发生了,于是不免"隔千山"。显然,"隔"是概念思维的结果。

7. 报慈藏屿也谈到"不隔":

僧问:"心眼相见时如何?"师曰:"向汝道甚么?"问:"如何是实见处?"师曰:"丝毫不隔。"……问:"情生智隔,想变体殊。只如情未生时如何?"师曰:"隔。"曰:"情未生时,隔个甚么?"师曰:"这个梢郎子未遇人在。"(《五灯会元》卷十三《报慈藏屿禅师》)

所谓的"实见",就是"丝毫不隔"的直观。

8. 五祖法演则已经成对使用"隔"与"不隔":

上堂云:"古人道:'无边刹境,自他不隔于毫端。十世古今,始终不离于当念。'"[《古尊宿语录》卷二十二《黄梅东山(法)演和尚语录》]

此语为法演引前辈禅师语，其中"不隔"二字指"无边刹境"之空间，与"十世古今"之时间相对。法演又有偈《与瑰禅化麦》："水中捞得麦，恐悚瑰禅客。往复偃溪边，闻声隔不隔。"（同上）这里，"隔"与"不隔"对扬，指对溪水声的听觉。"不隔"是"不离于当念"的直观和直觉，"隔"则相反。说透了，所谓"不隔"就是空；当人们作空观时，也就不会"隔"。

法演的弟子圆悟克勤作《碧岩录》，其中第二十四则云："风尘草动，悉究端倪，亦谓之隔身句，意通而语隔。到这里，须是左拨右转，方是作家。"此"隔身句"又作"隔手句"，意谓觉悟不必借助语言，而是有某种神秘的沟通自然无间地发生。"意通而语隔"，是说对佛法的领会已经完成，而言语却是障碍领悟的东西。同条克勤评唱引法演语云："莫将有事为无事，往往事从无事生。尔若参得透去，见他怎么如寻常人说话一般，多被言语隔碍，所以不会。"克勤颇承其师的衣钵，《碧岩录》第一则"圣谛第一义"云："不立文字，直指人心，见性成佛。若恁么见得，便有自由分，不随一切语言转，脱体现成。"语言是觉悟的障碍，这是禅宗一贯的主张。

以上诸条禅宗人论"隔"与"不隔"，为笔者读禅籍所发现，当可设想，未见者或许更多。由是，也可以进而设想，与"漏""无漏""了义""不了义"等佛教的本有观念相似，"隔""不隔"或许本是禅宗的一个话头。

我们来把上述这些证据做一个归纳。所谓的"隔"，是指禅者囿于情见、见闻觉知、语言等，给见性、悟理造成障碍，所谓的"不隔"，是指超越的觉悟，它迅如霹雳电闪，不容思量拟议，是意通、见性、悟理。如果联系王国维的看法，则"具眼之人"以一双智慧的

第五章 说不可说之境

法眼[①]去直观现象,他写的景物都能"都在目前",就是"不隔";而"隔"则是思量拟议、过分倚重语言的表意功能,反而无法做到"意通"[②]。因此,"一切见成"和"见色便见心",是"不隔"的极佳表述。

可见,"隔""不隔"其实是心色关系论域中的问题。从普通心理学的学理来看,心与色本来不可能见面,但是在智慧之眼的直观之下,心色却获得了沟通,刹那间成了一个东西,即空观下的色。空的直观是不可思议、不可分析、当下现成、超越的。它既置身于人们通常以为处于对立之中的心色(心物)关系,又把这种关系打破,使心色(心物)两者获得沟通并进而融合为一体。这样一种感性经验,是禅宗的产物,它是基础性的。广义地讲,它本身就是审美直观;狭义地讲,当它产生于文艺的论域之中,就构成了艺术的审美直观。如王国维论"隔"与"不隔"所要求的"都在目前"之直观,就是如此。

[①] 王国维词《浣溪沙》云:"山寺微茫背夕曛,鸟飞不到半山昏。上方孤磬定行云。试上高峰窥皓月,偶开天眼觑红尘。可怜身是眼中人。"此"天眼"即为佛教的天眼。
[②] 这个"意"与意境的意有着内在的联系。

第六章 禅化与诗化

禅宗对中国古代美学影响的最高表现，大概应该说是使中国人的审美经验臻于境界化。这种境界的性质是空，无可怀疑。魏晋以后，中国人的审美经验经历了一个禅化的过程。不过，当这种影响强大到一定程度，尤其是中国文人在禅的空观大力熏染之下，不期而然地，就有一种逆向的过程发生，那就是禅的诗化，即意境化，或人文化。以前，在印度佛教影响下，联想类比的譬喻方式占据了主要地位。尽管真如佛性是不可思议、不可言说的，然而作为一种方便，譬喻却是意欲使不可思议、不可言说的东西变得可以思议、言说，以俾佛教的广泛传播。这一个内在的矛盾，禅宗从一开始就极力要超越或摆脱它。我们注意到，在禅宗的发展历程中，作为空观的禅观被中国人所着意吸收，早期的空观被极度纯化而形成了禅宗的现象空观。直观方式悄悄取代了譬喻方式而成为中国佛教尤其是禅宗的主流感性经验。当禅宗渐次趋于文人化，禅的经验也就被赋予了更多的诗的性质。禅化与诗化成为一种双向的过程，互相渗透，互为因果。它的汇聚点是境，可以是禅境，也可以是诗境。由于佛教对情感世界的洗刷，世俗之情被贬抑，而涅槃式的纯情开始萌生，它以诗情的面目出现，其实是一种作为审美经验的禅心。与此同时，中国传统中另一个重要的概念——"意"开始凸显，并向审美之域进发。意可能偏向理性、理智，但当它落脚到空的境，就因之而成为空灵的意，而不同于中国传统的言意之辩之意。

一、禅境与诗境

如前所述，我以为中国古代诗歌的境界—意境，在盛唐已告形成，以王维、孟浩然等一批杰出诗人的小诗为标志。从此，诗境或诗歌的境界就为古人所重视。诗境与禅境互相交流、渗透，对唐以后中国人的审美经验及其品格造成了重大之影响。

以下我举一对半首佛偈与半首诗歌的例子，以观佛境与诗境的不同之处。

诗境，此词唯识宗的开山祖玄奘早已使用，他的《题半偈舍身山》："忽闻八字超诗境，不惜丹躯舍此山。偈句篇留方石上，乐音时奏半空间。"（《全唐诗续拾》卷三）舍身山，即喜马拉雅山，也称雪山。丁福保辑《佛学大辞典》"雪山大士半偈杀身"条载：

> （本生）涅槃经十四曰："我住雪山天帝释为试我变其身为罗刹，说过去佛所说半偈：诸行无常，是生灭法。我于尔时闻半偈心生欢喜，四顾唯见罗刹。乃言：'善哉大士若能说余半偈，吾终身为汝弟子。'罗刹云：'我今实饥，不能说。'我即告曰：'但汝说之，我当以身奉大士。'罗刹于是说后半偈：'生灭灭已，寂灭为乐。'我闻此偈已，于若石、若壁、若树、若道，书写此

偈,即时升高树上投身于地。尔时罗刹复帝释形,接取吾身。依此功德超越十二劫。"

值得注意的是,玄奘生存活动的年代要略早于禅宗五祖弘忍。他认为"生灭灭已,寂灭为乐"八字半偈比中国传统诗歌的境界要高得多,听闻此偈的快乐就像听到音乐在半空中奏响。这里,他将佛教的快乐与艺术审美的快乐比一高下,将佛境与诗境比一高下。由玄奘这样一位重要的早期佛学家做出这一比较,是一个值得重视的现象。

《岁时广记》引《漫叟诗话》云:

> 南唐金轮寺有僧曰明光者,先一年中秋玩月,得诗一联云:"团团离海角,渐渐出云衢。"竟思下联不就。次年中秋,再得一联云:"此夜一轮满,清光何处无。"遂不胜其喜,径登寺楼鸣钟。时有善听声者闻之:"此钟发声通畅,若非诗人得句,即是禅僧悟道。"[①]

这是一则诗话,出于诗人之手,视角正好与佛学家玄奘相反,但其所记却是诗僧作诗。明光第一年中秋所得上联"团团离海角,渐渐出云衢",描绘了圆圆月亮缓缓初升之状,然而苦吟下联不就,一年之后的中秋才获得下联。"此夜一轮满,清光何处无",描述了这样

---

① 此诗《全唐诗》卷八五一、《全五代诗》卷三九均作南唐失名僧《月》,《全唐诗续补遗》卷一一作南唐僧谦明作《中秋咏月》:"迢迢东海出,渐渐入云衢。此夜一轮满,清光何处无。"诗句略有异。

第六章 禅化与诗化 309

一幅情景：中秋夜，一轮满月高挂空中，清光洒向宇宙，没有它照不到的地方。诗僧得句完全出于偶然和顿然，此时，他的心中透亮，就如自己诗中所写，充溢着光明。显然，他登上了涅槃之境。这是一个顿悟的境界，在此境界当中，诗境与禅境已经无可分别。半首诗是不圆满的，非得在一年之后的中秋面对一轮满月，证悟了，才获得下联。前半首，诗意尚无，后半首为全诗灌注了禅意，禅意即诗意。钟声也构成了禅的直观之境，"善听声者"对敲钟"发声通畅"的听觉，评价所云"若非""即是"的句式，其实正暗示了诗境与禅境的相通，因为诗人和禅僧本为一人。不仅如此，作诗所得的快乐与悟道所得的快乐也是相通的。

八字半偈为佛的启示，揭示了佛的境界，而《月诗》为人的证悟，是诗的境界。值得推敲的是，两者都将觉悟的境界与声音相联系，玄奘将听闻偈句比拟为听到音乐，此音乐即为佛的声音；而明光得诗后之击钟，在他自己是标志了他觉悟的喜悦，所谓法喜禅悦，而"善听声者"却是直接将"得句"与"悟道"联系了起来。玄奘的比拟尚不免有几分将佛音视作外在的圣旨，而诗僧"得句悟道"的钟声却是纯然发自内心的喜悦。由此，我们当可发现，诗境与禅境的互相渗透，也许造成了更为深刻的个体觉悟之境。

自然界的许多声响被禅师们视为纯粹现象，以启迪学禅者觉悟。如前引归省禅师以檐头水滴声启发学僧证会赵州和尚柏树子话头，细读其僧所作颂："檐头水滴，分明沥沥。打破乾坤，当下心息。"他竟然从水滴的响声（偶然之动）悟到了打破乾坤的涅槃之境（永恒之静）。这是听声的一个好例。

诗人也会听声，皎然《山雨》：

一片雨,山半晴。长风吹落西山上,满树萧萧心耳清。云鹤惊乱下,水香凝不然。风回雨定芭蕉湿,一滴时时入昼禅。

来了一片雨,有风将其吹落到山上,满树可以听到萧萧的雨声,没有别的声响,此时心境清、耳根清。一忽儿,风折回去了,雨停,然而芭蕉还是湿的,屋檐上有水滴下,一声一声,打在芭蕉叶上,清晰可闻。水滴声中,人入禅定。这是一个由动态反衬着的非常静谧的禅境—诗境,极其生动。

以上两个例子,前者是禅宗公案,体现了禅观寂静的境界;后者是诗歌,体现了诗歌静谧的意境。两者不约而同,都以动释静,是慧能对法的体现。值得注意的是,后者竟然比前者早出,事实上,皎然活动于中唐,而赵州活动于晚唐。

再举一些证据。

皎然:"江郡当秋景,期将道者同。迹高怜竹寺,夜静赏莲宫。古磬清霜下,寒山晓月中。诗情缘境发,法性寄筌空。翻译推南本,何人继谢公。"(《秋日遥和卢使君游何山寺宿敡上人房论涅槃经义》)

中唐诗人姚合:"看月空门里,诗家境有余。"(《酬李廓精舍南台望月见寄》)

唐末僧泠然:"佛寺孤庄千嶂间,我来诗境强相关。"(《宿九华化成寺庄》)

晚唐五代诗僧齐己:"诗魔苦不利,禅寂颇相应。"(《静坐》)"禅心尽入空无迹,诗句闲搜寂有声。"(《寄蜀国广济大师》)

当然还可以找到更早更多的证据,我们暂且据此略做分析。皎然云"诗情缘境发,法性寄筌空",既将诗情与禅境联系起来,又把

第六章 禅化与诗化

"诗情"与"法性"对举,十分明确地揭示了诗与禅的内在沟通。在空观的基础上主情,实在是大胆地为诗歌张目。姚合也将空门与诗境对举,以为诗境是从看月的空观而来。泠然诗句中诗与境是两个词,"强相关"的"强"为大的意思,即大相关,意谓诗境与禅境大有关系。①齐己诗作得很苦,所以有"诗魔"之说;当诗思困顿不通之时,禅寂却足以启迪灵感,于是又说"诗句闲搜寂有声","寂有声"与"空无迹"相对而相济。从这些诗句可以看出,禅境与诗境是互相发明的,只是禅的作用更为基本也更大一些。

法眼一系的宋代僧人从显禅师在与学僧问答时,曾经举王维《终南别业》中的诗句"行到水穷处,坐看云起时"以启发其觉悟:

> 时有僧问:"居士默然,文殊深赞,此意如何?"师曰:"汝问我答。"曰:"恁么人出头来,又作么生?"师曰:"行到水穷处,坐看云起时。"(《景德传灯录》卷二五《洪州观音从显禅师》)

这亦说明,禅对诗的熏习已经完成,而诗对禅的渗透则显已开端。②

本书曾经几次谈及的禅家三境,其中第一境"落叶满空山,何处寻行迹",来自唐天宝大历间诗人韦应物的诗《寄全椒山中道士》:"今朝郡斋冷,忽念山中客。涧底束荆薪,归来煮白石。欲持一瓢酒,

---

① 泠然全诗为:"佛寺孤庄千嶂间,我来诗境强相关。岩边树动猿下涧,云里锡鸣僧上山。松月影寒生碧落,石泉声乱喷潺湲。明朝更蹑层霄去,誓共烟霞到老闲。"
② 周裕锴认为,这是禅籍中引用诗句的第一个例子。

远慰风雨夕。落叶满空山，何处寻行迹。"诗中所叙为拟想之情。这种"能道不吃烟火食语"的诗境，被禅者取来喻示空境，是十分自然、贴切的。第二境"空山无人，水流花开"，出自苏东坡所作佛偈《十八大阿罗汉颂》，而其首句又出自司空图《二十四诗品·缜密》"水流花开，清露未晞"。禅者向诗人借取诗境，诗人创写禅境，这种态势表明，王维、孟浩然、韦应物、柳宗元、苏东坡们所造的诗境已然与禅境相通。换言之，诗的禅化和禅的诗化，是互为表里的。它是总的禅之文人化过程的一个产物。

诗僧的产生也是禅之文人化过程中一个值得关注的现象。诗僧的身份颇难定义，他们大概首先是僧，然后也作诗，而且他们的诗总体上不如诗人的诗成就高。刘禹锡《秋日过鸿举法师寺院便送归江陵》诗引分析诗僧作诗云：

> 能离欲，则方寸地虚，虚而万景入，入必有所泄，乃形乎词。词妙而深者，必依于声律，故自近古而降，释子以诗名闻于世者，相踵焉。因定而得境，故倏然以清；由慧而遣词，故粹然以丽。

佛家所倡的定慧被刘氏判为诗僧诗成功的两个因素：因为禅定而得境清，因为得慧而作诗丽，僧诗风格为清丽。

主张"诗情缘境发"的皎然，他的诗中"境"字出现频率极高，现细析分之如下。

第一，主体直观下的自然万象之境，如：

>　　万境澄以净。(《答郑方回》)
>
>　　境新耳目换,物远风烟异。(《奉和颜使君真卿与陆处士羽登妙喜寺三癸亭》)
>
>　　遥闻不断在烟抄,万籁无声天境空。(《戛铜碗为龙吟歌》)

这类"境",或是声,或是色,林林总总,它是耳目的对象,就在目前,在当下,它空,它是禅观自然。

第二,扰乱人心的"俗境""人境",如:

>　　武陵何处访仙乡,古观云根路已荒。细草拥坛人迹绝,落花沉涧水流香。山深有雨寒犹在,松老无风韵亦长。全觉此身离俗境,玄机亦可照迷方。(《晚春寻桃源观》)
>
>　　野寺出人境,舍舟登远峰。林开明见月,万壑静闻钟。(《陪卢中丞闲游山寺》)
>
>　　释事情已高,依禅境无扰。(《奉酬颜使君真卿王员外圆宿寺兼送员外使回》)

这类"境",也是声、色,但因为它仍处俗世之中,是为禅观的对立面。

第三,正因为俗世万境扰人,所以须以心的闲、静、净来洗涤之,如:

>　　释印及秋夜,身闲境亦清。(《酬乌程杨明府华将赴渭北对月见怀》)

境清觉神王，道胜知机灭。(《妙喜寺达公禅斋寄李司直公孙房都曹德裕从事方舟颜武康士骋四十二韵》)

境净万象真，寄目皆有益。原上无情花，山中听经石。竹生自萧散，云性常洁白。却见羁世人，远高摩霄翮。达贤观此意，烦想遂冰蘖。伊予战苦胜，览境情不溺。智以动念昏，功由无心积。(《苕溪草堂自大历三年夏新营泊秋及春弥觉境胜因纪其事简潘丞述汤评事衡四十三韵》)

这里有三层意思值得注意：一是"身闲"而"境清"；二是"境清"而"神王"，这里包含了一对心物关系，看来是心闲而境清，但是境清又能使人神王，因此心与物在直觉之下是完全统一的，不必强分前后；三是"境净"而所对之"万象真"，就能对自然作纯粹直观。

第四，作为禅境和诗境的"禅中境""心境""真境""灵境""绝境"等，如：

月彩散瑶碧，示君禅中境。(《答俞校书冬夜》)

江春行求瘦，偶与真境期。(《遥酬袁使君高春暮行县过报德寺见怀》)

仁坊标绝境，廉守蹑高踪。(《冬日遥和卢使君幼平綦毋居士游法华寺高顶临湖亭》)

心境寒草花，空门青山月。(《酬李司直纵诸公冬日游妙喜寺题照昱二上人房寄长城潘丞述》)

幽期谅未偶，胜境徒自寻。(《晚冬废溪东寺怀李司直纵》)

第六章　禅化与诗化　315

外心亲地主，内学事空王。花会宜春浅，禅游喜夜凉。高明依月境，萧散蹑庭芳。(《因游支硎寺寄邢端公》)

云林出空鸟未归，松吹时飘雨浴衣。石语花愁徒自诧，吾心见境尽为非。(《酬秦系山人题赠》)

偶来中峰宿，闲坐见真境。寂寂孤月心，亭亭圆泉影。□□□满山，花落始知静。从他半夜愁猿惊，不废此心长杳冥。(《宿山寺寄李中丞洪》)

尝览高逸传，山僧有遗踪。佐游继雅篇，嘉会何由逢。尘世即下界，色天当上峰。春晖遍众草，寒色留高松。缭绕彩云合，参差绮楼重。琼葩洒巾舄，石瀬清心胸。灵境若可托，道情知所从。(《奉陪陆使君长源诸公游支硎寺》)

另皎然《兵后早春登故郢南楼望昆山寺白鹤观示清道人并沈道士》《奉和崔中丞使君论李侍御萼登烂柯山宿石桥寺效小谢体》和《同颜使君真卿李侍御萼游法华寺登凤翅山望太湖》等诗都用了"灵境"。

这里最可注意的是"心境寒草花，空门青山月"一句。人在空门，所对者为青山和明月，心境所映者为"寒草花"。山、月、花、草，是心境，是禅者之所观。它绝然是一个诗境。

第五，这样一种空的心境和诗境，形成了主体空寂、闲静、清净的人格境界：

何意欲归山，道高由境胜。花空觉性了，月尽知心证。永夜出禅吟，清猿自相应。(《送清凉上人》)

古寺寒山上，远钟扬好风。声余月树动，响尽霜天空。永

夜一禅子,泠然心境中。(《闻钟》)

不因居佛里,无事得相逢。名重朝端望,身高俗外踪。机闲看净水,境寂听疏钟。宣室(宫名)恩长在,知君志未从。(《建元寺集皇甫侍御书阁》)

百缘唯有什公瓶,万法但看一字经(《一字佛顶轮王经》)。从遣鸟喧心不动,任教香醉境常冥。莲花天昼浮云卷,贝叶宫春好月停。禅伴欲邀何著作,空音宜向夜中听。(《同李著作纵题尘外上人院》)

如何有归思,爱别欲忘难。白鹭沙洲晚,青龙水寺寒。蕉花铺净地,桂子落空坛。持此心为境,应堪月夜看。(《送关小师还金陵》)

在直观之下,花香醉人,此境却被观空,花香依然醉人。一切闻香、赏月、听鸟、闻钟、看水,都不外乎心静之证,空的人格由是获得了诗的品格。可见,境化的同时诗化了。

皎然主情,除了"诗情缘境发",他还有:

野性配云泉,诗情属风景。(《送王居士游越》)
一见西山云,使人情意远。(《白云歌寄陆中丞使君长源》)
白云关我不关他,此物留君情最多。情著春风生橘树,归心不怕洞庭波。(《别洞庭维谅上人》)
芳草随君自有情,不关山色与猿声。为看严子滩头石,曾忆题诗不著名。(《送侯秀才南游》)

讲情，是禅之诗化的一个基本要素。从皎然开始，渗透着情的境开始抬头。但要注意，他所谓的诗情并非世俗之情，而是纯粹的情或纯情。由此，可以看出禅的文人化进程加速进行的情形。

二、说"月"

家家望秋月，不及秋山望。山中万境长寂寥，夜夜孤明我山上。海人皆言生海东，山人自谓出山中。忧虞欢乐皆占月，月本无心同不同。自从有月山不改，古人望尽今人在。不知万世今夜时，孤月将□谁更待？（皎然《山月行》）

月，或月亮，是佛教中一个极为重要的意象，也是中国文化传统中一个极为重要的意象。有鉴于此，本节拟探讨月从印度佛教到中国禅宗的位格转换，并描述它在中国文化中的美学意味。

月亮，在中国文化中本来有它丰富的涵义，我这里且举出与本书宗旨相关的三条。其一，月有圆缺："月之为言阙也，有满有阙也"（《白虎通·日月》），月亮的阴晴圆缺在古时是作为记时的工具的，农历就是以月亮的运动为依据；其二，月性为阴，与日相对："月为阴精"（《颜氏家训·归心》），其光清冷[①]，此义后来引申为臣妾之道；其三，月性为水："月者，水之精也"（《论衡·说日》），后来月光如水的意象大概就是从此而来。

月作为一个审美意象，古人多有描述。《诗·陈风·月出》极为

[①] 薛道衡《敬酬杨仆射山斋独坐》："露寒洲渚白，月冷函关秋。"

著名：

> 月出皎兮，佼人僚兮，舒窈纠兮。劳心悄兮。
> 月出皓兮，佼人懰兮，舒忧受兮。劳心慅兮。
> 月出照兮，佼人燎兮，舒夭绍兮。劳心惨兮。

这是一首相思之歌，月光皎洁，情思劳劳。月亮作为起兴，将其与纯洁的恋情相联想，十分的简单，似乎表明此时月亮尚未作为其他如政治、道德等的象征。①古诗十九首《明月皎夜光》和《明月何皎皎》二首在构作方法上也是如此。②

汉初公孙乘《月赋》③云：

> 月出皦兮，君子之光。鹍鸡舞于兰渚，蟋蟀鸣于西堂。君有礼乐，我有衣裳。猗嗟明月，当心而出。隐员岩而似钩，蔽修堞而分镜。既少进以增辉，遂临庭而高映，炎日匪明，皓璧非净，躔度运行，阴阳以正，文林辩囿，小臣不佞。

这篇赋中值得注意的是将皎洁的月光与君子的品格相联想，称之为"君子之光"。赋中说明月"当心而出"，有时隐于高岩，像一只弯钩，有时蔽于长墙，像半面圆镜。待到它渐渐升临中天，就是火热

---

① 中国古代神话体系中，月亮是一个基本的意义单位，但本书将不做这方面的论述。
② 《明月何皎皎》："明月何皎皎，照我罗床帏。忧愁不能寐，揽衣起徘徊。客行虽云乐，不如早旋归。出户独彷徨，愁思当告谁。引领还入房，泪下沾裳衣。"
③ 本篇赋《初学记》引作枚乘作。

的太阳也比不上它的明亮,白璧也比不上它的洁净。这里,明显有一种君子比德的传统自然观在起作用。汉乐府《白头吟》"皑如山上雪,皎若云间月。闻君有两意,故来相决绝",是以月之皎洁来比拟爱情的纯洁。

到了魏晋南北朝,人们对月亮的观察似乎更为细致,对月亮作为一个审美对象的感受也更为具体、生动和感性化。如曹丕《杂诗》云"俯视清水波,仰看明月光",陶渊明《杂诗》(十二首之二)云"白日沦西河,素月出东岭。遥遥万里晖,荡荡空中景",陆机《拟明月何皎皎》云"安寝北堂上,明月入我牖。照之有余晖,揽之不盈手"。将月光定位于"素",拟之为"素月""素辉",并与"清露"联系起来,以"揽之不盈手"的动态和形态形容月光的质感,均是极为成功的。当一轮明月从窗外照入室内、床上,诗人们就免不了对自己的个体生命进行反思。曹丕《燕歌行》"明月皎皎照我床,星汉西流夜未央"、张华《情诗》"清风动帷帘,晨月照幽房"、潘岳《悼亡诗》"皎皎窗中月,照我室南端"是如此,上引陶诗与陆诗也均是如此。作为古人个体生命的意象,是月亮的一个重要意义所在。

南朝宋谢庄《月赋》是影响更大的一篇作品:

> 若夫气霁地表,云敛天末,洞庭始波,木叶微脱。菊散芳于山椒,雁流哀于江濑;升清质之悠悠,降澄辉之蔼蔼,列宿掩缛,长河韬映;柔祇雪凝,圆灵水镜;连观霜缟,周除冰净。

这篇赋中,前举月诸义得到了明确的表述,这里重点研讨后二义。赋中说"日以阳德,月以阴灵",称月有"清质""澄辉",在它的朗照之下，大地似"雪凝"，洁白无瑕，远处的亭台楼阁就像蒙上了霜色的生绢，而周围却又如冰一般净洁。尤其值得留意的是"圆灵水镜"一句，描写月光照射下的天空，如水面，如镜面，圆而空灵。苏轼《永遇乐》有云"明月如霜，好风如水，清景无限"，张孝祥《念奴娇·过洞庭》上片有云"洞庭青草，近中秋、更无一点风色。玉鉴琼田三万顷，著我扁舟一叶。素月分辉，明河共影，表里俱澄澈。悠然心会，妙处难与君说"，都写出了这种美感。水与月都为阴性，而月为水之精。这种观念与印度佛教的月观念非常相近。

这篇赋中并没有出现将月亮当作标志时序的意象，但是，却把它当作一个超越时间的共时性的意象，"美人迈兮音尘阙，隔千里兮共明月"[①]。此意象一出，影响极为深远，引出后来无数的怀人诗，如张融《别诗》："白云山上尽，清风松下歇。欲识离人悲，孤台见明月。"陈昭《昭君词》"唯有孤明月，犹能远送人"，范云《送沈记室夜别》"秋风两乡怨，秋月千里分"。皎然《待山月》："夜夜忆故人，长教山月待。今宵故人至，山月知何在。"李白著名的《静夜思》也是这样："床前明月光，疑是地上霜。举头望明月，低头思故乡。"只是这种"静夜思"所体现的仅为传统的怀人情结而已，并无禅观的成分。

月映水面，水与月相联系，是古代印度和中国人共同的看法。他们都倾向于以水中月的意象来直观月亮的共时性和永恒性。何逊《入西塞示南府同僚》云"薄云岩际出，初月波中上"，就是如此。

到了唐代，出现了著名的《春江花月夜》，诗中云：

---

① 与谢庄同时的鲍照《玩月城西门廨中》有"三五二八时，千里与君同"，句意相仿佛。

> 江天一色无纤尘，皎皎空中孤月轮。江畔何人初见月？江月何年初照人？人生代代无穷已，江月年年只相似；不知江月待何人？但见长江送流水。……

这里，作者张若虚对月亮的共时性进行了更为深入的玄思：人生一代一代变化无穷，正如长江流水永不停息，而倒映江中的月亮却只是相似，既不知道江月最初是被何人所见，江月又是何时初照人间。一方面是人类的代代相传，江水的永远流淌；另一方面是月亮的亘古不变。宋代陈与义《临江仙》词云"长沟流月去无声"，意正相同。《春江花月夜》通过这种对比，表达了人类对时间的永恒性的叹为观止。

我们转而去看看印度佛教中的月亮，这是一个譬喻，它常常具有多重意义。《大唐西域记》卷二《印度总述》云：

> 印度者，唐言月。月有多名，斯其一称。言诸群生轮回不息，无明长夜，莫有司晨，其犹白日既隐，宵月斯继，虽有星光之照，岂如朗月之明！苟缘斯致，因而譬月。良以其土圣贤继轨，导凡御物，如月照临。由是义故，谓之印度。

此或许为传说，但是在月亮也受到非同寻常重视的华夏，它出自玄奘这样一位中国高僧笔下，必然产生很大的影响。从上述可以看到，在中国尚没有产生月光崇拜，但是印度佛教却是如此看月亮的。《大般涅槃经》卷九《如来性品》有著名的月喻：

> 譬如有人见月不现，皆言月没而作没想，而此月性实无没也。转现他方，彼处众生复谓月出，而此月性实无出也。何以故？以须弥山障故不现。其月常生性无出没，如来应正遍知亦复如是。……如是众生所见不同，或见半月，或见满月，或见月蚀。而此月性实无增减啖之者，常是满月。如来之身亦复如是，是故名为常住不变。复次善男子喻如满月，一切悉现，在在处处，城邑聚落山泽水中若井若池若盆若镤，一切皆现。

人们看月亮，以为它有出没，有圆缺，其实这是须弥山阻碍了人们的眼光的缘故，月亮并没有出来隐去，也没有半月、满月和月蚀之分。[①]月性常住不变，总是一轮满月，在在处处，不仅是城市乡村，每一处水面，无论大大小小，都无例外地可以见到它。这样，月亮就成为如来佛性的一个极妙譬喻。

《大般涅槃经》卷二十《梵行品》中耆婆以譬喻方式向王讲解"月爱三昧"，云：

> 譬如月光能令一切优钵罗花开敷鲜明，月爱三昧亦复如是，能令众生善心开敷，是故名为月爱三昧。大王，譬如月光能令一切行路之人心生欢喜，月爱三昧亦复如是，能令修习涅槃道者心生欢喜，是故复名月爱三昧。大王，譬如月光从初一日至十五日形色光明渐渐增长，月爱三昧亦复如是，令初发心诸善

[①] 与印度传统不同，中国传统却是说"明月空在帷"（刘绘《有所思》）、"屏风有意障明月"（江总《闺怨篇》），明月的障碍是人的居所尤其是闺房造成的。

第六章　禅化与诗化　323

根本渐渐增长，乃至具足大般涅槃，是故复名月爱三昧。大王，譬如月光从十六日至三十日形色光明渐渐损减，月爱三昧亦复如是，光所照处所有烦恼能令渐灭，是故复名月爱三昧。大王，譬如盛热之时，一切众生常思月光，月光既照，郁热即除，月爱三昧亦复如是，能令众生除贪恼热。大王，譬如满月众星中王，为甘露味，一切众生之所爱乐，月爱三昧亦复如是。诸善中王为甘露味，一切众生之所爱乐，是故复名月爱三昧。

经中认为，月亮发出一种光性清凉之大光明。耆婆做了三种譬喻。其一，月亮可以使鲜花盛开，使行路人心生欢喜。月爱三昧也具有类似的性质，可以使众生之善心如鲜花开放，使修习涅槃道者心生欢喜。其二，月光从初一至十五形色光明渐长，从十六至三十形色光明渐减，月爱三昧也是如此，可使初发善根渐渐增长，也可使烦恼渐渐损减。其三，月光可于盛夏之时去除郁热，满月具有甘露味，为一切众生所爱，月爱三昧可以去除众生贪恼热，为一切众生所爱。耆婆讲解月爱三昧，采用了博喻方法，其核心是月亮具有一种光性清凉之大光明。这类博喻的好处是喻意比较丰富，缺点是不免有几分随意性。同是出于《大般涅槃经》，《如来性品》中认为月亮的阴晴圆缺并非出于它本身的缘故，而是因为有须弥山挡住了人们的视线，而《梵行品》中却认为月亮从初一至十五，又从十六至三十，其形态是有变化的。印度佛教的博喻在某种程度上是不避矛盾的。换言之，印度佛教的月亮意象不仅是多义的，而且还是歧义的，尽管这种歧义其实是多义的一种存在形态。

印度佛教影响中国禅宗最重要的还是它的水月之喻。印度大乘佛教中的水月（或水中月）之喻，是以水中月影的虚妄不实来譬喻诸法缘起无自性的道理，为著名的般若十喻之一。《维摩诘所说经》卷七《观众生品》上说，文殊师利问维摩诘：住于不可思议解脱法门的菩萨，是怎样看众生的呢？维摩诘答言，就像幻术师看他所幻化出来的人一样，完全是虚幻不实的："如智者见水中月，如镜中见其面像，如热时焰，如呼声响，如空中云，如水聚沫，如水上泡，如芭蕉坚，如电久住。"水中月、镜中像、空中云等等，无非是譬喻众生相的如幻。中国人极喜说的"镜花水月"，镜中花、水中月，都是同一个意思。石头希迁云：

> 吾之法门，先佛传受。不论禅定精进，唯达佛之知见。即心即佛，心佛众生，菩提烦恼，名异体一。汝等当知，自己心灵，体离断常，性非垢净。湛然圆满，凡圣齐同。应用无方，离心意识。三界六道，唯自心现。水月镜像，岂有生灭？（《五灯会元》卷五《石头希迁禅师》）

水中月，镜中像，那是虚幻之境，是没有生灭的，唯是自己心灵的印现。不过，禅宗看水中月，虽然也有十喻的那个意思，但是却更强调了其作为直观对象和喻示一多关系的意义。正是这一喻，在禅宗取得了意义的一贯性。以下略为申说。

永嘉玄觉作歌云：

> 一性圆通一切性，一法遍含一切法；一月普现一切水，一切水月一月摄。（《永嘉证道歌》）

一个月亮普现于一切水面，形成了无数个水月，而无数个水月其实是一个月亮的影像。以此譬喻佛性与一切人性的关系，佛法与一切法的关系，意谓佛性内在于一切人性，佛法体现于一切法。相近的提法还有"一月千江""月印万川"等，从哲学上看，它们表述的其实是一与多之关系。①

月的形和光具有圆通的性质，以此喻人人均有圆通之佛性，《景德传灯录》卷二十五有云："诸上坐尽有常圆之月，各怀无价之珍。"丹霞作有《如意颂》，云：

真如如意宝，如意宝真如。森罗及万象，一法更无余。海澄孤月照，天地洞然虚。寂寂空形影，明明一道如。（《祖堂集》卷四《丹霞和尚》）

这是说，真如是一个无所不在的如意之宝，天地间（森罗万象）只有一法，就像清澄的海面为一轮孤月所照，所见只是空虚。寂然之空当中，只有"如"（真如）是一道光明。在此譬喻中，圆通的月亮是真如的喻象。

月亮具有圆通的形与光，因此其意象的譬喻义即是圆通。禅师们经常就此进行辨相的讨论，如石室禅师与仰山玩月：

---

① 宋代大儒朱熹经常用"月印万川"之喻，意谓：天上只有一个月亮，印在江湖河川里的千万个月亮虽然各不相同，但却不是这个月亮的部分，而是同具这个月亮的全体。他引用永嘉玄觉的"一月普现一切水，一切水月一月摄"，称赞"那释氏也窥见得这些道理"（《朱子语类》卷十八）。可见禅宗对宋代儒学影响之一斑。

师与仰山同玩月次,仰山问:"这个月尖时,圆相在什摩处?"师曰:"尖时圆相隐,圆时尖相在。"云喦云:"尖时圆相在,圆时尖相无。"道吾云:"尖时亦不尖,圆时亦不圆。"(《祖堂集》卷五《石室和尚》)

仰山、石室、云喦、道吾诸禅师共同欣赏月亮,仰山发问:月亮尖的时候,圆相何在?石室答曰:月亮尖时圆相隐而不见,圆时尖相也在。这是说圆相为共相,而尖相为殊相,共相与殊相同在。云喦答曰:月亮尖时圆相也在,圆时则尖相没有了。前一句断语强调圆相的无所不在,不错,后一句更进而强调圆相而否定尖相,显然,云喦把共相与殊相分离了。道吾答曰:月亮尖时其实并不尖,而圆时其实并不圆。这一答显得更为圆通,月亮尖时并不尖,因为有圆相在,而圆时并不圆,因为圆只是一个相而已。执著于尖圆之相,就不圆通了。

下一则钦山与卧龙、雪峰煮茶也极有意思:

师与卧龙、雪峰煎茶次,见明月彻碗水。师曰:"水清则月现。"卧龙曰:"无水清则月不现。"雪峰便放却碗水了,云:"水月在什摩处?"(《祖堂集》卷八《钦山和尚》)

茶水碗内映现了月亮,钦山以为,水若清月亮就现出来。卧龙则以为,水不清就现不出月亮。他们二人的意见都以水清为月现的条件。雪峰的意见则破了水清这一条件,他把碗中的水倒了,问:水月又在何处?在他看来,水月是无条件的,无关于水清与否,甚至无关

第六章 禅化与诗化

于眼前有没有一碗水。

在禅师们看来,月亮是一个禅境。法演《送仁禅者》云:

> 白云岩上月,太平松下影。深夜秋风生,都成一片境。[《古尊宿语录》卷二十二《黄梅东山(法)演和尚语录》]

三平禅师有颂云:

> 菩提慧日朝朝照,般若凉风夜夜吹。此处不生聚杂树,满山明月是禅枝。(《祖堂集》卷五《三平和尚》)

菩提慧日(太阳)、般若凉风、满山明月,三者都是菩提、般若之智的象征,但是似乎其中唯有明月之喻被禅宗做了位格转换而成为一个直观。一方面,道吾、雪峰都已将作为喻象的明月之喻破了,天上的明月不是譬喻而是禅境;另一方面,明月之禅境又延伸向诗境。前举诗僧明光中秋望明月得诗即是一个好例。

南宋晓莹《云卧纪谈》载,南宋绍兴年间,一位儒士登焦山风月亭,颇有感兴,作诗云:"风来松顶清难立,月到波心淡欲沉。会得松风元物外,始知江心是吾心。"月庵果禅师评曰:"诗好则好,只是无眼目。"遂将后二句改为:"会得松风非物外,始知江月即吾心。"

改"元"为"非","心"为"月","是"为"即",使诗作顿具"眼目"。在月庵果禅师看来,"松风""江月"本无异,并非物外,而"江月"("江心")之"即吾心"而非"是吾心",可见"江月"是一个直观,它与"吾心"之相即并非逻辑上的关系。[①]这则故事，表明禅对诗的持久熏染，使诗境向禅境转化的努力。

我们还可以看皎然的两首咏月诗：

夜夜池上观，禅身坐月边。虚无色可取，皎洁意难传。若向空心了，长如影可圆。(《水月》)

秋水月娟娟，初生色界天。蟾光散浦溆，素影动沧涟。何事无心见，亏盈向夜禅。(《溪上月》，此诗一作法振诗)

在皎然的诗中，水中月既是禅境也是诗境。

王维小诗中也写月亮，如：

人闲桂花落，夜静春山空。月出惊山鸟，时鸣春涧中。(《鸟鸣涧》)

独坐幽篁里，弹琴复长啸。深林人不知，明月来相照。(《竹里馆》)

这里的月亮，尽管给诗歌带来了动态："惊山鸟""来相照"，但是这种动态其实是王维所钟情之静谧的反衬。月亮以其皎洁之光的照临，使他对夜静、山空、人闲之态有更深的领悟。这是一种典型的禅观，但是其中的月亮绝对不是譬喻，而只是一个纯粹直观。可以与明

[①] 不过，这种改动并不彻底，因为后二句中尚保留有"会""知"二字，仍然是在下断语而非直观。

光诗比较:"团团离海角,渐渐出云衢。此夜一轮满,清光何处无。"这当然是一个证悟之境,但是"清光何处无"之句毕竟尚隐藏着佛教的一多关系,让人感受着佛理。而王维上引小诗中的月亮却绝不向人们暗示佛理。同是"得句"与"悟道"相兼,明光诗是禅境胜于诗境,王维诗是诗境胜于禅境。这种诗境与禅境的关联与区别,在美学上是极有意义的。

现在我们来看苏轼的名词《水调歌头》:

明月几时有?把酒问青天。不知天上宫阙,今夕是何年。我欲乘风归去,又恐琼楼玉宇,高处不胜寒。起舞弄清影,何似在人间! 转朱阁,低绮户,照无眠。不应有恨,何事长向别时圆?人有悲欢离合,月有阴晴圆缺,此事古难全。但愿人长久,千里共婵娟。

月的阴晴圆缺,决不随着人的意愿而转移,它是一个绝对者,而人生却是充满了无常,因此人间的团圆与月亮的团圆确实很难相兼,人只能期待。吕本中《采桑子》下片云:"恨君却似江楼月,暂满还亏,暂满还亏,待得团圆是几时?"也是这个意思。月亮的盈亏与中秋家人团圆或分离相联系,是中国的传统观念,不过,在苏轼那里月亮意象的意义还不止于此。他的《赤壁赋》云:

客亦知夫水与月乎?逝者如斯而未尝往也,盈虚者如彼而卒莫消长也。盖将自其变者而观之,则天地曾不能以一瞬;自其不变者而观之,则物与我皆无尽也,而又何羡乎?且夫天地之间，物各有主，苟非吾之所有，虽一毫而莫取，惟江上之清风，与山间之明月，耳得之而为声，目遇之而成色，取之无禁，用之不竭，是造物者之无尽藏也，而吾与子之所共适。

苏轼将水与月提出来，表达了他不同于孔子的观点。孔子云："逝者如斯夫，不舍昼夜。"（《论语·子罕》）那是说江水日夜不停息地流去，永不再回来。这是对人的生命随时间而逝的感叹。而苏轼却提出，流过去的水虽然永远消逝了，月亮的盈虚虽然永远过去了，然而其实它们并未真正地过去，因为我们若是观水，水仍然在不停地流淌，观月，月还是在不断地盈虚，它们是永恒的。因此，从变的一方面来看，天地之大也是一瞬间的存在，而从不变的一方面来看，作为客的物和作为主的我（人）都无尽地存在。天地造物，各有其主，如果命中并非为我所有，那就"一毫而莫取"。这大致是庄子的看法。庄子以为，事物的生存，"若骤若驰"，"一虚一满，不位乎其形"，变化是绝对的，无条件的，"万物一齐，孰短孰长？道无终始，物有死生"（《庄子·秋水》）。因此，人面对变化生死，只有达观："察乎盈虚，故得而不喜，失而不忧，知分之无常也。明乎坦途，故生而不说，死而不祸，知终始之不可故也。"（同上）苏轼确实是一个达观者，不过，他的达观更体现在审美直观上。有些东西，"我"是拿不到的，但是江上的清风，山间的明月，"我"的耳朵听得，眼睛见得，为声，为色。声色"取之无禁，用之不竭"，是自然的赐予，是公共的，为人们共同的快适对象。声色（水月）为什么是公共的，就是因为它们是人直观的对象。这里，显然有禅重要的影响。

第六章　禅化与诗化

三、释"意"

"意",在中国古代哲学当中是一个非常虚灵的概念。这是因为,老庄、玄学和禅宗共同地表达了对语言(名言)描述哲学本体或终极真理功能的怀疑。老子说:"道,可道,非常道;名,可名,非常名。"(《老子》一章)又说:"道常无名。"(同上,三十二章)庄子则以为:"可以言论者,物之粗也;可以意致者,物之精也。"(《庄子·秋水》)所以他"以卮言为曼衍,以重言为真,以寓言为广"(《庄子·天下》),发而为"谬悠之说,荒唐之言,无端崖之辞"(同上)。在此语境之中,庄子所云"意致"就是"意会"。这样一种对语言名相的不信任态度,伴随着对不可捉摸、几乎也是不可思议的"意"的珍视,作为一种浓重的怀疑精神,几乎贯穿了整个中国古代文化。

魏晋大玄学家王弼说过这样的一段话:

> 夫象者,出意者也;言者,明象者也。尽意莫若象,尽象莫若言。言生于象,故可寻言以观象;象生于意,故可寻象以观意。意以象尽,象以言著。故言者所以明象,得象而忘言;象者所以存意,得意而忘象。犹蹄者所以在兔,得兔而忘蹄;筌者所以在鱼,得鱼而忘筌也。①(《周易略例·明象》)

这里,王弼为《周易》作解,用的是庄子"得鱼忘筌"的观念。此一解中包含了《周易》、庄子和作为玄学领袖的他自己的见解,影

---

① 蹄、筌:捕兔、鱼的工具。

响甚大。王弼的观念大致有三层意思：其一，象与言是通向意的门户；其二，须要"得意而忘言"，真正得意是在忘象与言之后；其三，存在一个言、象、意的序列，象出意，言明象。结论是："忘象者，乃得意者也；忘言者，乃得象者也。得意在忘象，得象在忘言。"（同上）这样一种"得意忘言"的玄思，与禅宗"无住、无念、无相"的禅观是非常相像的。不过，"得意忘言"观念并未把言与象视为纯粹的现象，它只是要求忘象、忘言，视言象为工具，以得意为鹄的。

"意"有游走不定、徘徊无宁的特点，如陶渊明《闲情赋》云"意惶惑而靡宁，魂须臾而九迁"，张籍《秋思》云"洛阳城里见秋风，欲作家书意万重。复恐匆匆说不尽，行人临发又开封"，辛弃疾《沁园春》云"沈吟久，怕君恩未许，此意徘徊"。

印度佛教因明学亦有"意"这个观念，而且对之极为重视。《正理经》对"意"多有论述：

> 意的表征说明，它是不能同时产生许多认识的。[1]（第一卷第一章第三节"所量"）
>
> 现量如果不同灵魂（我）和心（意）接触，则不能产生。（第二卷第一章第三节"现量的探讨"）
>
> 认识不是意的属性，因为所知（即认识的对象）不能同时被知觉。（第三卷第二章第三节"觉是灵魂的属性"）
>
> 意具有迅速的运动性。（同上）
>
> 意有三方面的性质：理由性；他存性；偶然性。（同上）

---

[1] 沈剑英注：意，一译"心"。

>意就是一个，因为认识是非同时的。（同上，第六节"意"）
>
>意是微量的。（同上）

《正理经》对"意"的规定是非常值得注意的。其一，"意"有迅速的运动性，是微量的，具有偶然性；其二，"意"与认识无关，其原因除了它的运动性，还因为认识存在于时间中是许多次的，在概念的关系之网中运动的，而"意"的存在是即时的（"非同时的"），非概念的；其三，"意"是现量产生的条件，换言之，刹那的纯粹直观或纯粹直觉是与游走不定的"意"相联系着的。"意"在促成现量产生的同时，也为现量做了定位。

因明学还有"言陈"和"意许"两个相对的概念。唐窥基《因明入正理论疏》云：

>言中所带名自性，意中所许名差别，言中所申之别义故。
>
>谓言所带名为自相，不通他故；言中不带，意所许义名为差别，以通他故。
>
>《佛地论》云：彼因明论，诸法自性，唯局自体，不通他上，名为自性；如缕贯华（就像用线把花朵串起来），贯通他上诸法差别义，名为差别。

这里涉及两对概念：自性和差别，言陈和意许。"自性"是指诸法的自己的性质，它特殊而"狭"（外延小），并不关涉他物；"差别"是指诸法间互相联系贯通，如瓶和碗为两物，但是它们都能装水，两物而有共性（共相）。当对"自性"和"差别"进行语言表述时，就有

"言陈"和"意许"的分别："言陈"相对"自性"而言，指语言文字所直接表征的意义（"言中所带"）；"意许"相对"差别"而言，指语言所没有直接说明的意义（"意中所许"）。"意许"既然非言说所能范围，言与意就必然无法达到一致而有差别。因明是佛教逻辑学，它对"意"的规定，将"意许"和"言陈"的对举，与中国人重意轻言的传统，尤其是玄学的言意之辩有着某种不期而然的相似。这说明，中国传统与印度传统在言意关系问题上是相契的。

禅宗继承印度佛教真如不可言说的观念，并将之发展到了教外别传的境地，与此同时，它也呼应了玄学对语言的怀疑态度，把语言仅仅视为工具，即"方便"。《坛经》上说："一切经书，及诸文字，小大二乘，十二部经，皆因人置，因智慧性故，故然能建立。"（《坛经校释》，第57—58页）在慧能看来，所有相均是因人而起，佛经也是人创建的，"一切万法，尽在自身中"（同上，第58页）。

佛教以为，人有八识：眼识、耳识、鼻识、舌识、身识、意识、末那识、阿赖耶识。前五识为感识，认识具体对象；第六识为意识，依意根而起，认识抽象观念，有想象、推理、预测等作用，而且它不受时空的限制，对过去、现在、未来以及远近的一切法都能发生作用；第七识为末那识，为我识，执取第八识见分（主观的认识主体）为自我，又称为意，此一识为产生心识活动的源泉；第八识为阿赖耶识[①]，是一切现行的种子贮藏之所，又称藏识。所谓"意识"，狭义地即指第六识，不过我们想从更为根本的意义上来研讨一下"意"。在此语境中的"意"，与第八识的转识有关。

---

① 第八识旧译为"阿黎耶识"，本书第五章中即用此译。阿赖耶识是玄奘以后的新译。

慧能说:"自性含万法,名为藏识。思量即转识。"(《坛经校释》,第92页)这个"自性",即是如来藏,又可以称为真如、法性。万法源于自性,这一思想来自《楞伽经》和《大乘起信论》。"藏识",即是阿赖耶识,它被列为第八识。这一识深深藏匿于心底,似乎是一种全能的下意识,又称为根本识;前七识因它转生而起,是为转识,它们构成了现行的意识活动,称为现识。"思量即转识"之"转识"指第七识末那识,末那识又称为意。《成唯识论》卷四云:"次第二能变,是识名末那,依彼转、缘彼,思量为性、相。"这是说,末那识依缘于阿赖耶识("彼")而转生,它的性质和现相即是思量,思量而有我识产生。根据这一思想,阿赖耶藏识此前一瞬间所含藏的清净或虚妄,都会作为原因(依、缘)而影响到转识,形成自我意识,并同时由此自我而形成一切现象。第七识引起第六识意识,人的心理作用变得更为强化了,于是极有可能导致诸种烦恼。

佛教提出,诸种烦恼的最深的因(根源)是由一种叫"无明"的状态。无明,处于十二因缘之首,是人生的根本烦恼,指没有智慧和光明的状态,它没有方向,是缠绕人的一团浑沌的愚智。虽然人的本心是清净无染的真如,然而无明却是伴随真如心而有的,因此它可能障蔽、染污真如而产生执著。《大乘起信论》就真如与无明的关系做了一个生动的譬喻:真如好比是大海,无明好比是风,大海本来平静,风吹过就掀起波浪,而无论是风平浪静还是波涛汹涌,大海的湿性都不会变。然而大海起风却是无缘无故的,依此喻,无明从何而来,何时发生,是无法做出解释的。因此,佛教以为无始无明。[①]《大

[①] 这种意识内化的看法,与儒家和道家对人心应物而动和逐欲而起的看法大相径庭。

乘起信论》这样说：

> 一切心识之相，皆是无明。无明之相，不离觉性，非可坏，非不可坏。如大海水，因风波动，水相风相不相舍离。而水非动性，若风止灭，动相则灭，湿性不坏故。如是众生自性清净心，因无明风动，心与无明俱无形相，不相舍离。而心非动性，若无明灭，相续则灭，智性不坏故。（《大乘起信论校释》，第36页）

依风与大海之喻，无明并非人的生命之真，它仅是影响人之自我意识的外在因素，如风可以不起，无明也可以消去。风平则浪静，无明消则真如显。

值得注意的是，儒道两家提出人的心理变化可以从所对应的外物得到解释，如著名的物感说即是如此。佛家却不同，以为人的心理变化产生外界的变化，主观意识是更为本源的东西，人心即便没有应对外物，也可能生起妄念和执著的烦恼。因为不能清净，思来想去，就生出烦恼来了，无明简直可以"无事生非"。《大乘起信论》说："以如来藏无前际故，无明之相亦无有始。……又如来藏无有后际，诸佛所得涅槃与之相应，则无后际故。"（《大乘起信论校释》，第126页）生灭染法是在时空中进行的人生事件，它从本性上讲是虚妄不实、没有自体的，所谓生死轮回也是如此。因为如来藏（真如）自体不具有一切生灭诸法，如来藏就并不在具体时空中存在，它是超越时空的，而无明依于真如而生，也没有具体的时空规定，再进一步说，证成真如的涅槃也同样没有具体的时空规定。所不同的是，没有具体时空规定的真如和涅槃是永恒的实相，而无明与种种染法却是意识刹那间的产物，只会给人带来虚妄的烦恼。

再回来看慧能，他接着前面的话说：

> 生六识，出六门，六尘，是三六、十八。由自性邪，起十八邪；若自性正，起十八正。若恶用即众生，善用即佛。用由何等？由自性。（《坛经校释》，第92页）

自性最为基本，意识亦极其重要。他把眼、耳、鼻、舌、身称为"外有五门"，把意称为"内有意门"，可见其对意识重视之程度。慧能主张自性本来清净，而意识的作用则存在导向善或恶的两种可能。善恶正是从意识状态分流，形成"善用"或"恶用"的两种相反方向。

玄学主张忘言忘象，视语言为工具，慧能却是引进空观来对待语言，将语言看空，这就在本质上不同于玄学。实际上，禅宗是在言语与非言语之间做刹那刹那的游动，慧能的对法就是如此主张的。当言语一旦用于描述日常经验的见闻觉知而成为一般语言（理性或常识）而相对凝固起来时（著相），它就立刻被空观所否定，而不仅仅是如玄学所主张的"忘"而已。象（相）也是如此。换言之，名相是可以给人提供刹那的纯粹经验的，而为人所把玩。禅宗带给"意"的，是一个极其重要的发展，那就是"意"的直观化或直觉化。

《坛经》上记，五祖为了向门徒传衣钵，要求门人："各作一偈呈吾，吾看汝偈，若悟大意者，付汝衣法，禀为六代。"（《坛经校释》，第9页）这里的"大意"，指佛法大意，或指所悟佛性。作偈须大大

"用意",于是门人递相谈论,不用如此吃紧,"息心"罢了,因为神秀作偈必占先机。殊不知神秀此时却苦恼得很,他想:"诸人不呈心偈,缘我为教授师,我若不呈心偈,五祖如何见得我心中见解深浅。我将心偈上五祖呈意……甚难,甚难。"(同上,第12页)结果神秀竟于半夜三更在南廊的墙壁上题了著名的心偈。可见其意识活动之艰难深隐。且不论此传说真实与否,神秀的作偈其动机与心态都是十分自私的行为,可以将他的"用意"作心偈以"刻意"来形容,而他的心偈被五祖判为"见即未到","作此见解,若觅无上菩提,即未可得",也是必然的。

《坛经》中多次提到"作意""识意",慧能认为作意则不能做到心口如一的俱善,因此,他主张:"一行三昧者,于一切时中,行、住、坐、卧,常行直心是。"(《坛经校释》,第27页)又说"道须通流",不可滞,"心不住法即通流"。他以为,真如是念(意识)之体,念是真如之用,前念、今念、后念,念念相续,无有断绝,如果在自性上起念,那么就不会滞于一念而起邪见,这样,即便面对见闻觉知,也能不染万境(在境、相、念上起执著)而常自在。另外,也不能为了保证清净而真的绝念(没有念),因为一念断绝即死。换言之,禅宗所谓的从自身真如自性上起念,其实施方法无非是使意识不断地流动而不停滞下来。[①]神会亦云:"不作意即是无念。"(《神会和尚禅话

---

① 马祖道一亦云:"前念、后念、中念,念念不相待,念念寂灭,唤作海印三昧,摄一切法。"[《古尊宿语录》卷一《大鉴下二世(马祖道一大寂禅师)》]

第六章 禅化与诗化 339

录·南阳和尚问答杂征义》)① 这样，外可离相，内可不乱，这就是所谓"无住、无念、无相"的哲学，我们也可以把它看作禅宗意识论。

《黄檗(希运)断际禅师宛陵录》上记：

> 问："和尚见今说法，何得言无僧亦无法？"师云："汝若见有法可说，即是以音声求我。若见有我，即是处所。法亦无法，法即是心。所以祖师云：'付此心法时，法法何曾法？无法无本心，始解心心法。'实无一法可得，名坐道场。道场者，只是不起诸见。悟法本空，唤作空如来藏。本来无一物，何处有尘埃！若得此中意，逍遥何所论！"问："本来无一物，无物便是否？"师云："无亦不是。菩提无是处，亦无无知解。"(《古尊宿语录》卷三)

这一段师徒对话148字，用了13个"无"字来否定13个"法"字，以遮诠的方法表述了心法本空的禅理。其中，仅有一个"意"字。此"意"字的用法极其微妙，它可有可无，删去似乎也无妨。然而，它的存在却表征了禅宗空观的基本立场：心法须灵活地去感悟。禅宗语录中学僧多有"祖师西来意""达摩九年面壁，意旨如何"之类问题，这里所谓"意"和"意旨"，是指禅的根本义。但是师僧从来没有直接回答，而是绕路说禅，不予说破。黄檗本人回答"何者是佛"之问以

---

① 神会其实更多的是在"作意"与"不作意"取中道，他说："今言用心者，为是作意不作意？若不作意，即是聋俗无别；若言作意，即是有所得。以有所得者，即是系缚故，何由可得解脱？"(《神会和尚禅话录·南阳和尚问答杂征义》)所以他要求"亦无作意，亦无不作意"。

"即心即佛",就语言表述而论,学僧必然大失所望。问者把佛拟想为某一外在的权威或救世主,而答者则告诉他,他自己就是佛。黄檗建议学僧"直下见此意""此意唯是默契得""无心忽悟""随意而生"。禅的"用意"极其微妙,非常虚灵,它确实是不落言筌的,但却不仅仅是如此而已,它旨在随机地使人于直觉中契会不可思议的禅。因此,所谓的"禅意"既非概念思维的对象,也非譬喻、象征等类比、联想思维的对象,它只是对遍在之空的当下直观,是顿悟。

临济义玄云:

> 道一和尚用处,纯一无杂,学人三百五百,尽皆不见他意。[《古尊宿语录》卷四《镇州临济(义玄)慧照禅师语录》]

这话之前,临济还有云:

> 到这里学人著力处不通风,石火电光即过了也。学人若眼定动,即没交涉。拟心即差,动念即乖。有人解者,不离目前。(同上)

大意是马祖道一"纯一无杂"之"用意"如"石火电光"般迅捷,极其灵活生动("通风""活泼泼"),是学禅者所难以把捉的。若是人心"不识好恶,向教中取,意度商量,成于句意",落入"思量拟议",结果只能是向外"驰求"而"转远",成为"无眼人"。

> 问:"如何是西来意?"师云:"若有意,自救不了。"云:"既

第六章 禅化与诗化

无意,云何二祖得法?"师云:"得者是不得。"云:"既若不得,云何是不得底意?"师云:"为你向一切处驰求心不能歇……"[《古尊宿语录》卷四《镇州临济(义玄)慧照禅师语录》]

这里,学僧死死地从"祖师西来意"追问到"不得底意",正是临济所指斥的"意度商量,成于句意"之"意",套上了语言枷锁的意是僵死的,而那个活泼泼的解脱之"意"却就在"目前",它并非语言概念所能表诠,正所谓"句不停意,用不停机"(《五灯会元》卷二十)。在这个意义上看,临济所云之"意"其实是在"有意""无意"之间不停地运动转换。①这样的"意",其"用处无踪迹",是直观的对象,它须人去"会"(领会、悟解),"会"后也不能用语言概念去表诠,正所谓"不如无事,相逢不相识,共语不知名"。不过,从语言的角度看,不可以表诠的意却可以以遮诠将它随意地、偶然地逗引出来,从而在刹那间形成顿悟的直观,这是禅师们不直接回答"祖师西来意"等问的一个重要原因。《祖堂集》卷六《投子和尚》中投子与学僧的对答即是一例:"古人有言:'目前无法,意在目前。'作摩生是在目前意?"师曰:"不狂妄。"僧曰:"作摩生?"师曰:"他不是目前法,非耳目之所到。""目前意"不是耳目对其作见闻觉知的对象,也不是"思量拟议"的对象。"不狂妄"与"不是"两道遮诠表明,"目前意"是某种现成的须直接领会的东西,正是所谓"心境如如""大用现前"。

这样一种负的使用语言的方法,对庄玄"得意忘言""得鱼忘筌"

---

① 《世说新语·文学》记:"庾子嵩作《意赋》成,从子文康见,问曰:'若有意邪,非赋之所尽;若无意邪,复何所赋?'答曰:'正在有意无意之间。'"

的语言观是一个重要的发展。尤其值得注意的是，临济已经将"用"与"意"联系起来使用，"用意"已经隐然成为一个词组。

禅宗的"意"，具有空的、当下、刹那的、流动的、超越语言的、非概念的、前思维的诸特征。作为生动的直观，它的对象其实不能静态地分析出它作为工具的性质。这就意味着：玄学视为工具的"筌"与"蹄"亦被空观所观照，体与用密不可分地结为一体，成为纯粹现象；"得意""会意"可以如玄学所主张的在忘言之后，但又不必在忘言之后。如果说玄学论意较具有形而上的意味，那么禅宗论意则更具有现象学的意味。

这种关于"意"的看法，禅宗起初就有这个意思，晚唐此种意思就更明朗了，到了宋代，倡意已经成为风气。我以为，这是禅宗走向文人化的结果，同时，也可以视为诗化倾向的抬头。这是美学上一个极其重要的倾向，值得留意。

以下我们将看到，诗论以及书论等艺术理论中所重视的"意"概念与禅宗之"意"在精神上是同一的。

关于意，早于临济的皎然已在论诗中说道："至如天真挺拔之句，与造化争衡，可以意冥，难以言状，非作者不能知也。"（《诗式·序》）"意冥"即超于语言的默契、意会。诗歌的天真挺拔之句，可以意冥，但言语却难以形容。这里明确把意与言对立起来。虽然存在这样一种对立，但是诗歌却不得不使用语言，于是就意味着必然已经发生了某种对语言的不同于一般的或者说是新的使用方法。

《文镜秘府论·南卷》引皎然语云："后于语，先于意。因意成语，语不使意，偶对则对，偶散则散。"在诗歌的言意之辩中，主张以意引导语而不是相反，明显重意而轻语。皎然又说："意，立言盘泊曰意。"(《诗式·辩体有一十九字》)这句话似乎又有了相反的意思,值得细考。

先考一下"盘泊"的词义:"盘"曰盘旋纡曲;而"盘泊"通"磐礴",《文选》郭璞《江赋》:"荆门阙竦而磐礴",李善注云:"磐礴,广大貌。"皎然《诗式》多次用到这个词,而且把它与"势"和"意"联系起来用:

高手述作,如登荆、巫,觌三湘、鄢、郢山川之盛,萦回盘礴,千变万态(文体开阖作用之势)……(《诗式·明势》)

气象氤氲,由深于体势;意度盘礴,由深于作用……(《诗式·诗有四深》)

诗人作用,势有通塞,意有盘礴。势有通塞者,谓一篇之中,后势特起,前势似断,如惊鸿背飞,却顾俦侣……意有盘礴者,谓一篇之中,虽词归一旨而兴乃多端,用识与才,蹂践理窟,如卞子采玉,徘徊荆岑,恐有遗璞。(《诗式·"池塘生春草""明月照积雪"》)

势与意是紧密联系在一起的,"气象氤氲"指浑沦一气的动态"体势","意度盘礴"指使意深隐内在("兴乃多端")而徘徊萦回的"作用"。

《诗式·明作用》云:"作者措意,虽有声律,不妨作用。如壶公瓢中自有天地日月,时时抛针掷线,似断而复续。"这是说,诗歌创作中作者"措意"("作意")须"作用",一首诗体制并不能大,但它却如壶公瓢中自有一番天地,而"意"在其中就似抛针掷线,似断而复续,是在着力做亦隐亦现的运动的。所谓"作用",就是要使诗中之"意"产生变化:"诗人意立变化,无有倚傍,得之者悬解……"(《诗式·立意总评》)唐张怀瓘有云"以风骨为体,以变化为用"(张彦远《法书要录》卷四《张怀瓘书议》),也是以变化定义"用"。皎然论李陵、苏武诗与古诗十九首的不同说:"……李陵、苏武二子,天予真性,发言自高,未有作用。《十九首》辞精义炳,婉而成章,始见作用之功,盖是汉之文体。"(《诗式·李少卿并古诗十九首》)"作用"能使诗歌"婉而成章",也就是变化的意思。① 那么,这种"作用"或"变化"是怎么发生的呢?我们从皎然《诗式》本身已经发现,"作用"一词与"意""兴""象"三个观念有关。

皎然《诗式》中有一个重要的词——意兴。前引"词归一旨而兴乃多端"一段,所谓"一旨"即指"一意",同一个意由多端的兴来起承之,使之变化无有依傍,其实已经隐含了"意兴"的意思。

多次直接提"意兴"的是王昌龄,他说:

> 诗有平意兴来作者,"愿子励风规,归来振羽仪。嗟余今老病,此别恐长辞"。盖无比兴,一时之能也。(《文镜秘府论·南

---

① 张伯伟《禅与诗学》不同意明代许学夷释皎然"作用之功,即所谓完美"、郭绍虞主编《历代文论选》注"作用"为"指艺术构思"、李壮鹰《诗式校注》谓"作用""意指文学的创造性思维"三说。他提出:"'作用'一词,原为佛学教理,亦可简称为'用'而与'体'相对。"(第26页)他又提出,晚唐诗格中的"作用"其用法也与佛典相似,即与"体"相对的"用"。他引《二南密旨》"物象是诗家之作用",说"一物一象"是用以比况"君臣之化"之"体"的"用"。他又引《二南密旨》"体以象显"以证之。张说显然较前三说为胜。

第六章 禅化与诗化 345

卷·论文意》)

凡诗头，或以物色为头，或以身为头，或以身意为头，百般无定，任意以兴来安稳，即任为诗头也。（同上）

凡诗，物色兼意下为好，若有物色，无意兴，虽巧亦无处用之。如"竹声先知秋"，此名兼也。（同上）

这里可以归纳出几种意思。首先，"意兴"可以与"比兴"无关，虽然有一个"兴"字，但是却不必是传统诗论比兴的兴义；其次，"意兴"来去无踪，飘忽不定，所谓"任意以兴"，是说"意兴"之来是随机的、偶然的，诗头也是偶然得到的；再次，如果"意兴"能与"物色"结合起来，两相兼得，就更好了。

王昌龄论"兴"与传统诗论着重于与兴所关联之观念的看法颇有相异，他更看重创作的实际。[1]

凡诗人夜间床头，明置一盏灯。若睡来任睡，睡觉即起，兴发意生，精神清爽，了了明白，皆须身在意中。若诗中无身，即诗从何有？若不书身心，何以为诗？是故诗者，书身心之行李，序当时之愤气。……（同上）

这里，当是王氏自己创作的经验之谈。"兴发意生"即是"意兴"。

---

[1] 例如，他说："凡作诗之人，皆自抄古今诗语精妙之处，名为随身卷子，以防苦思。作文兴若不来，即须看随身卷子，以发兴也。"（《文镜秘府论·南卷·论文意》）

所谓"身在意中",是指人生经验通过诗中之意而得到抒发,但是,此意却并非静态的理,而是"意兴"。"意兴"是人生的感性经验,它与物色相结合,在诗中"任意纵横",是直观的对象。

同是讲"意兴",王昌龄侧重直寻,皎然侧重于兴的多端,落脚点略有不同。因此,皎然更重视"作用"是可以理解的。

与重"意"相联系,传统诗论比兴的观念在皎然也发生了某种变化。

> 取象曰比,取义曰兴,义即象下之意。凡禽鱼草木、人物名数,万象之中义类同者,尽入比兴,《关雎》即其义也。(《诗式·用事》)

前一句讲比兴,把象与义相联系,取象叫比,取义叫兴,而义则是象下之意。就诗歌而言,意即义。诗歌创作不可能单单取义,更重要的是取象,当皎然说"义即象下之意"("象下"即象后)之时,似乎是说兴已经隐藏在比之下了,两者不能分离。王昌龄的"物色兼意下",其实是物色下意,皎然的"义即象下之意"与之有些相像,不过,因为兴落脚到了象上,"义即象下之意"就是兴的直观而非抽象的义理,重点在"意"而不在"义"。皎然的说法把王昌龄的意思朝这一方向更推进了一步。一方面,取象并非单纯的比,象下还有一个意(义);另一方面,将比与兴联系起来,其实重心是向兴倾斜过去了。皎然说"诗工创心,以情为地,以兴为经"(《文镜秘府论·南卷·论文意》),即是其证。也许可以说,"兴"即"作用"。再看"凡禽鱼草木、人物名数,万象之中义类同者,尽入比兴"一句,表面看与东

第六章 禅化与诗化 347

汉郑众"诗文诸举草木鸟兽以见意者，皆兴辞也"（孔颖达《毛诗正义·关雎传》）的传统说法并无不同，但是其实变化已经悄悄发生了。这句话可以与牛头禅的名言"青青翠竹，尽是真如；郁郁黄花，无非般若"作联想，所谓的"象"是"万象"（"万法"），它本来是活生生的具有意义的（可以是禅的意义，也可以是生命的意义），而并非简单的形象。这是符合禅观简单化和直观化的倾向的。

皎然的重兴，还有一点值得注意：已经没有陈子昂所强调的"兴寄"之寄托的涵义。这是一个极其重要的变化。钱锺书论到"言外之意"，有一个颇具启发意义的说法：

> 夫"言外之意"（extralocution），说诗之常，然有含蓄与寄托之辨。诗中言之而未尽，欲吐复吞，有待引申，俾能圆足，所谓"含不尽之意，见于言外"，此一事也。诗中所未尝言，别取事物，凑泊以合，所谓"言在于此，意在于彼"，又一事也。前者顺诗利导，亦即蕴于言中，后者辅诗齐行，必须求之文外。含蓄比于形之与神，寄托则类形之与影。（《管锥编》卷一，第108页）

钱氏区分"含蓄"与"寄托"，谓前者"顺诗"，似乎是形与神，后者"辅诗"，似乎是形与影。我们正在讨论之中，未必全是"言外之意"，而且所重点关注之直观者，是不必加以"引申"的。不过，陈子昂所谓"兴寄"颇合于钱氏所区分之后者，是明显的。

重意的说法还有很多，《诗式·辩体有一十九字》云：

> 静，非如松风不动，林狖未鸣，乃谓意中之静。远，非如渺渺望水，杳杳看山，乃谓意中之远。

可以说，势是偏于外在的，而意是偏于内在的，这是两者的不同之处，但是两者都处于动态变换之中，这是一致的。所谓的"氤氲""萦回""徘徊""盘礴""似断复续"以及"含蓄"（"思，气多含蓄曰思"）等都有这个意思，"意"并非诗歌所要表述的静态的道理，而是活灵灵的直观的对象。即使是传统诗缘情的"情"，在皎然诗论中也发生了重要的变化："情，缘境不尽曰情。"（《诗式·辩体有一十九字》）"诗情缘境发。"（《秋日遥和卢使君游何山寺宿敡上人房论涅槃经义》）这个情，又可称为"道情"："每笑石崇无道情，轻身重色祸亦成"（《观李中丞洪二美人唱歌轧筝歌》）、"为依炉峰住，境胜增道情"（《夏日与綦毋居士昱上人纳凉》）。缘境而生的情，指由境而触发的纯情，并非世俗之情，它依于境，绵绵不尽，也并非简单的传情而已。这些，都显示了中国人的感性生活受到佛教影响而产生的细微变化，是中国美学史和诗学史必须予以非常关注的。[①]

古代哲学与古代文论研究界在对"意"观念进行研讨时，往往把注意力集中于玄学的"言意之辩"。之所以出现这种现象，当与哲学与文论的研究对象主要是语言有关。不过，几乎就在玄学言意之辩展开的同时或稍后，"意"的观念却已经悄悄地渗入书法和绘画理论，"书意"（"笔意"）和"画意"伴随着中国古代书画理论的萌发和成熟，并成为其一个重要范畴。我们先看书法理论中的"意"。

---

① 遗憾的是，当代研究者极少有注意到这一点的。

传为东晋卫夫人所作《笔阵图》论书法"执笔有七种",云"意后笔前者败,若执笔远而急、意前笔后者胜"(《法书要录》卷一《晋卫夫人笔阵图》)。传为王羲之所作《王右军题卫夫人〈笔阵图〉后》云"意在笔前,然后作字",《晋王右军自论书》云:"须得书意转深,点画之间皆有意。自有言所不尽,得其妙者,事事皆然。"(均引自《法书要录》卷一)

这里,意笔关系的提出可以看作书法理论成熟的一个重要标志,从此,人们就形成了一个观念,即书法不光是实用的工具,而且它自己就是一种"有意味的形式",具有"书意"。南齐王僧虔著有《笔意赞》,云:"书之妙道,神彩为上,形质次之,兼之者方可绍于古人。以斯言之,岂易多得?必使心忘于笔,手忘于书,心手遗情,书笔相忘,是谓求之不得,考之即彰。"(《书法钩玄》卷一《王僧虔笔意赞》)所谓的"笔意"是"求之不得"的"神彩"。他还评曰:"张澄书,当时亦呼有意。"(《法书要录》卷一《南齐王僧虔论书》)由此条可见,书法的评论界早已以"意"作为评价书法的标准了。梁武帝萧衍作《观钟繇书法十二意》,将"意"分为平、直、均、密、锋、力、轻、决、补、损、巧、称等12种。他还提出书法"体有疏密,意有倜傥"(《草书状》),须"任意所之,自然之理也"(《法书要录》卷二《梁武帝答陶隐居论书》)。从王羲之的"书意"到王僧虔、萧衍的"笔意",可以清晰地看出"意"在书法中的重要性。

唐初书法家虞世南认为,蔡邕、张芝、索靖、钟繇、卫夫人、二王父子,"皆造意精微,自悟其旨也"(《笔髓论·叙体》)。他又说:"虞安吉云:'夫未解书意者,一点一画,皆求象本,乃转自取拙,岂成书邪!'"(《笔髓论·指意》)什么是"书意"呢?我们读这一段:

"字虽有质，迹本无为，禀阴阳而动静，体万物以成形，达性通变，其常不主。故知书道玄妙，必资神遇，不可以力求也。机巧必须心悟，不可以目取也。"（《笔髓论·契妙》）强调"无为""神遇""心悟"，而不取"力求""目取"，这是"书意"的本质所在。

唐太宗李世民以为书法须"先作意"（《佩文斋书画谱》卷五《唐太宗论书》），他的《唐太宗指意》在引了虞世南《笔髓论·指意》"虞安吉云……"一节后，接着说："纵放类本，体样夺真，可图其字形，未可称解笔意……"（《佩文斋书画谱》卷五）意思相同。

把书法艺术分为神、妙、能三品的张怀瓘论书法云："意与灵通，笔与冥运，神将化合，变出无方"（《法书要录》卷七《张怀瓘书断上》），"考其法意所由，从心者为上，从眼者为下"（《法书要录》卷四《张怀瓘文字论》），评王献之"意逸乎笔，未见其止"，评萧子云"意趣飘然"（《法书要录》卷八《张怀瓘书断中》）。所谓的"意逸"，就是"灵""冥""神""变"，才"意趣飘然"。

颜真卿《述张长史笔法十二意》云："趣长笔短，虽点画不足，常使意气有余"，"意外生体，令有异势"。

由上可见，笔意虽然被区分为12种，略略失之机械，但是它仍然是书法中作为灵魂的东西，是书法之所以为艺术的决定性因素。

再看画论方面。南朝宋宗炳《画山水序》是较早提到"意"的："理绝于中古之上者，可意求于千载之下；旨微于言象之外者，可心取于书策之内。"这里的"理"，同"序"有一个解释："以应目会心为理。"①他以为,古人赏会山水的"应目会心"虽然已不复再现,但是后人却可以"意求于千载之下"。

  与王僧虔差不多同时的谢赫《古画品录》评顾恺之云:"格体精微,笔无妄下;但迹不逮意,声过其实。""迹"与"意"的关系,其实也是言与意的关系。陆机《文赋》谈自己的写作心得"恒患意不称物,文不逮意",就是这个意思。谢赫又评张则云:"意思横逸,动笔新奇。师心独见,鄙于综采。"评刘瑱云:"用意绵密,画体纤细,而笔迹困弱,形制单省。"绘画中"横逸"的"意思"是"师心独见"的创造,当然,"绵密"的"用意"也可能偏于"纤细"。

  传为王维所作《山水论》云:"凡画山水,意在笔先。"朱景玄《唐朝名画录》评王维《辋川图》:"山谷郁郁盘盘,云水飞动;意出尘外,怪生笔端。"②

  唐张彦远的画论名著《历代名画记》云:"夫象物必在于形似,形似须全其骨气,骨气形似皆本于立意而归乎用笔,故工画者多善书。"张氏基于"工画者多善书"的观点,指出了论画的意笔关系其实是来自书法理论。他还要求绘画"意存笔先,画尽意在","虽笔不周而意周"。清郑绩释云:"作画须先立意,若先不能立意而遽然下笔,则胸无主宰,手心相错,断无足取。夫意者,笔之意也。先立其意而后落笔,所谓意在笔先也。"(《梦幻居画学简明·论意》)

  可见,"意"也是画的灵魂。

---

① 黄公望云:"作画只是个'理'字最紧要。吴融诗云:'良工善得丹青理。'"(《写山水诀》)
② 韩愈写散文也倡"师其意,不师其辞"(《韩昌黎文集校注》卷三《答刘正夫书》)。

"意"观念到了宋代,似乎更受到重视。圆悟克勤《碧岩录》卷三第二十五则云:"不妨句中有眼,言外有意。"而差不多同时的黄庭坚论诗也用了"句中有眼":"拾遗句中有眼,彭泽意在无弦。"(《赠高子勉四首》之四)杜甫诗句中有眼,而陶潜琴则意在弦外,可见句中有眼指的是诗意,与弦外之意相同。黄庭坚还以之评书法:"用笔不知擒纵,故字中无笔耳。字中有笔,如禅家句中有眼,非深解宗趣,岂易言哉!"(《豫章黄先生文集》卷二十九《自评元祐间字》)

宋人叶梦得的这一段话也许是有代表性的:

> 大抵儒以言传,而佛以意解。非不可以言传,谓以言得者未必真解,其守之必不坚,信之必不笃,且堕于言,以为对执,而不能变通旁达尔。此不几吾儒所谓"默而识之,不言而信"者乎?两者未尝不通。自言而达其意者,吾儒世间法也;以意而该其言者,佛氏出世间法也。若朝闻道,夕可以死,则意与言两莫为之碍,亦何彼是之辨哉?(《避暑录话》卷上)

我以为,叶梦得虽然欲调和儒佛,不过"儒以言传,佛以意解"[①],确是唐宋人比较儒佛而得出的基本看法。而梅尧臣所云"状难写之景如在目前,含不尽之意见于言外"(《宋史·梅尧臣》),似乎更能代表宋人美学上的意见。此"意"是什么涵义呢?梅氏说:"若温庭筠'鸡声茅店月,人迹板桥霜',贾岛'怪禽啼旷野,落日恐行人',则道路辛苦,羁愁旅思,岂不见于言外乎?"(欧阳修《举梅尧臣充

---

① 请比较因明学的"言陈"与"意解"概念。

直讲状》引）可见，它不通过语言的传达和理解而得到，是意会、妙悟，是直觉和直观。意境之意也应做如是解。如果按这个思路想过去，那么意境就不会是儒家传统的产物。而佛禅的"意解"，一方面联系着庄玄的得意忘言、得鱼忘筌传统，另一方面更进一步地强化了"意"的直观和流动的特性。如果仅仅是"得意""得鱼"而"忘言""忘筌"，那么意境的产生也是不可能的。这一点是许多意境研究者有所忽略的。

参考书目

日本大正新修《大藏经》,台湾新文丰出版股份有限公司影印本。

(北凉)昙无谶译:《大般涅槃经》,载《大正藏》第12卷。

(后秦)鸠摩罗什译:《妙法莲华经》,载《大正藏》第9卷。

(后秦)鸠摩罗什译:《维摩诘所说经》,载《大正藏》第14卷。

(刘宋)求那跋陀罗译:《楞伽阿跋多罗宝经》,载《大正藏》第16卷。

(刘宋)畺良耶舍译:《观无量寿佛经》,载《大正藏》第12卷。

(唐)般剌蜜帝译:《楞严经》,载《大正藏》第19卷。

(唐)实叉难陀译:《大方广佛华严经》,载《大正藏》第10卷。

[印度]龙树撰,(后秦)鸠摩罗什译:《大智度论》,载《大正藏》第25卷。

[印度]龙树撰,鸠摩罗什译:《中论》,载《大正藏》第30卷。

[印度]护法等撰,(唐)玄奘译:《成唯识论》,载《大正藏》第31卷。

(梁)真谛译,高振农校释:《大乘起信论校释》,中华书局1992年版。

（梁）释慧皎撰，汤用彤校注：《高僧传》，中华书局1992年版。

（梁）释僧祐撰，苏晋仁、萧炼子点校：《出三藏记集》，中华书局1995年版。

（梁）僧祐：《弘明集》，《大正藏》第52卷。

范祥雍校注：《洛阳伽蓝记校注》，上海古籍出版社1978年版。

（唐）玄奘、辩机原著，季羡林等校注：《大唐西域记校注》，中华书局1985年版。

（唐）慧能著，郭朋校释：《坛经校释》，中华书局1983年版。

郭朋：《〈坛经〉对勘》，齐鲁书社1981年版。

杨曾文编校：《神会和尚禅话录》，中华书局1996年版。

（唐）元康：《肇论疏》，载《大正藏》第45卷。

（唐）道宣：《续高僧传》，载《大正藏》第50卷。

（唐）道宣：《广弘明集》，载《大正藏》第52卷。

（唐）窥基：《因明入正理论疏》，光绪二十二年金陵刻经处本。

（唐）法藏：《华严经探玄记》，载《大正藏》第35卷。

（唐）法藏著，方立天校释：《华严金师子章校释》，中华书局1983年版。

（唐）宗密：《圆觉经大疏钞》，载《续藏经》第14册。

（唐）宗密：《禅源诸诠集都序》，载《大正藏》第48卷。

（唐）杜朏：《传法宝纪》，载《大正藏》第85卷。

（唐）净觉集：《楞伽师资记》，载《大正藏》第85卷。

《历代法宝记》，载《大正藏》第51卷。

（五代）延寿集：《宗镜录》，载《大正藏》第48卷。

（南唐）释静、释筠编撰，吴福祥、顾之川点校：《祖堂集》，岳麓书社1996年版。

（宋）圆悟克勤编:《碧岩录》,载《大正藏》第48卷。

（宋）晦岩智昭编:《人天眼目》,载《大正藏》第48卷。

（宋）道原编:《景德传灯录》,载《大正藏》第51卷(《四部丛刊三编》本)。

（宋）赞宁撰,范祥雍点校:《宋高僧传》,中华书局1987年版。

（宋）赜藏主编集,萧萐父、吕有祥点校:《古尊宿语录》,中华书局1994年版。

（宋）普济著,苏渊雷点校:《五灯会元》,中华书局1984年版。

（宋）蕴闻编:《大慧普觉禅师语录》,载《大正藏》第47卷。

（宋）陈舜俞:《庐山记》,载《大正藏》第51卷。

石峻等编:《中国佛教思想资料选编》(全十卷),中华书局1981—1992年版。

汤用彤:《汉魏两晋南北朝佛教史》,北京大学出版社1997年版。

汤用彤:《汤用彤学术论文集》,中华书局1983年版。

印顺:《中国禅宗史》,上海书店1992年版。

吕澂:《中国佛学源流略讲》,中华书局1979年版。

杜继文、魏道儒:《中国禅宗通史》,江苏古籍出版社1993年版。

[日]忽滑谷快天:《中国禅学思想史》,朱谦之译,上海古籍出版社1994年版。

熊十力:《佛家名相通释》,中国大百科全书出版社1985年版。

吴汝钧编著:《佛教大辞典》,台湾商务印书馆国际有限公司1992年第一版,1995年北京第三次印刷。

（清）郭庆藩辑,王孝鱼整理:《庄子集释》,中华书局1961年版。

（清）王先谦:《荀子集解》，中华书局1988年版。

（汉）毛亨传，郑玄笺，（唐）孔颖达疏:《毛诗正义》，《十三经注疏》本。

（魏）王弼著，楼宇烈校释:《王弼集校释》，中华书局1980年版。

戴明扬校注:《嵇康集校注》，人民文学出版社1962年版。

逯钦立校注:《陶渊明集》，中华书局1979年版。

（晋）陆机撰，张少康集释:《文赋集释》，上海古籍出版社1984年版。

（南朝宋）刘义庆著，（南朝梁）刘孝标注，余嘉锡笺疏，周祖谟、余淑宜、周士琦整理:《世说新语笺疏》（修订本），上海古籍出版社1993年版。

徐震堮:《世说新语校笺》，中华书局1984年版。

顾绍柏校注:《谢灵运集校注》，中州古籍出版社1987年版。

（南朝齐）谢赫撰，王伯敏标点注译:《古画品录》，人民美术出版社1962年版。

（南朝梁）钟嵘撰，陈延杰注:《诗品注》，人民文学出版社1958年版。

（南朝梁）刘勰著，范文澜注:《文心雕龙注》，人民文学出版社1958年版。

（南朝梁）萧统编，（唐）李善注:《文选》，人民文学出版社1958年版。

（唐）王维撰，（清）赵殿成笺注:《王右丞集笺注》，上海古籍出版社1984年版。

（唐）皎然著，李壮鹰校注:《诗式校注》，齐鲁书社1986年版。

（唐）韩愈撰，马其昶校注：《韩昌黎文集校注》，上海古籍出版社1986年版。

（唐）柳宗元著，曹明纲标点：《柳宗元全集》，上海古籍出版社1997年版。

（唐）白居易著，朱金城笺校：《白居易集笺校》，上海古籍出版社1988年版。

（唐）张彦远著，俞剑华注释：《历代名画记》，上海人民美术出版社1964年版。

（唐）张彦远：《法书要录》，人民美术出版社1984年版。

《全唐诗》，中华书局1960年版。

［日］弘法大师原撰，王利器校注：《文镜秘府论校注》，中国社会科学出版社1983年版。

（宋）欧阳修：《六一诗话》，载（清）何文焕辑《历代诗话》，中华书局1981年版。

苏轼：《苏东坡全集》，中国书店1986年版（据世界书局1936年版影印）。

（宋）黄庭坚：《豫章黄先生文集》，《四部丛刊》本。

（宋）朱熹集注：《诗集传》，中华书局1958年版。

（清）沈德潜选：《古诗源》，中华书局1963年版。

沈玉成、印继梁主编：《中国历代僧诗全集》，当代中国出版社1997年版。

姚淦铭、王燕编：《王国维文集》，中国文史出版社1997年版。

王国维著，滕咸惠校注：《人间词话新注》（修订本），齐鲁书社1986年版。

叶嘉莹:《王国维及其文学批评》,河北教育出版社1997年版。

宗白华:《美学散步》,上海人民出版社1981年版。

罗根泽:《中国文学批评史》,上海古籍出版社1984年版。

钱锺书:《管锥编》,中华书局1979年版。

叶维廉:《中国诗学》,生活·读书·新知三联书店1992年版。

辛华、任菁编:《内在超越之路——余英时新儒学论著辑要》,中国广播电视出版社1992年版。

[德]W.顾彬:《中国文人的自然观》,马树德译,上海人民出版社1990年版。

沈剑英:《因明学研究》,中国大百科全书出版社1985年版。

陈允吉:《唐音佛教辨思录》,上海古籍出版社1988年版。

周裕锴:《中国禅宗与诗歌》,上海人民出版社1992年版。

张伯伟:《禅与诗学》,浙江人民出版社1992年版。

孙昌武:《禅思与诗情》,中华书局1997年版。

葛兆光:《中国宗教与文学论集》,清华大学出版社1998年版。

张节末:《嵇康美学》,浙江人民出版社1994年版。

张节末:《狂与逸》,东方出版社1995年版。

[德]康德:《判断力批判》,宗白华译,商务印书馆1964年版。

[德]叔本华:《作为意志和表象的世界》,石冲白译,商务印书馆1982年版。

1999年版后记

　　这本书本来并不在我的写作计划之中。我曾经发愿要写一部多卷本的《中国美学史》，作为我中国古代美学研究的最后成果。在此之前，首先，须研究中国美学史的若干重要理论问题，如人格、情感、意境等，因此我写了《古典美学与人格》等论文。其次，重点做好断代史美学的若干个案，魏晋一段，我写的《嵇康美学》，那是博士学位论文。我预计，明清一段的《船山美学》写完，就可以开始写《中国美学史》了。当我把《中国古代美学中的情感问题》作为一篇论文的题目向某刊物的编辑征求意见时，她劝我把这个题目写成一本书。我接受了她的意见，于几年前开始写《情感之维》，那本书相当于一部中国古代情感理论史，已经有几家出版社有兴趣出版它。正在此时，我偶尔去浙江人民出版社坐坐，《禅学丛书》责编杨淑英女士告诉我，她策划下一批要出理论性较强的禅学研究专著，其中有一本《禅宗美学》，她以为我能写得好，问我愿意担当否。我甚为犹豫，那意味着要中断《情感之维》的写作。我仔细权衡了一下，觉得自己唯独对美学史上唐宋一段还未真正深摸过，禅宗美学也许正是补上这一课的一个契机，何况，研究禅宗美学与我的中国美学史研究并不矛盾。于是下定决心接下这本书来。不想，一下子就投入了几年的时间。读经，玄思，写作，为之入迷。佛学领域之宽阔，教理之精深，以前只是听人讲罢了，一旦真的进入，才有了感性认识。一切是那么的新鲜，那么的迷魅，让我吃惊、兴奋。我感觉，禅宗起来以后，中国人的审美经验就有了某种新的意味。可惜这种变化以前接触、研究得太少了，美学界对中国美学史的宏观把握不免有些前后失据。

经过近三年的"磨蹭"，书总算写完了。我的书都不厚，以前只能写十万十几万字的小册子。有一天一位看好我的学术前景的编辑忠告我：现在出书不厚不行。于是，我就学着把书写厚，这本书终于有了三百几十页的厚度。我以为，一本书写得是否差强人意，可以拿一个非常机械的标准来衡量，就是看这本书有几分之几的内容可以作为专题论文在专业的学术刊物上发表。刊发出来的，不会差到哪里去，余下部分有多少水分就不好说了。好在本书中的一些篇章得到责任编辑的首肯，已经在《哲学研究》《文艺研究》《天津社会科学》《浙江学刊》等几个刊物上发表，有了一些反响。杨女士本不赞同这些篇章作为单篇论文先期发表，我就对她说，先发文章其实是做"广告"，对书的销路只会有好处，才获准。

这本书，如果自己觉得有什么着力之处，大概有三。其一，对从庄、玄到禅的历史转换做了别人基本没有做过的思考和研究，尤其对禅宗现象空观的出现的哲学史、美学史转换过程下了功夫。在不断的研究思考中，我产生了一个强烈的感觉，那就是中国美学史上似乎有一个类似于现象学的传统。因为我对西方的现象学了解不多，也就不敢亦不可能在书中展开这方面的比较。在后记中谈一谈这个问题却是相宜的。在本书的思考和写作中，我开始使用"现象学"一词，经我师兄杨国荣教授提醒：使用此词可能使人误以为古代中国已经有了现象学的理论系统，后来改为"现象直观"，大意是直观现象或对现象作直观。感觉此词组似乎过于西化，不过，又觉得书中不使用"现象"一词难以把禅宗的色空关系从感性经验的层面上阐发清楚，于是再三斟酌，又改为"现象空观"。现象是西方哲学的术语，而空观是佛教的术语，中西合璧。这个词组其实可以简单地称为"色空观"，色即现象，现象空观意为对现象作空观，或空观现象，更为直接。

我以为，以现象学的视角研究中国古代美学是可能的。庄子的泛神论具有现象学的意味，向秀和郭象的《庄子注》的"独化说"大概可以说是准现象学的，而禅宗的现象空观已经比较纯粹地具有现象学的学术品格了。我可以大胆地说，禅者的觉悟从来没有像印度佛教那样是经过譬喻方式而获得的，譬喻方式是间接的，须通过联想、比较和推论来领会佛理，博喻则显得过于繁复，而禅者都是直接觉悟的，尤其是在色（现象）上当下（刹那间）获得觉悟。换言之，禅者的觉悟并非径直参悟空，而是透过色去参悟空而顿然获得的。要知道，即色观空比直接去悬想空要快捷、锋利得多。如果禅宗（佛教）不把传统的物的观念转换为色的观念，并从而使色在哲学上定位于现象层面，使得禅者有可能在色上观空，禅者的觉悟就大多不会发生。我读禅籍，经常发现禅宗大德的觉悟之境往往是一个纯粹现象，或纯粹直观。不管等上多少年，他总是期待着这个奇迹的出现，而这个奇迹总是在不经意之中到来，是缘分而不是意志的努力或理论的盘算使然。这种方法，与儒家道德努力的刻意真是有着天壤之别。正是因为如此，我总是觉得"现象"一词尤其适合描述禅者的观空法。需要说明的是，本书在现象学的意义上使用"现象"一词，并非意在发明中国古代已经有或多或少相合于现象学的观念存在，以及得力于西方思想的喜悦，其用意，完全起于也限于学理上的兴趣，即希冀真实地揭示禅宗的感性经验。仅此而已。

这样，我已经涉及本书的第二个努力之处，就是企图直接去面对禅宗的感性经验，而不是取道于文艺现象来达到感性。我有一个基本看法，中国美学史上的突破往往首先是在哲学层面上取得的，因此，若是要对中国美学做基础的考察，那就必须直捣黄龙，从最基本的感性经验入手。这方面，西方有一个榜样，那就是康德。康德在哲学美学研究的定位方面是真正的大家。从最基本的感性经验即审美经验的考察入手，是哲学美学研究的必经之路。与许多美学研究者相反，我的研究往往绕开文艺现象（至少入手时是这样），而落脚于哲学现象。这里，须明确一个前提，即找准中国古代美学史研究的基础文本。我以为，中国美学史上发生过两次大的突破，在此过程中美学发生了极为重要的变化。若要对这种变化有一种清晰而具有历史感的了解，那么我们就必须正确地判定庄、玄、禅美学所分别立足的基础文本，如此，美学史的研究才可能免于南辕北辙。道家美学的基础文本是《庄子》，其重要性闻一多、宗白华、徐复观诸先生早已指出。庄子擅汪洋恣肆之气和逍遥游，《庄子》一书主要由寓言构成，哲学上是泛神论的。玄学之基调为无，哲学上讲究有无之辩，也以逍遥为自由，玄学美学的基础文本主要就是《世说新语》，而不是《诗品》或《文心雕龙》。《世说新语》的重要性为宗白华先生所再三强调。我以为，如果不把《王弼集》《嵇康集》和向、郭的《庄子注》中的哲学和美学思想吃透，不熟读《世说新语》，去同情地了解魏晋士人生动的感性经验，那是用不着急急忙忙地去研究《诗品》和《文心雕龙》的。

禅宗是主空的，禅宗语录之于唐以后的美学、文学批评的重要性，大致相当于《世说新语》之于玄学美学。基于此，我必须这样来规定《禅宗美学》的理论目标，即它并不在说明禅宗对诗歌、绘画、音乐和小说等文艺品种的影响，还原式地描述禅宗的感性经验应是当务之急。所以，禅籍如《坛经》《祖堂集》《景德传灯录》《古尊宿语录》和《五灯会元》等才是研究禅宗美学甚至是唐宋美学所倚重的主要资源。我以为诸禅籍（包括某些印度佛教原典）对禅宗美学的重要性应该被郑重地认可。我读禅籍，产生这样一个直觉：如果能够把色与空的关系讲清楚，那么意境之谜也许就找到解开绳结的线索了，因为那是禅宗最基本的感性经验。至于受到禅宗影响而产生的诗学理论，如王昌龄、皎然、司空图、严羽等人的观点，有人研究得更早，也更好，我的书中因为定位的问题，虽有涉及，但不是作为重点来展开研究的。

本书的第三个理论努力，是企图解决意境的问题。意境问题，长期以来越说越糊涂。为什么？症结就在从未给意境做一个美学史或诗学史上的定位。意境是什么？中国是一个诗的国度，意境是从先秦到明清那么一个历史过程的产物。许多学者都是这样看的。历史弥久，头绪弥杂，那当然无法说清楚。我的方法是一段一段地回溯中国人感性经验的历史发展过程，考察：中国人的感性经验发生过几次突变？意境的感性基础是什么？结论是：意境应当是禅宗的美学突破的产物，它的感性基础是现象空观。禅宗美学占据了唐代美学的核心地位，这一点毋庸置疑。不过，我的这些看法只是给意境的研究提供一个大的理论的论域，尚有许多重要的微观的工作可做，足以写好多篇令人着迷的妙文，如以下我将要提到的诸位先行者所做的那样。

基于以上的三点，我预计我的这本书大体是不会同坊间若干关于禅宗的美学、文艺等研究专著重复了。也不是有意要与别人不同,其实我并没有读过几本关于禅宗的美学著作。进入某一学术领域,先摸一摸别人在这方面的研究成果,似乎是一个前提条件,但是在我们这个浮躁、急功近利的时代却并不必需。退一步说,看同类题目的书无论如何有一个不利之处,那就是它会引导你在它的学术问题圈子里转,会把你拴在它所使用的材料上面。而提出新问题进而超越旧问题,找到从未发现的材料或对熟视无睹的旧材料做出新的诠释,是学术创新的基本功。更何况,学术路上的孤独感,未必是坏事,当然如果有同气相求、同声相应,固然能壮胆,不过也许正在不知不觉中"炒"学问。夜晚的田间蛙声一片,不便于做学术沉思。于是各人自说自话,最好。

话是这样说,时贤的著作、论文还是拜读过一些的,举出印象较深的,我以为学术底气充足而又有原创力的有四位。陈允吉先生的《唐音佛教辨思录》极具参考价值,那篇《论王维山水诗中的禅宗思想》无论是材料的把握还是理论分析的功力都堪称上乘。此文因写作时间较早(1980年)在观念上略显陈旧,但尽管如此,我在近二十年后的今天读这篇论文仍然兴趣盎然而获益匪浅。葛兆光先生的论文《禅意的"云":唐诗中一个语词的分析》,实在是一个出色的个案研究,虽然我以为他的象征说是说错了。周裕锴先生的《中国禅宗与诗歌》第四章"空灵的意境追求"写得相当深入透辟。读了他的书,我觉得好些意见已经被他讲去了,尽管似乎尚存在若干可商榷之处。张伯伟先生的《禅与诗学》也相当地有学术价值。

还有一点需要做出说明,本书题为《禅宗美学》,只是做了一些基本的在我看来尚属于起步阶段的工作,远不能概括禅宗美学的大多数理论问题和整个禅宗美学史。因此,本书只是以上述三个理论努力所涉范围为它的范围。我以为，如果把意境列为禅宗美学的主要成就，那么以盛唐王、孟、韦、柳的小诗为代表，就已经大体完成了。而禅宗在中晚唐和两宋还有一长段极有意思的发展，我感觉，那一段大概是不能简单地以意境的感性经验来概括它的，因为它正转向把禅宗的语录、灯录作为新经典，其审美经验与前期禅宗超越文字语言的经验迥然有别。而那一段禅的历史文本，堆积着极其庞大的文字量，需要数年的研读，才能把其中与审美经验相关的材料加以梳理，把其中所蕴含的审美经验加以还原，本书只是初步对此有所涉及，谈不上深入。因此，禅宗美学的领域还十分地宽广，今后它将吸引更多的研究者的关注，是可以预期的。我自己若今后时间许可，将写一些题目稍大、时间跨度稍长的专题论文，继续本书未能深入研讨、阐发的问题，如《从玄的"意"到禅的"意"》，等等。

　　本书的写作，责任编辑杨女士要求可读性与学术性结合在一起，要求少引那些已经用得烂熟的禅宗公案。这两个要求看似不高，其实真正做到很难。我都努力去实行。如果仍然引用了读者都较熟的公案，大概也是出于研究的内在需要，而且尽量变换角度去做解，力求有新鲜的意义呈示出来。希望不使读者失望。

　　在此，也要对浙江省社科联规划办公室曾骅、刘东二位表示感谢。正是因了她们以及评审专家的美意，本研究课题有幸被列入本年度课题。资助虽不算多，于我的支持、鼓励却是不能以钱数为天平来衡量的。正因为如此，我的写作也更增添了几分严肃。现在成果出版了，想来也不至于使她们失望。

1999年9月18日于杭州西溪路寓所

2006年版后记

本书最初由浙江人民出版社列入该社的"禅宗丛书"中出版（1999年），后由台湾宗博出版社出版繁体字版（2003年）。简体本市面上见不到已经好久了，还是不时有读者想要。此次北京大学出版社决定出版简体字插图本，是让我高兴的事情。这次出版，文字略有修订。

《禅宗美学》区别于已有的佛教美学研究专著的特点，大致有四：其一，研究定位于哲学美学而非文艺美学。提出中国美学史发展遵循审美优先而非艺术优先的规律，循此思路，以求还原古人的审美经验。对中国美学史上从庄、玄到禅的历史转换做了别人基本没有做过的考察。其二，将印度佛教传入中国并为玄学所接纳的学术史过程，从比较美学的角度加以考较，认为在空观熏染之下的禅宗审美经验在本质上不同于庄子以及玄学的审美经验。尤其对禅宗现象空观出现的哲学史、美学史转换过程下了大的功夫。其三，禅宗空观与西方现象学比较。提出运用现象学尤其是胡塞尔所创本质直观方法来启发对禅的空观的研究，以揭示禅的审美经验之纯粹直观性质。在此思路下，力求直接去面对禅宗的感性经验，而不是像人们通常所做的那样仅仅取道于文艺现象来达到它。其四，对越来越受到重视的意境范畴从禅宗空观及现象学角度展开研究，提出意境是空观下对色（现象）的纯粹直观，是禅宗美学突破的产物。

本书的基本思路，展开于比较美学的语境。现在看来，只是做了一些基础性的工作。我在接下来的意境研究中，越来越感到比较方法对于看清中国美学之历史走向，具有重要的意义。以下拟着重就比较研究的意义和目的从方法论角度，并以意境为例谈一些个人之见。

比较美学或大而言之比较，并非如当今许多人所想象的，是一个近代才发生的问题。中国传统与印度佛教的交涉，是历史上非常经典的比较案例。那是一个改变了中国文化品格的重大事件。魏晋以后的历史文化之研究（包括各种专门史如美学史），学者如果仅以中国传统视之，那就错了，因为那已然是佛教熏染下的传统了。仅以古典小说的四大名著为例，缘起于佛教者占其半。《西游记》以玄奘西行取经的真实故事为蓝本，固不待言。《红楼梦》之"梦"并非庄周化蝶之梦，而是佛教的色空之梦，佛教透进到文化心理深处。中国文化中埋藏着佛教的文化因子，这种认识在胡适之、汤用彤、冯友兰、陈寅恪那一辈学者那里应是常识。中国传统文化由于佛教的成功渗透，中与外、古与今两对矛盾呈现交织之状。如果忽视发生于中古的那一场伟大的文化交流，那么对于近代以降西方传统的进入不管是取拒斥还是迎合的态度，都不免带有偏见。

比较的话语权体现于发现中国问题，而非人们常说的留洋归来。且以历史上三位著名人物为证。第一个是禅宗南宗的开山者慧能，传说他不识字，不待细考，至少他不能读印度经文，就是这么一个卖柴者，成为佛教中国化的领袖人物之一。第二个，曾经在印度佛教最高

2006年版后记　369

学府那烂陀寺坐而论道的玄奘，作为真正精通印度佛教的中国学者，他的译经和经论堪称忠于印度传统，然而他所开创的慈恩宗却极其短寿。第三个，毛泽东。中国革命早期面对国际共产主义运动的两宗范例，失败的是巴黎公社起义，成功的是十月革命，两者都是城市起义。毛泽东针对国情，别出手眼，提出"农村包围城市"，结果成功了。尽管缺乏留洋的经历，然而他却解决了比较革命（军事）的紧迫课题。纯粹就学术而论，"农村包围城市"的命题牢牢地把握住了中国革命的话语权。不妨说，没有这个命题就没有中国的今天。试问，20世纪所有比较领域中还能找得到比这更成功的范例吗？成功者在于能紧扣中国问题，而玄奘之失也在此。从这三位人物的成败，我们固然不必得出结论说，中国问题的解决有待于非留学的人士，因为他们其实是在比较语境下寻得对策的，然而，我们又不得不说，时下某些话语权策略——借道于西方学术将中国问题转换为西方问题或以后者偷换前者，是难以成气候的。

中国美学史研究必须在比较语境中展开。我们从王国维、宗白华的成功，以及在他们之后，海外华人学者如徐复观、叶维廉、高友工等所取得的成就，可以看出比较方法的重要性。值得深思的是，为什么近代以来有西学背景的大学者几无例外都选择挖掘中国传统，并获得成功？无可否认，他们所受的西学训练对他们发明并解决中国问题具有举足轻重的作用，然而他们却能运用中国的语言来论述中国的问题（当然有做得比较好与有所欠缺之分）。在比较语境之下，王国维的"境界"是纯粹的中国话语，他以"隔"与"不隔"来描述意境。冯友兰先生将之列为王国维美学的两大贡献之一。毛泽东的"农村包围城市"也具有纯粹的中国品格，而两者相应的西方话语则分别是

"直观"和"城市起义"。笔者近来经常思忖，比较双方的关系究竟如何为佳？最后想明白了，比较的意义在于互相发明而不是互相阐释。好比两面相向而照的镜子，中国文化是一面打磨光亮的铜镜，西方文化是一面背面镀水银的水晶镜，各自能看到对方的镜像。两者折射光线的原理虽无二致，观物的品格却并不雷同，先天无法互相取代，铜镜只能照其所照，反之亦然。如果因为追求水晶镜的清晰而舍弃似乎朦胧的铜镜，而不是以其清晰来发明、凸显朦胧的独特，那么，比较也就被取消而失去意义。此说若有几分道理，那么我们就可以理解"隔"与"不隔"和"农村包围城市"这些几乎土得掉渣的话语是多么的宝贵。

意境研究的突破必将在比较语境中完成。意境作为中国美学甚至中国文化的神秘经验和杰出典型，近来受到愈来愈多的重视。颇有学者意识到如下两端：意境与佛教入主华夏有一因缘；意境蕴涵着中国古代诗歌经验的一大突变。这里集中谈谈中国传统在此过程中所发生的三个退场。

第一，诗歌创作论中比兴退场。古代中国美称诗国，诗言志、诗缘情是古人关于作诗缘起和目的的两大口号，而比、兴是作诗营构意象的三种基本方法中主要的两种（还有一种是赋）。比兴之说几乎在一开始就给中国人的诗思下了方法论的定义。从性质上看，联想式的类比想象构成了比兴，言志抒情（吟咏情性）是它的基本功能。

从先秦至唐，诗思方式经历了从类比联想渐次向刹那直观演变的过程。汉代以降，以古诗十九首为代表，体现了自然的变迁对诗思重大的感发作用。魏晋以往，在"声色大开"的背景下，"物感"的经验引导了感知优先于抒情的诗歌运动。田园诗和山水诗的出现即是证据。

陶渊明生活在田园之中，与自然为邻，亲自从事劳作，有意思的是，他的诗几乎不用比兴。作为庄子齐物传统的出色实践者，自然的"物"就是自己生存的家园，逍遥优游，一切亲切无比，不必刻意去"感"，只须执持一种"欲辨已忘言"的玄学态度。既不在诗中抒情，也无须着意表现自我，他与自然全然为一。

谢灵运开创了山水诗。谢诗的基本模式，是描述作者在自然山水中的游历过程及其感悟，也极少用比兴。他的写景名句，如"云日相辉映，空水共澄鲜"（《登江中孤屿》）、"野旷沙岸净，天高秋月明"（《初去郡》）等，调动自己的视听感官，对自然的声色做第一次、面对面、新鲜生动又细致的审美静观，无须调动比喻，而且往往位于诗的中后段，亦没有起兴的作用。钟嵘认为谢诗"寓目辄书"，叶梦得辄谓"池塘生春草，园柳变鸣禽"句是"无所用意，猝然与景相遇，借以成章，不假绳削，故非常情所能到"（《石林诗话》卷中）。"寓目辄书"和"猝然相遇"之说若是不错，那么这种得于自然之悟显然相异于比兴传统，它建基于对自然变迁的静观。

到了唐代，大量小诗饶于意境，却是不用比兴的。我们观察到，意境的诞生是以比兴的退场为条件的。

第二，诗思中直观经验的变迁，其方向是由类比直观指向纯粹直观，谢灵运可以说正是走在这条路上。若是揭明它的哲学背景，这一变迁就更容易理解了。如果说陶、谢的田园与山水诗思中比兴开始退场，那么我们还可以就如下追索：绵延时间观之退场。那是说，时空意识中绵延时间观被刹那时间观所取代。

在先秦儒道的时空意识中，自然为无穷又永恒的绵延，它作为客体是一切变化的根源，主体在很大程度上是有限而被动的存在。"子在川上曰：'逝者如斯夫，不舍昼夜。'"(《论语·子罕》)感慨时间如河水无情流逝。庄子的"白驹过隙"寓言，也是将人生命之短暂(人所看到的只是一个小"隙")与时间之无尽(奔跑的白驹)相比照。古人把时间空间想得很具体，孔子与庄子的流水与白驹均为生动的物象，虽说是比喻，但它们其实就是古人眼中时空的具体存在。儒道都有观水的传统，在古代水就是气和风，它具有流动和弥满的性质，如"天籁"，那是无所不包的交响乐，它无限绵延、无限广延，是一个浑沦的整体，意味着时空是无限的，而时间又是其中起主导作用的。

到了玄学"独化论"，讲运动变化是绝对的，物体在不同的瞬间处于不同的位置，于是运动就被看作无数刹那生灭状态的连续，一切现象即生即灭，交臂而失之。这种运动观，实际上是对运动变化做了静观的描述。这一新的时间意识，将庄子所感叹把握不住的时间之流切分为无数的静态，肯定众多的自然现象或物在时空当中存在的个体性和特殊性(短暂的时空规定，即所谓"独化")，而同时它们又是无为、无形地在时间之流中"玄合"着的(互相有关联)。于是林林总总的自然现象成为直观的对象，庄子式大气磅礴的"天籁"向对自然物的个别静观之转化，从此具备了条件。

时间意识更为重大的变化是，佛教带进来"空"的哲学。杰出的中道哲学家僧肇非有非无的空观和静止的时间观构成了玄学美学的佛学化之哲学背景。他提出过去不能延续到今天，今天也不是从过去而来，事物之间不相往来，也没有变迁，世界永恒寂静。"法"本无相常住，一切事相都是"缘起"而有，时空背景下的自然和生命纽带中断了。这种时间意识能够从宏观上把运动看破，宣称让庄子(包括儒家)惊叹不止的大化流行(变化中的自然)全然是假象。乾坤倒覆,不能说它不静;洪流滔天,不能说它是动。推论到极点,就走到以完全静止的观点来看待世界,以为有相不过是对无相之实相的证明。这样一来,不免把时间和绵延给否定了。这一时间意识,体现了佛教自然观真正的本质。而且此种观照所形成的意象,因为将动静相对的两极统一到了一起,极为鲜明生动,显出一种全然不同于庄子和《世说新语》时代的美。

空的时间意识为以静观动的刹那直观提供了认识论基础,支持并推动其颠覆了比兴的诗学方法论地位。于是,王维出场了。

第三,意境的诞生,意味着一种新的观法之完成,它宣告了气论及泛神论的退场。这是中国人世界观的一个巨变。

中国古代传统是,龙与气的永恒之动与浑沦弥满。气化流行的动力来自阴阳两极永无休止的转换,人以合乎气化流行的规律而得刚强之生命力,这叫作天人合一。气的运动是客观的事件,儒道两家看世界和人都以此为准绳。自然或物,为气的不同表述方式。而佛教把自然的林林总总看作色,为因缘和合而成,与气论中阴阳两元素此消彼长构成客观世界完全不同。从气到色,是从儒道到佛的一大转捩。

中国儒道传统下的元气自然论极易引向泛神论。泛神论的大理论家是庄子,他说:"天地与我并生,万物与我为一。"(《齐物论》)佛教入主东土过程中因庄玄和道教之接引也产生了泛神论,慧远《法性论》和《形尽神不灭论》中对大乘的理解,就是把法性视为实有,他还以庄子解佛,因此还是泛神论的。禅宗中也有泛神论一系,主张"青青翠竹,尽是真如;郁郁黄花,无非般若"(《祖堂集》卷三《慧忠国师》)。总之，把观自然的目的定为看心或寻证法身，就极容易走向泛神论，而泛神论看自然总不免偏于实，也就达不到真正的空。

王维说"法身无对"，并不主张法身遍在，又说"万有皆如"，万法都是真实，因此他能看"色相体清净"(《西方变画赞》，见《王右丞集笺注》)。他的《荐福寺光师房花药诗序》云：

> 心舍于有无，眼界于色空，皆幻也。离亦幻也。至人者，不舍幻而过于色空有无之际。故目可尘也，而心未始同；心不世也，而身未尝物。物方酌我于无垠之域，亦已殆矣。……道无不在，物何足忘。

在王维，色与空并非两个东西。迷执（舍）于色空，是幻，脱离（离）开色空，也是幻。最高的境界，是不执著并超越色空的分际，色本静寂而非空非有，空的寂灭和色的生动一体于纯粹直观。于是，"物方酌我于无垠之域"。这是一种不避尘世之物的空的直观。

王维同于庄子，都主"道"的遍在性，不过前者的"道无不在"，本质上相异于后者的"道在屎溺"(《庄子·知北游》)。庄子的"道"指气运动变化的内在之因，具有泛神论的品格，而王维的"道"是空观下的色，同体于纯粹直观下的物。意境通过极静来观极动，或者在极动中捕捉刹那以观静寂。在这样一种纯粹直观之下，泛神论退场是必不可免的。以上三个中国传统的退场，使得纯粹看与纯粹听有了可能，并为孕育意境创造了条件。需要说明的是，所谓"退场"仅是意指因佛教进驻华夏所造就的比较语境，传统在某些局部或领域的中止，从而为新的经验开辟道路。作为传统它不仅没有消失，倒是仍然不失"强大"。问题是，如果我们总是只看它的"强大"，那么中国文化就没有变化了，而历史告诉我们，事实并非如此。

2006年4月18日于杭州西溪

图书在版编目（CIP）数据

禅宗美学 / 张节末著 .—北京：文化艺术出版社，2024.6
ISBN 978-7-5039-7587-5

Ⅰ.①禅… Ⅱ.①张… Ⅲ.①禅宗—美学思想—研究 Ⅳ.① B946.5

中国国家版本馆 CIP 数据核字（2024）第 063181 号

禅宗美学

著　　者	张节末
责任编辑	董良敏
责任校对	陈秀芹
书籍设计	李　响　马夕雯
出版发行	文化藝術出版社
地　　址	北京市东城区东四八条 52 号（100700）
网　　址	www.caaph.com
电子邮箱	s@caaph.com
电　　话	（010）84057666（总编室）　84057667（办公室） 　　　　 84057696—84057699（发行部）
传　　真	（010）84057660（总编室）　84057670（办公室） 　　　　 84057690（发行部）
经　　销	新华书店
印　　刷	国英印务有限公司
版　　次	2024 年 6 月第 1 版
印　　次	2024 年 6 月第 1 次印刷
开　　本	880 毫米 ×1230 毫米　1/32
印　　张	12
字　　数	290 千字
书　　号	ISBN 978-7-5039-7587-5
定　　价	86.00 元

版权所有，侵权必究。如有印装错误，随时调换。